Staats- und socialwissenschaftliche Forschungen

herausgegeben

von

Gustav Schmoller.

Achtzehnter Band. Zweites Heft.

(Der ganzen Reihe achtundsiebzigstes Heft.)

E. Rausch: Französische Handelspolitik vom Frankfurter Frieden bis zur Tarifreform von 1882.

Leipzig,
Verlag von Duncker & Humblot.
1900.

Französische

Handelspolitik

vom Frankfurter Frieden bis zur Tarifreform von 1882

dargestellt auf Grund der parlamentarischen Annalen

von

Ernst Rausch,

Dr. phil.

Leipzig,

Verlag von Duncker & Humblot.

1900.

Dem Andenken

seines verstorbenen Vaters, des Obersten der Artillerie

Julius Rausch,

und

seiner Mutter Lucia geb. **Funck**

vom Verfasser

in dankbarer Liebe gewidmet.

Vorwort.

Der leitende Gedanke, welcher mich bei der Anfertigung meiner Arbeit beherrschte, war die Absicht, ein möglichst getreues Bild von der geschichtlichen Entwicklung der französischen Zolltarifspolitik seit dem deutsch-französischen Kriege zu geben. Als Hauptquelle dienten mir die stenographischen Berichte der Nationalversammlung und für die spätere Zeit die Annalen der Deputiertenkammer und des Senats, ferner das deutsche Handelsarchiv, in welchem ich den Wortlaut sämtlicher französischen Gesetze und Erlasse fand. Einen guten Wegweiser besafs ich in dem kurzen Abrifs der neueren französischen Handelspolitik von A. Devers in den Schriften des Vereins für Socialpolitik, Band 51.

Hervorragende Dienste leisteten mir aufserdem die Arbeiten des Generalzolldirektors Amé, zunächst sein grofses Werk: Étude sur les tarifs de douane et sur les traités de commerce, Paris 1876, und dann seine zahlreichen im Journal des Économistes erschienenen Aufsätze, die sich durch ihre streng objektiv-referierende Darstellung und ihre zumeist allein vom fiskalischen Gesichtspunkt ausgehende Betrachtungsweise vorteilhaft von anderen, mehr einseitig-freihändlerisch abgefafsten Beiträgen dieses Hauptorgans der französischen Ökonomisten unterscheiden.

Die übrigen von mir benutzten Werke werde ich am Schlufs dieser Vorbemerkung anführen.

Ich habe versucht, den Gang der Tarifentwicklung seit dem Frankfurter Frieden bis zur Zollreform des Jahres 1882 zu geben. Dabei habe ich mich auf die Handelspolitik im engeren Sinne, d. h. die Zolltarifspolitik und die Schiffahrtspolitik, welche beide den Aufsenhandel beherrschen, beschränkt und auch Fragen, welche mehr der Finanzpolitik angehören, wie die Behandlung des Zuckers, ausgeschlossen.

Meine Arbeit bildet somit nur einen Teil der umfassenderen französischen Wirtschaftspolitik, die man nicht allein von der

Entwicklung des Tarifwesens aus beurteilen kann. Aber in den Gestaltungen des Zolltarifs und in den parlamentarischen Debatten über diesen wichtigsten Regulator des Handels spiegelt sich die gesamte Wirtschaftsgeschichte wieder. Der Forscher auf dem Gebiete des Tarifwesens erhält namentlich durch ein genaueres Studium der umfangreichen Jahrbücher der französischen Nationalversammlung und eine eingehende Betrachtung nicht nur der wirklich in Kraft getretenen, sondern auch der werdenden und teilweise abgelehnten Gesetze einen tiefen Einblick in die Volkswirtschaft überhaupt. Ich habe deshalb besonderen Wert auf die Wiedergabe der parlamentarischen Diskussionen und der Kommissionsberichte gelegt, auch wo die Reden der einzelnen Volksvertreter nicht unmittelbar den Zolltarif, sondern vielmehr das wirtschaftliche Leben in Industrie, Landwirtschaft und Handel in seiner Gesamtheit im Auge hatten.

Dabei ist meine Darstellung etwas in die Breite gegangen. Doch möge zu meiner Entschuldigung dienen, dafs diese parlamentarischen Kämpfe von niemandem bisher in gleicher Ausführlichkeit geschildert sind, und dafs sie in dieser umfassenden Form vielleicht als Material für eine Beurteilung der französischen Wirtschaftsgeschichte im ganzen, für welche mir noch die Weite und Tiefe des Blicks fehlt, dienen können.

Eine notwendige Ergänzung zu meiner Arbeit wäre eine Fortführung derselben bis auf den heutigen Tag und eine Geschichte der auch für die Zollpolitik wichtigen Besteuerung des Zuckers. Zum Schlufs müfste eine statistische Darlegung der Ergebnisse des Aufsenhandels und der inneren Produktionsverhältnisse über Wert und Unwert aller zollpolitischen Mafsnahmen die Entscheidung sprechen. —

Herrn Professor Dr. Schmoller, meinem Lehrer auf der Universität, will ich an dieser Stelle meinen aufrichtigen Dank sagen, dafs er meine Arbeit, die seiner Anregung entsprungen ist, von ihrem Beginne an mit seinem Rat unterstützt und gefördert hat.

Benutzte Werke.

Annales de l'Assemblée nationale, Paris 1871—1875.
Annales du Sénat, Paris 1875—1882.
Annales de la Chambre des Députés. Paris 1875—1882.
Deutsches Handelsarchiv (H.A.), Berlin 1871—1882.

Amé, Étude sur les tarifs de douane et sur les traités de commerce, Paris 1876, 2 Bde.
Blum, Das Deutsche Reich zur Zeit Bismarcks, Leipzig 1893.
von Brandt, Beiträge zur Geschichte der französischen Handelspolitik, Leipzig 1896.

Domergue, La révolution économique avec une lettre préface de J. Méline, Paris 1890.
Frhr. v. Dumreicher, Über den französischen Nationalwohlstand als Werk der Erziehung, Wien 1879.
Fournier de Flaix, L'impôt sur le pain. Paris 1885.
von Kaufmann, L'association douanière de l'Europe centrale, Paris 1880. Die Finanzen Frankreichs, Leipzig 1882.
Lexis, Die französischen Ausfuhrprämien im Zusammenhang mit der Tarifgeschichte und Handelsentwicklung Frankreichs seit der Restauration, Bonn 1870.
Poinsard, Libre-échange et protection, Paris 1893.
Rougier, La liberté commerciale, les douanes et les traités de commerce, 1878.
Thierry-Mieg, La France et la concurrence étrangère, Paris 1884.
Typaldo-Bassia, La protection industrielle et le nouveau régime douanier, 1893.
Verein für Socialpolitik, Die Handelspolitik der wichtigeren Kulturstaaten in den letzten Jahrzehnten. Band 51. Leipzig 1892.
Im Journal des Économistes, herausgegeben von J. Garnier, nach dessen Tode von G. de Molinari, waren folgende Aufsätze für mich von Wichtigkeit:
Mai 1875, de Butenval, Le futur tarif des douanes en France.
Février 1880, Fournier de Flaix, L'enquête industrielle et le projet du tarif général.
Avril 1880, Fournier de Flaix, La discussion du tarif général des douanes.
Sept. 1880, Fournier de Flaix, Le vote du tarif général des douanes par la chambre des députés.
Décembre 1880, Amé, Le nouveau tarif général des douanes devant le Sénat.
Mai 1881, Amé, Le nouveau tarif général des douanes.
Avril 1882, Amé, Négociations commerciales avec l'Angleterre.
Juin 1882, Amé, Négociations commerciales.

Dictionnaire des Parlementaires français, herausgegeben von Adolphe Robert, Edgar Bourloton und Gaston Cougny, Paris 1889—91.

Zeittafel.

1816	Der alte französische Generaltarif.
5. 7. 1836	Gesetz betreffend die admission temporaire.
1842–1846	Übergang Englands zum Freihandel.
1852—1870	Napoleon III.
1853—1855	Beginn der napoleonischen Zollreformen.
23. 1. 1860	Vertrag mit England.
1. 3. 1861	„ „ Belgien.
2. 8. 1862	„ „ dem Zollverein.
17. 1. 1863	„ „ Italien.
30. 6. 1864	„ „ der Schweiz.
14. 2. 1865	„ „ Schweden-Norwegen.
4. 3. 1865	„ „ den Hansestädten.
18. 6. 1865	„ „ Spanien.
7. 7. 1865	„ „ den Niederlanden.
11. 12. 1866	„ „ Österreich.
15. 7. 1867	„ „ Portugal
16. 5. 1866	Gesetz über die Handelsmarine.

10. 5. 1871	Frankfurter Frieden; Vertrag mit Deutschland.
12. 6. 1871	Budjet rectificatif von 1871.
8. 7. 1871	Kolonialwarengesetz.
19. 1. 1872	Scheitern des Rohstoffzollprojektes.
20. 1. 1872	Regierungskrisis.
22. 1. 1872	Errichtung einer statistischen Gebühr.
30. 1. 1872	Das Handelsmarinegesetz.
2. 2. 1872	Die Regierung erhält die Vollmacht, die Verträge zu kündigen.
15. 3. 1872	Kündigung des Vertrages mit England.
28. 3. 1872	„ „ „ „ Belgien.
26. 7. 1872	Annahme des Rohstoffzollgesetzes.
5. 11. 1872	Vertrag mit England (nicht in Kraft getreten).
5. 2. 1873	„ „ Belgien (nicht in Kraft getreten).
24. 5. 1873	Sturz Thiers'; Wahl Mac Mahons.
25. 7. 1873	Aufhebung des Rohstoffzollgesetzes.
23. 7. 1873	Verlängerung der Verträge mit England und Belgien.
28. 7. 1873	Aufhebung des Marinegesetzes.
20. 11. 1873	Wahl Mac Mahons zum definitiven Präsidenten der Republik.
30. 12. 1873	Erhöhung aller Zölle um 4 %.
1. 4. 1874	Handelsvertrag mit Rufsland.

24. u. 25. 2. 1875	Staatsgrundgesetze.
7. 4. 1875	Rundschreiben des Handelsministers de Meaux; Beginn der Arbeiten für die Zollrevision.
20. 2. 1876	Liberaler Ausfall der Kammerwahlen.
9. 2. 1877	Die 1. Tarifvorlage Teisserenc de Borts.
16. 5. 1877	Entlassung der liberalen Minister.
6. 7. 1877	Vertrag mit Italien (nicht in Kraft getreten).
25. 7. 1877	Auflösung der Kammer.
14. 10. 1877	Neuwahlen.
8. 12. 1877	Konvention mit Spanien.
21. 1. 1878	Die 2. Tarifvorlage Teisserenc de Borts.
19. 3. 1878	Wahl der Tarifkommission.
1. 5. 1878	Weltausstellung in Paris.
20. 1. 1879	Konvention mit Österreich.
30. 1. 1879	Mac Mahon dankt ab. Wahl Grévys.
1879	Verlängerung aller Verträge.
31.1.–23.2.1880	Generaldiskussion des Tarifs in der Kammer.
29. 1. 1881	Marine-Prämien-Gesetz.
14.—18.2. 1881	Generaldiskussion des Tarifs im Senat.
7. 5. 1881	Verkündigung des neuen Generaltarifs.
30. 10. 1881	Vertrag mit Belgien.
3. 11. 1881	„ „ Italien.
7. 11. 1881	Konvention mit Österreich-Ungarn.
19. 12. 1881	Vertrag mit Portugal.
31. 12. 1881	„ „ Schweden-Norwegen.
8. 2. 1882	„ „ Spanien.
23. 2. 1882	„ „ der Schweiz.
28. 2. 1882	Konvention mit England.

11. 1. 1892	Errichtung des autonomen Zolltarifs.

Zur weiteren Orientierung füge ich ein Verzeichnis der bei den die Handelspolitik betreffenden Arbeiten interessierten Ministerien bei.

Regierungsantritt	Präsidium	Auswärtiges	Marine	Finanzen	Ackerbau und Handel
		1. Präsidentschaft Thiers.			
17. 2. 71	Thiers	Jules Favre de Rémusat	Pothuau	Buffet Pouyer-Quertier de Goulard Léon Say	Lambrecht Victor Lefranc de Goulard Teisserenc de Bort
		2. Präsidentschaft Mac Mahons.			
	Vicepräsident:				
25. 5. 73	de Broglie	de Broglie	de Dompierre d'Hornoy	Magne	de la Bouillerie
26. 11. 73	de Broglie	Herzog Decazes	de Dompierre d'Hornoy	Magne	Deseilligny
22. 5. 74	de Cissey	Decazes	de Montaignac	Magne; Bodet	Grivart
10. 3. 75	Buffet	Decazes	de Montaignac	Léon Say	de Meaux
	Präsidium:				
9. 3. 76	Dufaure	Decazes	Fourichon	Léon Say	Teisserenc de Bort
12. 12. 76	Jules Simon	Decazes	Fourichon	Léon Say	Teisserenc de Bort
17. 5. 77	de Broglie	Decazes	Gicquel des Touches	Caillaux	de Meaux
23. 11. 77	de Rochebouet	de Banneville	Roussin	Dutilleul	Ozenne
13. 12. 77	Dufaure	Waddington	Pothuau	Léon Say	Teisserenc de Bort
		3. Präsidentschaft Jules Grévys.			
4. 2. 79	Waddington	Waddington	Jauréguiberry	Léon Say	Lepère
29. 12. 79	de Freycinet	de Freycinet	Jauréguiberry	Magnin	Tirard
23. 9. 80	Ferry	Barthélémy Saint-Hilaire	Cloué	Magnin	Tirard
14. 11. 81	Gambetta	Gambetta	Gougeard	Allain-Targé	Ackerbau: Devès, Handel: Rouvier.
30. 1. 82	de Freycinet	de Freycinet	Jauréguiberry	Léon Say	Ackerbau: de Mahy, Handel: Tirard.
7. 8. 82	Duclerc	Duclerc	Jauréguiberry	Tirard	Ackerbau: de Mahy, Handel: Legrand

Inhaltsverzeichnis.

Einleitung.

Die Handelspolitik eines Landes nach einer vorgefafsten Schulmeinung zu betrachten, dieser Standpunkt ist von der heutigen Wissenschaft so gut wie ganz aufgegeben worden. Ein jedes Land mufs nach seinen besonderen ökonomischen, socialen und politischen Verhältnissen untersucht werden. Erst dann wird sich ein Schlufs ziehen lassen, welches wirtschaftspolitische System am besten das Gedeihen einer geschlossenen Volkswirtschaft verbürgt.

Das grofse Gesetz von der Arbeitsteilung läfst sich nicht ohne weiteres auf die Weltwirtschaft anwenden, und der allgemeine Freihandel ist nur ein Traum, dessen Verwirklichung auch der allerfernsten Zukunft schwerlich beschert werden wird. Aber in der Forderung nach einer thunlichst liberalen Zollpolitik steckt doch ein gut Teil Wahrheit. Das Wohl des Ganzen zu fördern, gilt eben für den Staatsmann als das höchste Gesetz. Daher darf er nicht allein auf die Stimme der im innerpolitischen Leben vielleicht mafsgebenden Produzenten hören, sondern mufs stets daneben die Lebensbedingungen der breiten Massen, der Konsumenten, berücksichtigen.

Frankreich ist, wie in der ersten Hälfte des Jahrhunderts, wieder das klassische Land des Schutzzolls geworden, sodafs man von einem ancien régime moderne gesprochen hat. Die Gründe, welche zu dieser Entwicklung geführt haben, liegen zum grofsen Teil auf innerpolitischem Gebiet. Man darf es nie vergessen, dafs auch die wirtschaftlichen Mafsnahmen eines Volkes zugleich Machtfragen sind, in denen die einzelnen Klassen miteinander ringen, und welche die herrschenden Klassen in ihrem Sinne, d. h. zu Gunsten der Aufrechterhaltung ihrer Herrschaft, zu lösen bemüht sind. Zumal in einem parlamentarisch regierten Staate wird dies Bestreben der einzelnen Interessentengruppen sehr häufig eher den Ausschlag geben, als der mehr sociale Gesichtspunkt einer über dem Parteigetriebe stehenden Regierung, welche das Wohl des Ganzen als die oberste Richtschnur ihrer Politik hinzustellen gewillt ist.

Eine Klassenherrschaft in einer Demokratie mag sonderbar

erscheinen; aber vielleicht liegt solche Herrschaft überhaupt im Wesen des Staats und jeder politischen Gemeinschaft. Das Streben nach Macht ist der hervorstechendste Zug des politischen Lebens. Einer der Hauptanhänger der Julimonarchie, der Graf Joubert, sagte einmal im Parlamente: „Keine Gesellschaft kann eine Aristokratie entbehren, jede Regierung hat eine solche nötig. Wollen Sie wissen, welches die der Juliregierung ist? Es ist die der Grofsindustriellen und grofsen Fabrikanten; in ihnen hat man die Hauptstützen der neuen Dynastie zu suchen" [1].

Man kann aber noch weiter gehen: die Grofsindustriellen, zu denen sich in der jüngsten Zeit auch die Grofsgrundbesitzer gesellen, haben sich nicht nur als die herrschende Klasse der Julimonarchie, sondern im wesentlichen aller Regierungen Frankreichs in diesem Jahrhundert gefühlt und besonders die Wirtschaftspolitik ihren Zwecken dienstbar zu machen gewufst.

Nicht ohne Berechtigung stellt deshalb Fournier de Flaix im Jahre 1885 in der Vorrede zu seinem Buche „L'impôt sur le pain" als Hauptziel der protektionistischen Bewegung die „Zuerteilung der politischen Macht an die Grofsgrundbesitzer und Kapitalisten" hin.

Ähnlich charakterisiert der Advokat Typaldo-Bassia ihren Grundsatz [2]: „Der nationale Markt den nationalen Erzeugnissen!" damit: „Dieser Grundsatz bedeutet nichts anderes, als folgender: ‚Der nationale Markt den Erzeugnissen einiger Grundbesitzer und Industriehäupter!'"

Solche Urteile über die französische Schutzzollbewegung bedeuten freilich kaum etwas anderes, als einseitig gefärbte Schlagwörter. Aber dafs sie nicht rein aus der Luft gegriffen sind, kann man ebensowenig bestreiten.

Politisch betrachtet erscheint also die französische Handelspolitik dieses Jahrhunderts als der Kampf gewisser Interessentengruppen um die Erhaltung ihres wirtschaftlichen Wohlergehens und damit zugleich um ihre ausschlaggebende Stellung im Staate. In diesem Kampfe sind sie nicht immer siegreich gewesen. Die energisch eingreifende Regierung Napoleons III., welcher seine Dynastie populär zu machen und auf einer breiteren Grundlage zu befestigen gedachte, als seine Vorgänger auf dem Throne, wufste sich von der Allmacht der Grofsindustriellen zu emancipieren und führte bereits in den Jahren 1853—1860 nach und nach liberalere Grundsätze in die französische Handelspolitik ein. Im Jahre 1860 beseitigte der Kaiser dann durch eine Art Staatsstreich, d. h. ohne Mit-

---

[1] Citiert in der Rede des Ministers Tirard vom 31. Januar 1880; siehe Annales de la chambre des députés.

[2] Typaldo-Bassia, La protection industrielle et le nouveau régime douanier, 1893 S. 35.

wirkung des gesetzgebenden Körpers, die ultraprotektionistische Zollpolitik des ancien régime vollkommen, indem er Handelsverträge mit England und Belgien und bald darauf mit fast sämtlichen Kulturstaaten in gemäfsigt freihändlerischem Sinne und mit der Klausel der Meistbegünstigung schlofs.

Doch mit dem Sturze des Monarchen gewann wieder die alte Hochschutzzollbewegung an Kraft. Die von der ausländischen Konkurrenz bedrohte Industrie und Landwirtschaft wufste um so leichter eine starke Gefolgschaft im Parlament für sich zu gewinnen, als die Hauptverteidigung der napoleonischen Politik in den Händen der sogenannten Ökonomisten lag, deren Theorieen mit ihren Abstraktionen in der ganzen Welt in Mifskredit gekommen waren. Dem gegenüber hielten sich die Vertreter der nationalen Produktionszweige durchaus an die gegebenen Verhältnisse und verstanden es, unter Entfaltung einer grofsen Agitation im Lande, bald die Mehrheit des französischen Volkes zu ihren Gunsten zu stimmen.

Ob nun freilich diese reaktionäre Bewegung, welche in dem republikanischen Frankreich durch und durch volkstümlich ist, auch für das Ganze der französischen Volkswirtschaft heilsam und gewinnbringend ist, oder ob sie nur zur Erhaltung des Reichtums und Einflusses der herrschenden Klassen dient, darüber wird die Geschichte, die Statistik, die Betrachtung des französischen Volkswohlstandes im Vergleich zu dem anderer Länder zu entscheiden haben.

Mir liegt es ob, den Gang dieser Entwicklung, welche ihren Höhepunkt auch heute noch nicht erreicht zu haben scheint, hauptsächlich an der Hand der französischen Parlamentsberichte, in denen sich die Lebendigkeit der Bewegung am besten widerspiegelt, zu zeichnen. Das Wachsen und Werden des französischen Zolltarifes von 1882 als Frucht und Kompromifs der parlamentarischen Kämpfe und der Verträge mit fremden Staaten zu erkennen und zu schildern, war meine Hauptaufgabe. Meine Arbeit ist also im wesentlichen ein Stück Parlamentsgeschichte; und zwar werde ich mich bemühen, hauptsächlich die wirtschaftliche, dann auch die sociale Seite der verschiedenen hierher gehörigen Verhandlungen zu beleuchten, ohne indessen die fiskalische Seite der einzelnen Gesetze ganz aufser acht zu lassen. Das innerpolitische Leben hingegen, welches sich in allen Äufserungen innerhalb der Kammern kundgiebt, und welches mehr als einmal auch rein ökonomische Gesetzesvorlagen beeinflufst, ja zu Falle gebracht hat, kann ich nur in allgemeinen Zügen berücksichtigen, weil sich alle Verhandlungen hinter den Coulissen der Kammern gröfstenteils meiner Kenntnis entziehen, und weil die Darstellung der inneren Politik mehr in eine allgemeine Geschichte Frankreichs hineingehört.

Erster Abschnitt.

Der Thierssche Zollreformversuch.

I. Kapitel.

Vorbereitendes.

1. Der deutsch-französische Handelsvertrag.

Der Zusammenbruch der napoleonischen Macht und die Erschütterung der französischen Volkswirtschaft durch den Krieg von 1870/71 vermochten nicht, sofort mit der von dem Kaiser befolgten Handelspolitik aufzuräumen. Denn noch bestanden die mit fast allen namhaften Staaten abgeschlossenen Verträge, und die Klausel der Meistbegünstigung, welche überall eine Hauptvertragsbedingung gebildet hatte, machte Zollerhöhungen so gut wie unmöglich.

Frankreich hatte nicht einmal von Deutschland, das doch ein grofses Interesse an der pünktlichen Zahlung der Kriegsschuld hatte, erreichen können, sich durch erhöhte Zölle finanzielle Einnahmequellen zu verschaffen. Der Artikel 11 des Frankfurter Friedens legte für ewige Zeiten den Grundsatz der Meistbegünstigung in allen handelspolitischen Beziehungen zwischen Frankreich und dem Deutschen Reiche fest. Frankreich erhielt allerdings ein kleines Zugeständnis in der Bestimmung, dafs die Meistbegünstigungsklausel nur für diejenigen Begünstigungen galt, welche folgende sechs Staaten: Grofsbritannien, Belgien, die Niederlande, die Schweiz, Österreich und Rufsland von den beiden vertragschliefsenden Mächten bereits gewährt erhalten hatten oder in Zukunft erhalten würden.

Aber dies Zugeständnis war doch nur scheinbar, weil gerade die Verträge mit diesen Ländern Frankreich verhinderten, Zölle, welche ein schätzenswertes finanzielles Ergebnis erwarten liefsen, zu erhöhen oder neu einzuführen.

Ebenso war die Republik hinsichtlich ihrer Schiffahrt gebunden. Nach dem Vertrage mit dem Deutschen Reiche traten die alten Schiffahrtsverträge wieder in Kraft. Indessen gab die Reichsregierung der französischen wenigstens die Möglichkeit, „von den deutschen Schiffen und deren Ladungen Tonnen- und Flaggengebühren zu erheben“; doch auch hier wieder „mit dem Vorbehalte, daſs diese Gebühren die von den Schiffen und Ladungen der vorerwähnten Nationen“ erhobenen Abgaben nicht überstiegen.

Dieser Vorbehalt hob thatsächlich das gemachte Zugeständnis wieder auf, da Frankreich wegen eines Schiffahrtsvertrages mit Osterreich vom 11. Dezember 1866 nicht daran denken konnte, etwa geplante Flaggen- oder Tonnengebühren einzuführen.

2. Die Aussichten der schutzzöllnerischen Bewegung.

Und doch waren die Aussichten auf einen Erfolg der schutzzöllnerischen Bestrebungen in der Kammer, wie im ganzen Lande, scheinbar günstig, weil die allgemeine Wirtschaftslage Frankreichs durchaus nicht so rosig war, wie die Anhänger der Handelsfreiheit gehofft hatten. Schon die Handelskrisis von 1864[1], welche sich zwei Jahre später in England wiederholte, schien die Versprechungen der Ökonomisten Lügen zu strafen. Aber man kann getrost dagegen anführen, daſs die Tarifpolitik keineswegs für den schleppenden Geschäftsgang jener Jahre verantwortlich zu machen ist. Einerseits hemmten die politischen Verwicklungen in Europa und Amerika, wie der deutsch-österreichische Krieg, der nordamerikanische Secessionskrieg, die mannigfachen Revolutionen und Kämpfe in Mittel- und Südamerika, das weitere Steigen der französischen Warenausfuhr; andererseits gaben innere Gründe, besonders eine auſserordentliche Überproduktion in mehreren Industriezweigen den Ausschlag zur Herbeiführung der Krisis.

Nichtsdestoweniger aber wuſsten die Gegner der Handelsverträge diese allgemeine Wirtschaftslage für ihre Zwecke auszubeuten und in ihren Agitationsreden, welche sie, von dem Wohlwollen der neuen Regierung unterstützt, im Lande hielten, zu verwerten. Ihre Hoffnungen richteten sie vor allem auf den Finanzminister Pouyer-Quertier, welcher schon früher als überzeugter Schutzzöllner hervorgetreten war, und auf Thiers, den Präsidenten der Republik. Man gedachte wieder der groſsen Reden, in denen Thiers in den Jahren 1850 und 1851 als Gegner des Antrages de Sainte-Beuve auf

---

[1] S. Schriften des Vereins für Socialpol. Bd. 51 S. 145.

Einführung des Freihandels seine Anschauungen entwickelt hatte, und in denen er sich bis zu der Phrase verstiegen hatte: „Sie beleidigen den Gedanken Gottes mit der Forderung, nichts zu thun und den Zufall walten zu lassen“ (de ne rien faire et de laisser aller le hasard)[1]. Aber man mufste sich doch eingestehen, dafs die eigentlich handelspolitischen Fragen für den Augenblick nicht so brennend waren, um eine sofortige Revision zu erheischen.

Thiers und Pouyer-Quertier standen infolge der ungeheuren Kriegsschuld und des mit einem Steuerausfalle von über 60 Mill. fr. verbundenen Verlustes von Elsafs-Lothringen vor der gebieterischen Notwendigkeit, das Budget zu erhöhen. Dabei konnte es nicht ausbleiben, dafs sie auch an eine Steigerung der Zolleinnahmen dachten. Aber ihre Vorschläge trugen im allgemeinen, wenigstens in der ausgesprochenen Absicht der Antragsteller, nur einen fiskalischen Charakter. Erst im Laufe der Debatten in der Nationalversammlung wagte es Thiers, um die Kammermehrheit für sich zu gewinnen, auch an die protektionistische Seite der am 12. Juni 1871 eingebrachten Gesetzesvorlage zu erinnern.

3. Das budget rectificatif von 1871.

Die Regierung brauchte, um das Deficit des Jahres 1871 auszugleichen, 488 Mill. fr. Von der geforderten Summe sollten die indirekten Steuern 149, die Zölle 244 Mill. fr. einbringen, während sich der Rest auf verschiedene andere Abgaben verteilte.

Im einzelnen wurden die Einnahmen aus den vorgeschlagenen Zollerhöhungen folgendermafsen geschätzt:

1. Eingangszölle:	Zucker[2] aus den Kolonien und dem Ausland	14	Mill.	fr.
	Kaffee	20	„	„
	Petroleum	10	„	„
	Textilrohstoffe	70	„	„
	Andere Rohstoffe	100	„	„
	Fabrikate	10	„	„
2. Ausgangszölle		15	„	„
3. Schiffahrtsabgaben		5	„	„
	Zusammen	244	Mill.	fr.

[1] Cit. b. Paul Rougier, La liberté commerciale 1878 cap. XVI.

[2] Amé, Etude sur les tarifs de douanes et sur les traités de commerce, Paris 1876, Teil II S. 262/263 giebt an dieser Stelle 33 Mill. fr. an; doch sind 19 Mill. fr. davon zu den indirekten Steuern zu rechnen.

Diese Beträge sollten sich ergeben:

1. aus der Erhöhung der Zuckersteuer um 3/10;
   " der Erhöhung des Kaffeezolls, welcher bereits am 27. Juli 1870 von 50 auf 100 fr. pro 100 kg gesteigert worden war, um weitere 50 fr.;
   " Zöllen auf Mineralöle;
   " einem Wertzoll von 20 % auf alle Textilrohstoffe, deren Einfuhr seit 1860 frei war;
   " aus verschiedenen Abgaben von höchstens 20 % auf Felle, Holz, ölhaltige Samen und Früchte, Farbstoffe und alle anderen Rohstoffe, die früher durch Handelsverträge oder Gesetze entlastet waren;
   " aus kompensatorischen Zöllen für die aus den Textil- und den anderen Rohstoffen hergestellten Fabrikate. — Die Einnahmen aus diesen kompensatorischen Zöllen wurden indes durch Zollrückgaben bei der Wiederausfuhr (drawbacks), deren Höhe den Rohstoffzöllen entsprach, etwas verringert.

Hierzu kamen:

2. niedrige Ausfuhrzölle auf alkoholhaltige Getränke, Eier, Tafelfrüchte, Ölkuchen, Hunde starker Rasse und andere Waren;
3. ein einheitlich bemessener sogenannter Quaizoll von 1 fr. auf die Tonne für die Schiffe aller Nationen.

Endlich sollte dem Chef der Regierungsgewalt das Recht gegeben werden, wiederum die durch Gesetz vom 16. Mai 1866 abgeschafften Entrepot- und Flaggenzuschläge einzuführen.

Man sieht aus dieser Zusammenstellung, dafs die vorgeschlagenen Zölle mit Ausnahme der geplanten Schiffahrtsabgaben an sich durchaus nichts Protektionistisches an sich trugen. Indessen schien selbst die Regierung nicht von der rein fiskalischen Wirkung ihres Projektes in der Praxis überzeugt zu sein, wenn sie auch in der Begründung der Vorlage alle Bedenken zu zerstreuen suchte. Sie wies vor allem nachdrücklich auf die Notwendigkeit der Bezahlung der Kriegskosten hin und betonte, dafs andere Abgaben, z. B. von Lebensmitteln oder von den Nährstoffen der Industrie, Kohle und Eisen, unmöglich eingeführt werden könnten. Dagegen sei es unverständlich, warum die anderen Rohstoffe der Industrie bisher zollfrei gewesen wären. Im übrigen würden diese Zölle infolge der Verteilung der Abgaben auf die ganze Masse des Volks den einzelnen Konsumenten nur sehr wenig belasten und höchstens die reicheren Klassen treffen.

Am ausführlichsten verweilen die Erläuterungen zu dem Entwurf bei der Verteidigung des Rückzolls für die Wiederausfuhr, ohne dafs ihnen dies in beweiskräftiger Weise gelingt. Es heifst darin unter anderem: Theoretisch darf „das Drawback bei der Ausfuhr eines Produktes nur die reine und einfache Wiedergabe der Steuern sein, die bei der Einfuhr von dem zu seiner Fabrikation verwendeten Rohstoff bezahlt sind. Thatsächlich aber hatte man (früher) auf den Rückzoll dadurch eine wirkliche Prämie gepfropft, dafs man die Geldbewilligungen zu hoch berechnete; man liefs sich durch den Staatsschatz mehr ersetzen, als dieser empfangen hatte. Unter solchen Bedingungen bildete der Rückzoll einen Mifsbrauch". Derartigen Unzuträglichkeiten versprach die Regierung künftighin mit Nachdruck zu begegnen. Aber ein Versprechen war immer noch kein Beweis. —

Die Budgetkommission, welcher der Entwurf übergeben wurde, und die unter dem Vorsitz des Grafen Benoist-d'Azy (Legitimist) eine eingehende Prüfung der verschiedenen Regierungsvorschläge vornahm, hatte auch sehr bald mancherlei Einwendungen gegen einzelne Punkte zu machen, während ihr andere annehmbar erschienen.

Die Ausgangszölle, gegen welche vor allem die Händler mit Wein und Spirituosen lebhaften Einspruch erhoben, liefs sie sofort fallen und brachte die Abstimmung darüber gar nicht vor die Kammer.

Die übrigen Vorschläge teilte sie in drei Teile, welche sie gesondert beriet, und die auch als gesonderte Gesetze vor das Plenum kamen. Die beiden ersten Berichte, über die Verzollung der Kolonialwaren und über die Handelsmarine, übernahm der Abgeordnete Ancel (rechtes Centrum), den dritten Bericht, über die Rohstoffzölle, zusammen mit dem Generalbericht über das ganze Budget der Abgeordnete Casimir-Périer (gemäfs. Republ.).

II. Kapitel.

Das Kolonialwarengesetz und das Handelsmarinegesetz.

1. Das Kolonialwarengesetz vom 8. Juli 1871.

Am 8. Juli 1871, also etwa einen Monat nach Einbringung der Gesetzesvorlage, unterbreitete Ancel seinen ersten Bericht der Nationalversammlung. Die Budgetkommission billigte danach vollkommen die höhere Verzollung von Zucker und Kaffee. Sie beantragte sogar, die Zollerhöhungen auf andere Kolonialwaren auszudehnen, wie Kakao, Chokolade, Thee, Pfeffer, Muskaten und ähnliche Gewürze, Vanille und Cichorien, ferner auf Weine, Alkohol und Liköre, sowie auf Tabak, soweit dessen Einfuhr auf Privatrechnung gestattet war (nur für Reisebedarf in kleinen Mengen, sonst war der Tabakhandel

Staatsmonopol); ebenso war sie mit der Belastung der Mineralöle einverstanden.

Die Kommission hatte sich, wie Ancel hervorhob, hauptsächlich durch das Beispiel der Vereinigten Staaten von Amerika, welche stets, und zum Vorteil des Fiskus, in schwieriger Finanzlage die Zölle erhöht hätten, und durch die Leichtigkeit der Erhebung dieser Steuer bestimmen lassen. Auch die Kammer nahm mit der Mehrheit von 477 gegen 4 Stimmen ohne Generaldebatte die vorgeschlagenen Artikel an.

Nur der Artikel 17 verursachte Widerspruch. Er bestimmte eine Ausnahme von den beschlossenen Abgaben für die Schiffssendungen, „deren Abfahrt von den Produktionsorten und ihre Bestimmung nach Frankreich an einem früheren Tage nachgewiesen werden“ konnte, „als demjenigen, wo der Eingang der Finanzgesetze in den Expeditionshäfen bekannt sein konnte“, aber „unter der Bedingung, dafs sie bei Ankunft gedachter Schiffe zum Verbrauch deklariert“ würden [1].

Schon der Finanzminister Pouyer-Quertier hatte darauf hingewiesen, dafs sich sofort bei der Kunde von den Absichten der Regierung alle Entrepots mit Massen von Kolonialwaren, namentlich Zucker und Kaffee, gefüllt hätten, welche sämtlich dem neuen Zoll zu entgehen hofften. Deshalb wurde nicht der Tag der Promulgation des Gesetzes, sondern schon die Kenntnis des Tages der Einbringung der Vorlage als Termin für den überseeischen Import festgesetzt, damit man möglichst bald mit der Zollerhebung beginnen konnte.

Der Abgeordnete Picard (linkes Centrum) protestierte gegen diese Ausnahmebestimmung, weil dem Staate dadurch immerhin etwa 30 Mill. fr. Einnahmen entgingen und nur der importierende Kaufmann davon Vorteil hätte, während die Konsumenten sofort nach Inkrafttreten des Gesetzes auch für die ausgenommenen Produkte die höheren Preise bezahlen müfsten.

Andere Deputierte wollten im Gegensatz dazu die Ausnahme auf alle vor der Promulgation des Gesetzes vom Ursprungsort abgegangenen Sendungen ausgedehnt wissen. Schliefslich wurde aber doch der Artikel 17 als Zusatzgesetz am 11. Juli angenommen.

Zu der ganzen Vorlage ist noch zu bemerken, dafs die Meistbegünstigungsstaaten, insbesondere England, Deutschland, Belgien, die Niederlande und die Schweiz, von den neuen Abgaben auf alkoholhaltige Getränke nicht betroffen wurden.

Ferner will ich hier gleich einschalten, dafs am 3. Juli 1872 auch für Amom und Kardamom derselbe Zoll von 200 fr. pro 100 kg. wie für Pfeffer beschlossen wurde, während diese Gewürze bis dahin nur 10 fr. zu entrichten hatten.

So war denn ein Teil der Regierungsvorschläge ohne

---

[1] Übersetzung des Handelsarchivs 1871 II S. 112.

grofse Schwierigkeit, da er nur fiskalischer Natur war, zum Gesetz geworden. Der Finanzminister hatte sogar die Genugthuung, statt der von Kaffee, Zucker und Petroleum berechneten Einnahme von 44 Mill. fr. eine solche von 102 Mill. fr. in seinen Voranschlag stellen zu können, wogegen das Fallenlassen der geforderten 15 Mill. fr. aus Ausgangszöllen gar nichts bedeutete.

2. Das Handelsmarinegesetz vom 30. Januar 1872.

a) Regierungsabsichten.

Ebenso bereitwillig, der Regierung Einnahmequellen zu verschaffen, zeigte sich die Budgetkommission hinsichtlich der Vorschläge, welche die Handelsmarine betrafen. Wiederum ging sie über das Verlangen des Finanzministers hinaus; sie war bereit, ihm statt 5 Mill. fr. 10 zu gewähren. Aber der Gesichtspunkt, von welchem sie sich dabei leiten liefs, war nicht mehr fiskalisch, sondern rein protektionistisch. Die Regierung wollte im allgemeinen noch das Gesetz vom 16. Mai 1866 bestehen lassen, wonach sämtliche Materialien für den Schiffsbau zollfrei waren und ferner seit dem Jahre 1867 für die fremde Schiffahrt die sogenannten Tonnengelder von ihrer Ladung und von dem Jahre 1869 an die die ausländische Marine treffenden Flaggenabgaben in Wegfall gekommen waren.

Die Regierung verlangte jetzt nur als Entgelt für die Kosten von Hafenbauten, Quais und dergleichen von allen aus den Kolonien oder dem Auslande einlaufenden Schiffen eine Quaiabgabe von 1 fr. auf die Mefstonne, ohne Unterschied, ob die Schiffe ganz oder nur zum Teil beladen waren. Die Wiedereinführung der Entrepot- und Flaggenabgaben behielt sich die Regierung noch vor, bis der Ablauf der Handelsverträge oder Verhandlungen mit den beteiligten Staaten diese ermöglicht hätten.

b) Ausnahmegesetz vom 17. Juli 1871.

Vorläufig war aber daran kaum zu denken. Ja, es brachte sogar dieses Jahr, in welchem man allgemein einen stärkeren Schutz der heimischen Flotte erwartete, dem Lande die Überraschung, dafs Thiers und der Landwirtschafts- und Handelsminister Victor Lefranc am 17. Juli 1871 ein Projekt einbrachten, wonach ausnahmsweise für die ausländischen Schiffe eine noch gröfsere Freiheit gestattet wurde. Bis zum kommenden Herbst sollte die Küstenfahrt, welche bisher der heimischen Flagge reserviert geblieben war, für die Marine aller Länder zur Bergung der Weinernte im Süden Frankreichs erlaubt sein. Das Gesetz war für den Weinbau aufserordentlich wichtig, weil die französischen Kommunikationsmittel für den

Augenblick durchaus unzureichend waren. Es wurde auch nach kurzer Debatte genehmigt.

Die Handelskammern und die Hauptreeder von Le Havre, Dieppe und Dünkirchen wollten freilich die so geschaffene Konkurrenz gegen die eigene Küstenschiffahrt wieder eingeschränkt wissen. Doch wurden hierauf bezügliche Anträge Cordier (linkes Centrum, gem. Republ.) und Audren de Kerdrel (Monarchist) abgelehnt, nachdem der Landwirtschaftsminister Lefranc erklärt hatte, daſs man doch von fremden Schiffen, die man zu Hilfe riefe, keine Abgaben verlangen dürfe.

Dieses Gesetz war für die thatsächliche Notlage der französischen Handelsflotte bezeichnend. Offenbar befriedigte diese nicht einmal die Bedürfnisse des eigenen Landes völlig.

c) Kommissionsbericht.

Daher ist die Stellungnahme der Budgetkommission und ihr Eintreten für einen gröſseren Schutz vollständig begreiflich, zumal sie auch noch kurz vor der Fertigstellung ihres Berichts durch einen selbständigen Antrag der Abgeordneten General du Temple (Royalist) und Genossen in der Nationalversammlung aufgefordert wurde, Schritte zur Aufhebung des Gesetzes vom Mai 1866 und zur Wiedereinführung der Entrepotzuschläge zu thun.

Am 10. August 1871 übergab Ancel seinen Bericht mit den Anträgen der Budgetkommission der Nationalversammlung. Die Beratung darüber wurde indessen erst am 23. Januar 1872 aufgenommen, weil man zuvor andere Teile des Budgets diskutierte.

Nach dem Bericht war seit 1866 der Schiffsbau und die Reederei, letztere besonders nach Indien und Australien, zurückgegangen, während der Bestand an Schiffen seit langer Zeit stationär geblieben war. Durch den Schutz allein, so führte Ancel aus, würde den Werften wieder Arbeit gebracht, würden die Arbeiter versorgt werden. Ohne den Schutz aber dürfte bald die französische Civilisation auf dem Erdball verdrängt werden; ohne den Schutz würde Frankreich zugleich mit seiner Handelsflotte eine praktische Schule für seine Kriegsmarine verlieren.

Um den Miſsständen abzuhelfen, hatte man zuerst die Einführung von Prämien vorgeschlagen. Doch entschied sich die Kommission wegen der ungünstigen Finanzlage des Staates in der Hauptsache für die Erneuerung des Regimes vor 1866.

Zum Schutze der eigentlichen Schiffahrt waren neben den Quaiabgaben der Regierung, die man für Schiffe aus europäischen Ländern und dem Mittelmeer auf 50 cents. ermäſsigt hatte, noch Flaggen- und Entrepot-Zuschläge bestimmt. Letztere trafen mit 3 fr. auf 100 kg die sogenannte indirekte Schifffahrt, welche die Waren nicht unmittelbar aus dem aufsereuropäischen Produktionsland, sondern auf dem Umwege über europäische Entrepots nach Frankreich brachte. Eine Ausnahme von diesen neuen Zuschlägen setzte man nur für die Waren fest, welche bereits anderen, höheren Abgaben unterlagen. Die Flaggenzuschläge (surtaxes de pavillon) sollten die Schiffe aller Länder treffen, doch je nach der Entfernung in verschiedenem Grade. Sendungen aus Europa und dem Mittelmeer hatten für 100 kg 75 cents. zu entrichten, die Schiffahrt innerhalb der anderen Küsten des atlantischen Oceans 1 fr. 50 cents., die sonstige Schiffahrt 2 fr.

Für den Schutz des Schiffsbaus hatte man die Einfuhrzölle auf fertige Schiffe und Schiffskörper, welche seit 1866 nur 2 fr. pro Tonne betrugen, beträchtlich erhöht. Die Franzisierungsabgaben (droits de francisation; Abgaben für den Übergang in französischen Besitz) sollten künftig für Schiffskörper je nach dem verwendeten Material 30—50 fr. und für fertige Schiffe 40—60 fr. auf die Meſstonne betragen.

Mit diesem Gesetz beabsichtigte man den fremden Wettbewerb keineswegs auszuschlieſsen, sondern nur die Marine vor dem völligen Verfall zu bewahren. Aber die Hoffnung der Budgetkommission, auch bei dieser Vorlage eine debattelose Annahme erzielen zu können, schlug fehl.

d) Kammerdebatten.

Schon der erste Redner in der Generaldiskussion, Johnston (rechtes Centrum, aber Freihändler), führte eine Reihe gewichtiger, für den unparteiischen Beobachter zum Teil durchaus überzeugender Gründe gegen die Kommissionsbeschlüsse, mit denen sich die Regierung einverstanden erklärt hatte, ins Feld, sodaſs ihr Schicksal zweifelhaft erschien.

Nach Johnston war die Vorlage hauptsächlich durch den Wortlaut der Wiener Konvention vom 11. Dezember 1866 unausführbar. Denn der Artikel 6 dieses Handelsvertrages mit Österreich besagte mit der Bestimmung der Reciprocität ausdrücklich: „Die unmittelbar von Österreich nach Frankreich unter österreichischer Flagge und vom 12. Juni 1869 an unter der Flagge irgend eines Landes eingeführten Waren jeder Art . . . . . sollen weder höhere Zölle, noch andere Abgaben jeder Art zum Vorteil des Staates, der Gemeinden, örtlicher Verbände, Privatpersonen oder irgendwelcher Unternehmungen bezahlen, als wie wenn sie unter der nationalen Flagge eingeführt worden wären.“

Da nun diese Vertragsbestimmung durch die Klausel der Meistbegünstigung bis zum 1. Januar 1877 noch für acht andere Mächte gültig wäre, so seien zuerst Verhandlungen mit Österreich nötig, um nicht die ganze Vorlage illusorisch zu machen.

Nach diesem principiellen Einwand kritisierte Johnston die einzelnen Teile der Vorlage, indem er zuerst die für die Seeschiffahrt geplanten Schutzmafsregeln besprach. Er leugnete zunächst den von der Kommission und der Regierung behaupteten Stillstand in der Entwicklung der Handelsflotte und der überseeischen Warenausfuhr. Der Anteil der fremden Marinen an dem Verkehr in französischen Häfen, welcher im Jahre 1863 nur 57 % betragen hatte, sei allerdings bis 1869 auf 62 % gestiegen, und zwar als ganz natürliche Folge der liberaleren Schiffahrtspolitik. Zugleich habe sich aber der Tonnengehalt der heimischen Handelsflotte absolut, d. h. im internationalen Handel, um 44 % vermehrt. Die vorgeschlagenen Flaggenzuschläge, welche infolge der Verträge nur die indirekte Schiffahrt, den tiers pavillon, treffen würden, könnten aber, bei einer Bejahung der Notlage, nur einen geringen Schutz bringen, weil die indirekte Schiffahrt nur 11 % der gesamten überhaupt ausmachte. Aufserdem würden zugleich mit der französischen Handelsflotte auch die anderen, direkt importierenden, viel mächtigeren Flaggen geschützt. Weiter sei durch diesen Schutz der Flotte eine aufserordentliche Schädigung des überseeischen Handels mit Getreide und Rohseide, welcher hauptsächlich den Gegenstand der indirekten Einfuhr bilde, zu erwarten. Der Redner verwies auf die Botschaft des Präsidenten der Vereinigten Staaten, Grant, welche ein ähnliches, in Nordamerika bestehendes Gesetz als ein grofses Unglück verurteilte. In der That hätte der amerikanische Nationalökonom Wells nachgewiesen, dafs die Handelsmarine Amerikas unter der Herrschaft dieses Systems des indirekten Schutzes zurückgegangen wäre. Dagegen sei England nach Aufgabe der Schiffahrtsakte die erste Seemacht der Welt geworden. Johnston verlangte also die Verwerfung der Flaggenzuschläge und der sie ergänzenden Entrepotzuschläge. — Fiskalisch seien nur die Quaiabgaben, da sie auch von französischen Schiffen erlegt werden müfsten. Diese Tonnengelder schlössen aber die Gefahr in sich, überhaupt die Schiffahrt von den französischen Häfen zu Gunsten der belgischen und italienischen zu verscheuchen.

Johnston ging dann zu den Schutzmafsregeln für den Schiffsbau, den sogenannten droits de francisation, über. Diesen Teil des Gesetzes lehnte er schon aus dem formellen Grunde ab, weil die Budgetkommission damit ihren Auftrag überschritten hätte. Die Vorschläge seien ganz und gar protektionistisch und hätten mit der Richtigstellung des Staatshaushalts gar nichts zu thun. Obendrein aber würde mit dem Schutz des Schiffsbaus durch hohe Zölle auf importierte Seeschiffe zugleich das Material für die Schiffahrtgesellschaften, welche bisher ihre Schiffe billig aus dem Ausland bezogen hätten, verteuert und damit der Handelsmarine ein schwerer

Schlag zugefügt werden. Im übrigen betonte Johnston, dafs er den Niedergang der französischen Schiffsbauindustrie durchaus nicht bestreite und gern für den Schutz derselben eintreten werde, aber nicht in der vorgeschlagenen Weise.

Der Abgeordnete General du Temple (Royálist) suchte Johnstons Bedenken zu widerlegen. Er gab zu, dafs die Schiffahrtsverträge das sofortige Inkrafttreten des Gesetzes verhinderten. Deswegen dürfe man dieses aber nicht fallen lassen, sondern müsse den Versuch machen, die Verträge zu lösen.

Der Schutz der heimischen Flotte geböte sich jedem Lande von selbst. Sogar England unterstütze seine Marine; zwar nicht durch Zölle und Schiffahrtsbeschränkungen, aber statt dessen durch Lokalabgaben für die Unterhaltung der Leuchttürme, durch Ankerstellenabgaben und anderes, während Amerika Prämien bewillige. — Frankreichs Handelsflotte aber sei „fast tot".

Du Temple erinnerte an die Ergebnisse der grofsen Enquete von 1870 über die Lage der Schiffahrt. Damals hatte man den Niedergang 1. auf die Gesetzgebung, 2. auf das System der sogenannten inscription maritime, 3. auf den Mangel an Initiative und Kühnheit seitens der französischen Reeder, deren Gewerbe vordem nur durch die Protektion des Staates erstarkt wäre, und auf die Konkurrenz des Auslands zurückgeführt.

Du Temple forderte deshalb 1. die Änderung der Gesetzgebung in der vorgeschlagenen Weise der Wiedererrichtung der Schutzvorschriften des ancien régime. Für die Vortrefflichkeit derselben führte er an, dafs von 1841—1859 der Tonnengehalt der Handelsflotte von 599000 auf 1200000 Tonnen gestiegen sei.

2. Den schädigenden Einflufs der inscription maritime bestritt du Temple dagegen. Nach dieser Einrichtung war die männliche Küstenbevölkerung Frankreichs vom 20. bis zum 50. Jahre verpflichtet, sich immer zur Verfügung des Staatsoberhauptes zu halten, welches sie jederzeit zum Dienst auf der Kriegsflotte einberufen konnte. Die Namen aller Schiffsarbeiter, Matrosen und Fischer waren auf einer besonderen Liste verzeichnet. Damit stand die Vorschrift in Verbindung, bei dem Schiffsbau nur einheimische Kräfte zu beschäftigen, und auf den Schiffen höchstens $^1/_4$ ausländischer Bemannung anzustellen.

Dieses Inskriptionssystem verursachte nach Du Temple durchaus keine Verteuerung der Produktionskosten der Reeder, welche sich selbst für die Beibehaltung desselben ausgesprochen hätten.

3. Die Hochseeschiffahrt hätte ganz allein durch die infolge der Unterdrückung der Flaggenzuschläge ermöglichte

Konkurrenz des Auslandes gelitten. Am meisten zu fürchten sei Deutschland, welches sich mit geringeren Gewinnen begnügte, und England, welches mit seiner billigeren und besseren Kohle, seinem besseren Schiffsmaterial und nicht zum wenigsten durch den Patriotismus seiner Kaufleute, der sie nur eigene Schiffe benutzen heifse, der französischen Handelsflotte täglich mehr und mehr zusetzte.

Du Temple schlofs mit dem Hinweis auf die militärische Notwendigkeit des Bestehens einer starken Handelsmarine: „Wir unterhalten mit grofsen Kosten militärische Schulen. Bewahren wir diese natürliche Schule, wo man die Gefahr zu verachten lernt, und wo man nicht nach dem ungestörten Wohlleben fragt. Dies Leben könnte unserer ländlichen und städtischen Bevölkerung, die durch den Durst nach Gewinn verwöhnt ist, zum Vorbild dienen!“

Nach dieser mehr patriotischen, als beweiskräftigen Rede legte der Vertreter von Marseille, Clapier (linkes Centrum), seine abweichende Meinung im Interesse seines Departements dar. Mit einer kurzen Geschichte der französischen Marinegesetzgebung begann er und forderte auf Grund der Erfahrung vor allen Dingen auf, die Entrepot- und Flaggenzuschläge zu verwerfen, während er an den sonst fiskalisch gerechtfertigten Tonnengeldern das eine auszusetzen hatte, dafs auch die nur teilweise beladenen Schiffe die volle Abgabe entrichten sollten. Die Flaggenzuschläge seien für Marseille vollständig unannehmbar, da die dort verkehrende indirekte Schiffahrt, der tiers pavillon, fast nur aus Griechen bestände und der Stadt den gröfsten Nutzen brächte. Die französische Handelsflotte könne unmöglich alle die kleinen Ernten der griechisch-türkischen Inseln sammeln.

Den Stillstand in der Entwicklung der Marine bestritt aber Clapier durchaus nicht. Doch lagen für ihn die Hauptursachen dieser Thatsache in der allgemeinen Entwicklung der Volkswirtschaft. Die kleinen hölzernen Schiffe seien ganz naturgemäfs den grofsen eisernen gewichen, und die Dampfschiffahrt, in der England weit vorangeschritten sei, hätte die Segelschiffahrt überwunden. Ferner machten die grofsen Gesellschaften mit ihren regelmäfsigen Fahrten und schnellen Verbindungen eine grofse Anzahl weniger leistungsfähiger Schiffe entbehrlich. Die Küstenfahrt insbesondere habe aufserdem noch den Wettbewerb der Eisenbahnen auszuhalten.

Clapier war von der Notwendigkeit dieser Entwicklung überzeugt. Die allmähliche Konzentration der Schiffahrt in wenige grofse Häfen galt für ihn als eine Art Naturgesetz, dem man auf keine Weise ohne fühlbare Schädigung der gesamten Volkswirtschaft entgegentreten könne. —

In ähnlichem Sinne äufserte sich der Abgeordnete Champvallier (rechtes Centrum), welcher sonst seinen Ausführungen den Kolonialgesichtspunkt zu Grunde legte. Die Belastung des Kolonialzuckers durch die bereits angenommene Vorlage hätte niemand als fehlerhaft bezeichnet, weil die einheimischen Zuckerraffinerieen mit demselben Steuersatz betroffen worden wären. Für die Schiffahrt aber sollten die Kolonieen plötzlich als Ausland angesehen werden. Dadurch würde die Fracht nicht wenig verteuert. Andrerseits brauchten die Fabriken in Martinique, Guadeloupe und La Réunion Holz und Kohlen, die sie nur durch Vermittlung englischer, holländischer und amerikanischer Schiffe erhalten könnten. Wenn man dann dem durch die Zuschläge verteuerten Kolonialzucker nicht wieder einen Zollerlaſs zugestände, so könnten die dortigen Fabriken sich nicht mehr halten.

Die Flaggenzuschläge würden auſserdem die Landwirtschaft und die Masse der Konsumenten belasten, weil durch sie die Preise für Guano, Tabak und andere Produkte, ebenso für Getreide, erheblich steigen würden. Deshalb hätten sich, wie Marseille, auch die Handelskammern von Nantes und Le Havre dagegen ausgesprochen.

Auch der Reeder und Dampfmaschinenfabrikant Fraissinet (linkes Centrum) hielt das Gesetz für schädlich. Seine Worte wurden mit Aufmerksamkeit angehört, weil er als Sachverständiger sprach. Er meinte: Die Reeder nennen sich immer ruiniert (er sei selbst ein solcher). „Trotzdem, wenn man alle Häfen Frankreichs durchläuft, so wird einem jedermann bestätigen, daſs die groſsen Vermögen sämtlich Reedern gehörten.“ Aber alle diese Leute hätten es verstanden, sich den Forderungen der Neuzeit anzupassen. „Sie können das Dampfschiff nicht hindern, fortzuschreiten! Sie würden den französischen Handel töten!“

In Frankreich leide der Schiffsbau unter einer ganz natürlichen Konkurrenz. Es gäbe zu wenig Werften und zu wenig geschulte Leiter für diese Industrie. Durch die Zuschläge aber würden nur die Reeder belastet, welche dann ihrerseits wieder den Werften unmöglich mehr Arbeit geben könnten. „Je mehr Freiheit Sie der Handelsmarine geben, desto mehr wird sie fortschreiten!“

Ähnliche Argumente brachten noch weitere Redner der Opposition zur Geltung, wie Tolain (äuſserste Linke) und der Admiral Saisset (linkes Centrum), welche hinsichtlich der Kriegsmarine die Anschauung vertraten, daſs diese durch die Entwicklung der Technik verhältnismäſsig nicht mehr so viel Bemannung, wie vordem, nötig hätte, und daſs auſserdem die Ausbildung auf der Handelsflotte der Ausbildung für den Kriegsdienst wenig vorarbeitete.

Die anderen Admirale der Nationalversammlung fand man durchaus entgegengesetzter Meinung. La Roncière le Nourry (Bonapartist) erklärte sich sogar für einen Freihändler, wollte aber angesichts der unbestreitbaren Notlage doch für die Protektion stimmen. Er beklagte lebhaft das nur äufserliche Interesse der Binnenbevölkerung für die Marine, welches sich darin widerspiegelte, dafs französische Familien sehr häufig nur Söhne mit nicht ganz fehlerfreier Vergangenheit in die Handelsflotte eintreten liefsen, während sich die besseren Elemente zurückhielten.

Der Admiral Fourichon (rechtes Centrum, Orleanist) nannte die Hochseeschiffahrt „die wahre Schule guter Matrosen, ... die einzige Schule". Deshalb war ihm „ein gemäfsigter und zeitweiliger Schutz, mit Hilfe dessen" die französischen „Werften und die nationale Flagge ihre Aktivität wieder aufzunehmen und sogar zu entwickeln" vermöchten, unabweisbar.

Der Marineminister, Admiral Pothuau (linkes Centrum), schilderte lebhaft die grofse Gefahr für die Kriegsflotte, welche bei dem bevorstehenden Zugrundegehen der heimischen Schiffsbaustätten nicht einmal mehr Reparaturanstalten und genügend ausgebildete Handwerker besitzen würde.

Sehr geschickt trat der Abgeordnete Acloque (rechtes Centrum) für die Vorlage ein. Er betrachtete die Wirkung des Gesetzes nach den Interessen der vier in Frage kommenden Interessentengruppen, 1. der Schiffsbauer, 2. der Reeder, 3. des Staates und 4. der Industrie, welche die Rohstoffe für den Schiffsbau lieferte.

1. Er schilderte die Konkurrenz Kanadas, welches vermöge seiner billigen Holzarten, und Englands, welches durch sein Eisen die französische Fabrikation aus dem Felde schlüge.

2. Im Namen der Reeder verlas er einen Brief der Handelskammer von Bordeaux vom 15. Oktober 1871, in dem es heifst: „Die Privatinitiative ist in Frankreich ohnmächtig, sich gegen einen solchen Nebenbuhler zu verteidigen." „Der Tarif — wir sagen es mit Bedauern — ist unsere einzige Rettungsplanke."

3. Der Staat würde durch die Tarifzuschläge nicht nur Mehreinnahmen haben, sondern folgte einem Gebot der Selbsterhaltung. Acloque erinnerte dabei an die Worte, welche vor einiger Zeit auf dem Kongrefs in Washington gefallen waren: „Wenn eine Nation nicht mehr selbst ihre Schiffe baut, so hat sie bald aufgehört, die Schiffahrt zu betreiben."

4. Durch den Schutz aber würde nicht nur der Schiffsbau aufleben, sondern ganz allgemein der heimischen Industrie geholfen werden. Der Artikel I des Gesetzes vom 19. Mai 1866, wonach sämtliche Rohstoffe für den Schiffsbau zollfrei wären, sei unhaltbar geworden. Die englisch-schwedischen Feineisen kämen so abgabenfrei auf den Markt, während dafür schlechtere französische ausgeführt oder zum Schiffsbau verwendet würden. Das noch in Kraft befindliche Dekret des Finanzministers Buffet vom 9. Februar 1870, nach dem die

zollfrei importierten Metalle nur in bestimmt namhaft gemachte Fabriken wandern durften, helfe nur sehr wenig, weil der Eisenhändler unmittelbar neben dem Schiffsbauindustriellen seine Werkstatt aufgeschlagen habe, und die Umgehung der Vorschriften unkontrollierbar sei.

Babin-Chevaye (konserv. Republ.), ein Werftbesitzer aus Nantes, trat gleichfalls für das Gesetz ein. Für ihn handelte es sich einfach um die Frage, „ob Frankreich überhaupt eine Handelsmarine, die Schule und Pflegeanstalt seiner Flotte, ob es noch Schiffsbauwerften, die Schule und Pflegeanstalt seiner Arsenale, und ob es noch Handwerker haben will, die fähig sind, es in den Stand zu setzen, sich selbst seine Verteidigungsmittel, seine Kriegsschiffe, zu konstruieren.“ Er rief der Kammer zu: „Alle Industrieen, aufser der unsrigen und der Landwirtschaft, werden geschützt!“ Die Arbeiter verliefsen deshalb die Werften und würden Zimmerleute. Die Unterstützung, welche dem Schiffsbau durch die zollfreie Einfuhr der Materialien gewährt würde, sei ganz illusorisch. Denn die Holzschiffe würden niemals aus fremdem Holz erbaut, weil das französische Eichenholz viel besser wäre. Ebenso verhielte es sich mit den anderen Rohstoffen, wie Segeltuch, Tauen und dergleichen. Diese Erlaubnis berge also nur die Gefahr in sich, dafs die billigeren und schlechteren Produkte die reellen verdrängten. Bei den Eisenschiffen läge die Sache nicht minder ungünstig, weil der Schiffsbauer das gute englische Eisen keineswegs ganz frei bezöge. Erstens müsse er die Transportkosten bezahlen, und zweitens bestände die Zollfreiheit für Nettoprodukte: 100 % importiertes Roheisen wurde danach nur zu 90 % als frei angesehen, sodafs noch immer 10 % oder 6 Fr. für die Tonne zu zahlen seien.

Frankreich produziere also bedeutend teurer als England, welches obendrein noch durch seine Handels- und Staatsflotte einen gröfseren Verbrauch befriedigen könne. Durch diese Riesenproduktion würde auch die Arbeitskraft billiger, obwohl der einzelne Arbeiter in England einen höheren Lohn erziele.

Babin-Chevaye besprach dann die vorgeschlagenen Heilmittel. Prämien waren ihm nach dem Stand des Budgets kaum möglich. Den Vorschlag, dafs der Staat alle seine Bauten an Private vergeben könnte, lehnte er ab, weil das Marinedepartement für einen Kriegsfall geschulte Arbeiter zur Verfügung haben müfste. Also kämen nur die Franzisierungsabgaben in Betracht. „Jedes Land mufs sich selbst seine Waffen für den wirtschaftlichen und jeden anderen Kampf schmieden,“ so schlofs er seine mit grofsem Beifall aufgenommene Rede.

René Brice (linkes Centrum, gemäfs. Republ.) führte den Niedergang der Handelsflotte auf das Fehlen der Ausfuhrfracht zurück. Frankreich exportiere nur Bordeauxweine, Seidenzeuge und Luxuswaren jeder Art. Diese Ausfuhr käme gegen Englands Massenartikel, zu denen er besonders Kohle, Eisen und Maschinen rechnete, und gegen die Beförderung des Auswandererstromes gar nicht in Betracht. Aber auch die Rückfracht fehle der französischen Marine seit der Erfindung der Rübenzuckerproduktion und seit der Zeit, wo Nordamerika angefangen habe, seine Baumwolle allein zu exportieren. Nur die Kolonien und Südamerika ständen Frankreich noch offen.

Die unheilvolle Wirkung der napoleonischen Gesetze folgerte René Brice aus der Statistik der Schiffahrtsbewegung seit 1860. Darnach betrug die Ein- und Ausfuhr zur See von und nach Frankreich:

1860	6 856 000	Tonnen
1868	10 646 000	„

Davon belief sich der Anteil der französischen Marine:

1860 auf	5 500 000	Tonnen
1868 auf nur	4 199 000	„ . —

Der Berichterstatter Ancel fafste als einer der letzten Redner noch einmal alle Gründe für die Annahme der Vorlage zusammen. Die gesetzliche Festlegung der Entrepot- und Flaggenzuschläge hätte die Kommission deswegen beschlossen, weil blofse Dekrete des Präsidenten ihr keine genügende Sicherheit boten. Mit dem Gesetze träfe man nur die indirekte Schiffahrt. Kein Land hätte also für seine eigenen Produkte Nachteile zu befürchten. Dagegen genösse bei Staaten, welche keine ausreichende Marine besäfsen, die französische grofse Vorteile.

Gewifs wandle sich die Schiffahrt stetig mehr und mehr um, und Eisen-Dampfschiffe hätten die Zukunft. Aber die Segelschiffahrt besäfse noch immer fast eine Million Tonnen und hätte sich ohne Subvention auf dieser Höhe gehalten, während von den 142 000 Tonnen der Dampfschiffahrt 104 000 staatlich unterstützt seien.

Nur die beiden Häfen, in welchen die subventionierte Marine hauptsächlich verkehre, protestierten jetzt, weil dann die anderen Häfen, die doch kaum von geringerer Wichtigkeit seien, wieder den Wettbewerb mit ihnen aufnehmen könnten.

„Um eine Kriegsmarine zu haben," so schlofs Ancel, „brauchen wir eine Seebevölkerung; um eine Seebevölkerung zu haben, um sie zu unterhalten, um sie leben zu lassen, brauchen wir eine Handelsmarine. . . . . . Wir haben zu oft gegen uns die Gewalt der Thatsachen gehabt, hören wir auf, ... ihr die Gewalt der Gesetze an die Seite zu stellen!" —

Aus der dreitägigen Debatte ging eine grofse Bereitwilligkeit der Kammer hervor, die Vorlage anzunehmen. Die augenscheinlich vorhandene Majorität beachtete aber die Haupteinwände der Opposition recht wenig, zumal die Behauptung

Johnstons, dafs das ganze Gesetz durch den Wortlaut der Handelsverträge unausführbar sei. Der Berichterstatter Ancel hüllte sich darüber in ein sehr beredtes Schweigen.

Als dann Johnston die Regierung energisch aufforderte, sich zu der Sache zu äufsern, gab der Minister des Auswärtigen, de Rémusat (linkes Centrum), seine Behauptung zu. Der Finanzminister Pouyer-Quertier bat aber, das Gesetz trotzdem anzunehmen, weil die Regierung damit eine positive Unterlage zu den Verhandlungen mit Österreich hätte. Der Minister stellte die Lösung der Wiener Konvention, an der Österreich in der That nur ein geringes Interesse hatte, als ganz leicht hin. Er hatte aber, wie ich noch zeigen werde, nicht mit anderen, auswärtigen Faktoren gerechnet, die für die Wiener Politik ausschlaggebend waren.

Das Gesetz wurde im Princip mit 501 gegen 140 Stimmen angenommen. Doch brachte die Diskussion der Artikel noch einige Zusätze, so den Antrag Champvallier, dafs für die Produkte der französischen Kolonien die Flaggenzuschläge fallen sollten, und den Antrag Beaucarne-Leroux (linkes Centrum), welcher im Interesse der Landwirtschaft den Guano zollfrei machte.

Andere Vorschläge zu Gunsten des Düngers überhaupt, ferner für Getreide, Mineralien, Kohle, Holz, ölhaltige Samen wurden abgelehnt; ebenso ein sehr gerechtfertigter Antrag Javal, der das Inkrafttreten des Gesetzes bis zur Lösung der Handelsverträge aufgeschoben wissen wollte.

Das ganze Gesetz wurde dann am 30. Januar 1872 mit 414 gegen 234 Stimmen genehmigt.

e) Anwendung des Gesetzes.

Die Schwierigkeiten aber, welche seiner Anwendung im Wege standen, spiegeln sich sehr bezeichnend in einem Cirkular der Generaldirektion der Zölle vom Mai 1872 wieder[1].

Vom Flaggenzuschlag befreit waren darnach die Schiffe aller Vertragsländer, aufser Spaniens, bei direkter Einfuhr; bei der Einfuhr von allen Ländern überhaupt die österreichischen, belgischen, holländischen, italienischen, schwedisch-norwegischen, die Zollvereins- und die portugiesischen Schiffe. England unterlag der Flaggengebühr bei indirektem Verkehr, aber nicht für die Hauptartikel: Baumwolle aus Indien, Jute und Wolle aus Australien. Dieselben Ausnahmen finden sich bei den nur für den indirekten Verkehr aufsereuropäischer Produkte eingeführten Entrepotzuschlägen von 3 Fr. auf 100 kg. Doch durften infolge des Vertrages mit Belgien auf Reis, Pottasche, Salpeter und Fette nur Zuschläge von 2,40 Fr. bei

[1] H.-A. 1872 II S. 147.

der Einfuhr über Vertragsländer (aufser Spanien) gelegt werden. Ferner konnten auch die hohen droits de francisation mit 30—60 Fr. auf die Mefstonne nicht auf die oben erwähnten Staaten angewendet werden. Schiffe aus diesen Ländern entrichteten also bei ihrer Importierung auch fernerhin nur die alte Nationalisierungsabgabe, den Bilanzzoll von 2 Fr. auf die Mefstonne. Die mit diesem Zoll im Gesetz von 1866 zusammenhängende Bestimmung der abgabefreien Zulassung aller zum Schiffsbau dienenden Rohstoffe und Halbfabrikate blieb in gleicher Weise bestehen.

f) Verhandlungen mit Österreich.

Den Schlüssel zur Lösung der diplomatischen Schwierigkeiten hielt, wie schon erwähnt, Österreich-Ungarn in der Hand [1]. Bereits am 22. Januar 1872 hatte der Minister Graf de Rémusat eine mündliche Besprechung mit dem Bevollmächtigten Österreichs in Versailles, Hogos. Am 31. Januar übermittelte der französische Botschafter in Wien, Marquis de Banneville, eine Note an den Minister des Äufseren im Wiener Kabinett, Grafen Andrassy, im Sinne jener Besprechung, welche Hogos seinerseits auch der Regierung mitgeteilt hatte. In dieser Mitteilung [2] heifst es: „Herr de Rémusat denkt, dafs die den beiden Flaggen hinsichtlich der Schiffahrtsabgaben bewilligte reciproke Gleichstellung der französischen Handelsflotte und allen beteiligten Industriebranchen einen fühlbaren Schaden verursacht hat, weil das Princip, welches die Grundlage des franko-österreichischen Vertrags bildet, anderen seefahrenden Nationen zu gute kommt, die infolge dieser Konvention die Behandlung der meistbegünstigten Staaten geniefsen.“

Der Graf Banneville betonte in seiner Note vor allem die Budgetschwierigkeiten und bat demgemäfs um die Abschaffung zweier Vertragsbestimmungen: 1. der Gleichstellung der Flaggen für die indirekte Schiffahrt; und 2. der Zulassung österreichischer Schiffsbauten mittelst einfachen Bilanzzolls von 2 Fr. auf die Tonne.

Diese Forderungen bedeuteten für Österreich durchaus keine principielle Frage. Sie waren nur als Folge des französischen Gesetzes vom Mai 1866 in den Schiffahrtsvertrag hineingekommen. Österreich verkaufte nur sehr wenig Schiffe, und seine Flagge rechnete kaum unter der indirekten Schiffahrt zwischen Frankreich und dem Ausland. Aber es schienen doch Bedenken vorzuliegen.

Als nach zwei Monaten noch keine Antwort eingelaufen war, sandte deshalb Banneville an Andrassy eine zweite Note

---

[1] Amé, op. cit. II cap. XVIII.
[2] Amé, op. cit. II S. 316.

am 21. März 1872 mit dem Angebot seiner Regierung, die österreichische Flotte für das Mittelländische Meer der französischen gleichgestellt zu lassen.

Österreich hätte sehr gut darauf eingehen können, weil seine Handelsflotte im Verkehr mit Frankreich doch nur für das Mittelländische Meer in Frage kommt, während die grofsen Konkurrenznationen, zumal England und das Deutsche Reich, die Häfen des Atlantischen Oceans benutzen. Aber Andrassy verweigerte am 28. März die Annahme des Vorschlags, weil derselbe gegen das Princip verstofse. Der wahre Grund der Ablehnung lag indessen in der Abhängigkeit der Wiener Politik von dem Berliner Ministerium des Äufseren. Man entsinnt sich, dafs Bismarck im Frankfurter Frieden Frankreich die Möglichkeit zugestanden hatte, von den deutschen Schiffen Flaggen- und Tonnengebühren zu erheben. Aber die wirkliche Ausführung dieser Bestimmung hatte er doch durch die Meistbegünstigungsklausel zu verhindern gewufst. Den Beweis dafür, dafs Bismarck auch jetzt mit all' seinem Einflufs bemüht war, die französischen Forderungen zu hintertreiben, und dafs er von Anfang an genau in den diplomatischen Verkehr Frankreichs mit Österreich eingeweiht war, findet man in einem Briefe, welchen der Reichskanzler am 26. April 1872 an den Vertreter Preufsens in Wien, den General von Schweinitz, als Antwort auf eine Note Andrassys geschickt hat. Dieser Brief, den die Kreuzzeitung vom 28. September 1872 aus dem österreichischen Rotbuch von 1872 (Nr. 6) zum Abdruck brachte, legt in erschöpfender Weise die Beweggründe zu dem österreichischen Vorgehen dar und wirft aufserdem ein bedeutsames Schlaglicht auf die französische Handelspolitik überhaupt. Ich will ihn deshalb an dieser Stelle unverkürzt zum Abdruck bringen. Er lautet[1]:

„Der Herr Graf Károlyi hat mir die nebst Anlagen zu vertraulicher Kenntnisnahme abschriftlich beigefügte Depesche des Herrn Grafen Andrassy vom 26. v. M. mitgeteilt, welche sich auf die handelspolitischen Verhältnisse zwischen Österreich und Frankreich bezieht. Es ergiebt sich des näheren daraus, wie von Frankreich eine Modifikation des Art. 6 des österreichisch-französischen Schiffahrtsvertrages vom 11. Dezember 1866 und des Tarifes A zum österreichisch-französischen Handelsvertrage von demselben Tage beantragt, dieser Antrag aber von Österreich abgelehnt worden ist. Der Herr Graf Andrassy hebt zugleich hervor, dafs Österreich bei Ablehnung jener Modifikationen, durch welche seine industriellen und Schiffahrtsinteressen, namentlich nach dem Verzicht Frankreichs

[1] Die Angabe dieses Briefes verdanke ich Herrn Prof. Dr. Horst Kohl, dem ich für seine liebenswürdige Auskunft an dieser Stelle meinen herzlichen Dank sage.

auf die Wiedereinführung des Flaggenzuschlags in den Häfen des Mittelmeers, unmittelbar nicht in hohem Grade berührt würden, sich wesentlich durch allgemeine Gesichtspunkte und insbesondere durch die Rücksicht auf Deutschland habe leiten lassen. Ich habe von diesen Mitteilungen mit dem lebhaftesten Interesse Kenntnis genommen. Österreich ist das einzige Land, welchem die durch das französische Gesetz vom 12. Mai 1866 verfügte, jetzt zurückgenomme Aufhebung des Flaggenzuschlags vertragsmäfsig zugesichert ist. Alle Länder, welche das Recht haben, in Frankreich die meistbegünstigte Behandlung in Anspruch zu nehmen — und zu diesen Ländern gehört Deutschland — sind daher der Befreiung vom Flaggenzuschlage für die auf ihren Schiffen in französische Häfen eingeführten Waren fremden Ursprungs so lange, aber auch nur so lange sicher, als jene vertragsmäfsige Bestimmung zwischen Österreich und Frankreich fortbesteht. Das Interesse der deutschen Reederei und des deutschen Handels ist also bei der Aufrechterhaltung dieser Vertragsbestimmung in hohem Grade beteiligt. Der Wert, welchen unter diesen Umständen die von der K. und K. österreichisch-ungarischen Regierung getroffene Entschliefsung für uns hat, wird indessen noch durch eine allgemeine Erwägung in hohem Grade gesteigert. Nachdem Frankreich sich im Laufe des verflossenen Decenniums das unleugbare Verdienst erworben hatte, durch ein System von Handelsverträgen, welche mit gegenseitigen Tarifermäfsigungen die gegenseitige Zusicherung der Rechte der meistbegünstigten Nation verbanden, den handelspolitischen Beziehungen der europäischen Staaten eine neue und gesunde Grundlage zu geben, dem Verkehre der Völker neue Bahnen zu eröffnen und ihrem friedlichen Wettkampfe erweiterten Spielraum zu sichern, ist dort gegenwärtig eine rückläufige Strömung zur Geltung gelangt, welche den erreichten Fortschritt, soweit Frankreich dabei beteiligt ist, wieder in Frage zu stellen droht. Wenn auch zu hoffen ist, dafs die Gegenströmung, welche durch die aus der Erleichterung des Verkehres erwachsenen Interessen getragen wird, mit der Zeit wieder Kraft gewinnen und der rückläufigen Tendenz die Wage halten werde, so ist doch unverkennbar, dafs das Wiederemporkommen einer freisinnigen handelspolitischen Richtung des französischen Staatswesens wesentlich erschwert und verzögert werden würde, wenn es der gegenwärtig herrschenden Strömung gelänge, Verkehrsschranken, welche niedergerissen sind, wieder zu errichten. Denn an die wieder errichteten Verkehrsschranken würden neu entstehende industrielle Interessen sich anlehnen, welche in der Rückkehr zu einer freisinnigen Handelspolitik eine Gefährdung ihrer Existenz erblicken und dadurch dem Widerstande gegen dieselbe neue Kräfte zuführen würden. Es ist daher ein gemeinschaftliches Interesse aller europäischen

Staaten, dafs die in der früheren Epoche von Frankreich geschlossenen Handelsverträge so lange ihre Kraft bewähren, bis der öffentliche Geist Frankreichs die augenblicklich dem Schutzzollsystem günstige Stimmung in sich überwunden hat. Von allen Handelsverträgen Frankreichs hat der österreichisch-französische noch die längste Geltungsdauer vor sich, da er erst mit dem Jahre 1876 abläuft. Er begreift durch die Bestimmung im zweiten Absatze seines Art. 2 den gesamten französischen Konventionstarif in sich und sichert somit für seine Dauer den Erzeugnissen aller Nationen, welchen in Frankreich die Rechte der Meistbegünstigung vertragsmäfsig zugesichert sind, die Zulassung zur Einfuhr in Frankreich nach dem Konventionstarife. Thatsächlich sichert er das gleiche den Erzeugnissen derjenigen Länder, welchen Frankreich die Handelsverträge gekündigt hat, da es sich diesen gegenüber wohl kaum eher zu Tariferhöhungen entschliefsen dürfte, als nachdem es zu deren allgemeiner Einführung freie Hand gewonnen hat. Österreich hat also die Möglichkeit und damit den Beruf, Frankreich noch auf eine Reihe von Jahren vom protektionistischen Rückschritt zurückzuhalten und dadurch nicht nur den auf dem freisinnigen Konventionstarife erwachsenen Verkehrsbeziehungen auf längere Zeit den Fortbestand und die Möglichkeit der Fortentwicklung zu gewähren, sondern auch hoffentlich Europa vor jedem ernsten Rückschritte auf diesem Gebiete zu behüten. Es ist als ein Glück für die handelspolitische Entwicklung in Europa zu erachten, dafs die Regierung des Staates, welchem die gegenwärtige Situation den entscheidenden Einflufs auf die handelspolitische Entwicklung in Europa in die Hand legt, die Aufgabe, welche diese Lage ihm stellt, mit klaren Blicken erkennt und zu lösen bereit ist. Ich lege Wert darauf, dafs Euere Excellenz die K. und K. österreichisch-ungarische Regierung eingehend von dem Eindrucke unterrichten, den die Mitteilungen des Herrn Grafen Károlyi auf mich gemacht haben. Falls es gewünscht wird, sind Sie ermächtigt, ihr gegenwärtigen Erlafs abschriftlich mitzuteilen." Gez. v. Bismarck.

Frankreich hatte also in den Verhandlungen mit Österreich eine diplomatische Niederlage erlitten. Der wesentlichste Teil des Gesetzes vom 30. Januar konnte nicht ausgeführt werden, und nur die Erhebung gewisser Entrepotzuschläge von Nichtvertragsstaaten und die ursprünglich von der Regierung allein geplanten, auch die französische Marine belastenden Quaiabgaben halfen in ungenügender Weise einige Lücken des Budgets auszufüllen.

Die Depesche Bismarcks spricht ganz allgemein von einem Erstarken der schutzzöllnerischen Bewegung, nicht nur in Bezug auf die Schiffahrtspolitik. Denn als der grofse deutsche

Staatsmann sich zu dieser Kundgebung seiner damaligen ökonomischen Anschauungen veranlafst sah, war in Frankreich bereits ein weiterer wirtschafts- und finanzpolitischer Kampf zum Teil ausgefochten worden, der das Vorhandensein einer grofsen Mehrheit von Anhängern des Schutzzollsystems in der Kammer offenbarte, wenn sich diese Mehrheit auch nicht sofort der im Princip auf gleichem Boden stehenden Thiers'schen Politik anschlofs.

III. Kapitel.

Die Rohstoffzollvorlage bis zur Regierungskrisis am 20. Januar 1872.

1. Anzeichen des Widerstandes.

Ich trete damit in eine Schilderung der parlamentarischen Debatten über den heifs umstrittenen dritten und wichtigsten Teil der Regierungsvorschläge ein; ich komme zu der geplanten Verzollung der Rohstoffe für die Textilien und andere Fabrikate, kurzweg matières premières und matières brutes genannt. Für Thiers und Pouyer-Quertier war die Frage von entscheidender Bedeutung, da ihnen diese Steuer zusammen mit den kompensatorischen Zöllen für die aus den betreffenden Rohstoffen hergestellten Fabrikate allein eine Summe von 180 Mill. Fr. jährlich bringen sollte. Deshalb liefsen sie kein Mittel unversucht, um ihr Werk erfolgreich zu machen. Thiers, der Präsident der Republik wohnte persönlich den langwierigen Debatten bei und griff mehrere Male in die Diskussion ein. Er liefs sich sogar des öfteren in der Hitze des Gefechts gegenüber Rednern der Opposition zu Zwischenrufen hinreifsen, wobei ihn nur seine Stellung als Oberhaupt des Staates und seine allgemeine Beliebtheit vor leisen Mahnungen des Kammerpräsidenten bewahrten.

Aber es galt auch, eine starke und mit streng sachlichen Gründen hervortretende Gegnerschaft zu überzeugen. Wurden doch bereits im beratenden Ausschufs für Künste und Gewerbe (comité consultatif des arts et manufactures; Gewerbekammer), dem der Tarif der Regierung zur Umarbeitung der Wertzölle in specifische (Gewichts-, Stück-, Mafszölle) vorgelegen hatte, Einwürfe von Männern erhoben, die politisch und wirtschaftlich bisher zu den Anhängern von Thiers gerechnet hatten, von Führern der industriellen Gruppen, die früher Seite an Seite mit ihm die kaiserliche Handelspolitik bekämpft hatten.

Auch sonst zeigten sich Anzeichen eines heftigen Widerstandes. Der Abgeordnete Bonnet (rechtes Centrum) beantragte, allerdings vergeblich, vor der Beratung erst wieder die schon 1870 beschlossene, durch den Krieg unterbrochene Enquete über die allgemeine Wirtschaftslage vorzunehmen. Rouveure (Gruppe Feray) wollte die Belastung der Rohstoffe durch eine Salz- und eine Einkommensteuer ersetzt wissen: „Die Rohstoffe belasten, hieſse die Henne auf den goldenen Eiern töten“.

2. Kommissionsbericht.

Am 31. August 1871 legte der Abgeordnete Casimir-Périer seinen Bericht über das Budget und zugleich über die aus den matières premières zu erzielenden Einnahmen vor. Die Kommission hatte mit dem Regierungsprojekt tiefgreifende Änderungen vorgenommen. Statt der 180 Mill. Fr., welche Pouyer-Quertier aus den Wertzöllen von 20 % auf die Textilrohstoffe und 5 oder 10 % auf andere Rohstoffe, beides in Verbindung mit Zollrückvergütungen für die Wiederausfuhr von Fabrikaten, erwartet hatte, beschloſs die Kommission mit 16 gegen 10 Stimmen nur 50—60 Mill. Fr. zu bewilligen, die unter Verwerfung jeder Art von Zollrückgaben aus einer Verzollung von 3 % von allen Importen, auſser Cerealien, Kohlen und den schon durch das Gesetz vom 8. Juli besteuerten Kolonialwaren erhalten werden sollten.

Das Einnahmedeficit suchte die Budgetkommission durch andere Steuerprojekte, deren wichtigstes eine Einkommensteuer von 80 Mill. Fr. war, auszugleichen.

Die Mehrheit bekämpfte vor allem die Rückzölle (drawbacks), bei denen erfahrungsgemäſs die schlimmsten Miſsbräuche vorgekommen waren. Auch die statt dessen am 8. August vom Finanzminister angeregte admission temporaire, die zeitweilige freie Zulassung von Rohstoffen zur Veredelung und Wiederausfuhr, wurde abgelehnt, zumal für Seide. Denn zahlreiche Industrielle, welche die Kommission vernommen hatte, hatten ihr die Auskunft gegeben, daſs man bei dem Export von Seidenzeugen unmöglich unterscheiden könne, wieviel von anderen Textilien oder gar Farbstoffen in das Gewebe eingetreten wäre. Der Rohstoff könne sogar bis zu 300 % mit Farbe belastet sein.

Die Regierung hatte deshalb für Seide den 20 %-Wertzoll mit drawback aufgegeben und statt dessen einen solchen von 2 % ohne Rückzoll beantragt.

Aber die Kommission erklärte sich damit erst recht nicht einverstanden, weil auf diese Weise die breiten Massen durch Verteuerung der anderen Textilien gegenüber den reichen, Seide konsumierenden Klassen empfindlich geschädigt würden.

Auch die Frage der Handelsverträge wurde besprochen und erwähnt, daſs sich England kaum geneigt zeigen würde, einen Handelsvertrag, welcher 1860 nur durch einen Staatsstreich Napoleons möglich war, aufzugeben. Indessen hatte man in dieser Hinsicht Vertrauen zu der Regierung, zumal diese erklärte, dafs sie in keinem Falle an die Wiedererrichtung des Hochschutzzollsystems denke.

„Aber es ist doch", so schliefst der Bericht Casimir-Périers, „ein Marsch einzuschlagen, welcher sich Frankreich naturgemäfs bietet, und der ihm erlaubt, seine Freiheit wieder zu gewinnen, ohne die den Mächten schuldige Rücksicht zu verletzen, mit denen man in seinem Namen Verträge abgeschlossen hat. Dieser Marsch besteht darin, einen Generaltarif vorzubereiten — nicht nach den abstrakten Angaben dieses oder jenes ökonomischen Systems, sondern nach den Thatsachen — und sodann, die Kündigung der diplomatischen Konventionen zu verlangen . . . . . . Unsere gebieterischen Bedürfnisse sprechen zu laut, als dafs wir einen Zweifel über den Erfolg unserer Diplomatie haben könnten." —

Das Jahr 1871 ging vorüber, ohne dafs es zu einer Generaldebatte kam. Casimir-Périer, an dessen Stelle Léonce de Lavergne (rechtes Centrum, Orleanist) und de Lasteyrie (linkes Centrum) traten, war mittlerweile Minister des Inneren geworden, sodafs sonderbarerweise der Hauptgegner der Regierung in einer der wichtigsten Fragen dieser selbst angehörte. Aber Thiers und Pouyer-Quertier hielten trotzdem ihr Projekt aufrecht, nur dafs sie an Stelle der Wertzölle der Kammer nunmehr einen specifischen Tarif vorlegten.

Die darin berechneten Abgaben erhoben sich nur ausnahmsweise bis zu 20%, die meisten blieben in der Höhe von 12 bis 15%; der Jutezoll betrug nur 6%. Die Einnahmen waren nicht mehr auf 180, sondern nur noch auf 155 Mill. Fr. festgesetzt.

3. Generaldiskussion.

a) Regierungs- und Kommissionsprojekt.

Am 10. Januar 1872 begann die aufserordentlich gründliche und umfangreiche, daher noch lange hin berüchtigte Generaldiskussion mit der Oppositionsrede des freihändlerischen Abgeordneten Tirard (republik. Linke), welcher die vorgeschlagene Steuer die unheilvollste von allen je erörterten nannte, da sie 1) für den Staat nur eine ganz ungewisse Einnahmequelle wäre, während dieser eine bestimmte Summe brauchte; da sie 2) von der Bewilligung fremder Mächte abhinge; und da sie 3) dem auswärtigen Handel einen tötlichen Schlag versetzte. Tirard beklagte die bereits beschlossene Verwerfung der Einkommensteuer, welche nur die Gewinne getroffen haben würde. Die Belastung der Rohstoffe würde die Arbeit treffen.

Analogieen anderer Länder hätten für Frankreich nicht die geringste Beweiskraft. Amerika könne seine Einfuhr von Rohstoffen ruhig mit Abgaben belegen, weil dort unter dem

Staatsschutz die Entwicklung einer eigenen Industrie für den inneren Markt in der Bildung begriffen wäre. Frankreich hingegen habe für seine Fabrikate die Ausfuhr absolut nötig. Der Redner wandte sich scharf gegen die Auffassung Casimir-Périers, dafs ein geringer Zoll die Ausfuhr nicht schädigen würde. Nach dem Zeugnis fast aller Handelskammern und Industriellen mache der Ausfuhrhandel nur sehr bescheidene Verdienste, deren Menge erst Gewinn bringe. Eine geringe Verteuerung der Rohstoffe würde also die Fabrikanten zu dem gefährlichen Mittel zwingen, die Löhne herabzusetzen, um den Markt zu behaupten. Die Preise zu erhöhen, wäre unmöglich. Denn die Auffassung der industriellen Chauvinisten, dafs Frankreich in vielen Produkten dem Ausland so überlegen sei, dafs es auch bei höheren Preisen noch Absatz finde, sei eine thörichte Redensart. Dabei gab Tirard zu: „Ja, Frankreich ist trotz seines Unglücks ein grofses und edles Land, welches wunderbare Hilfsquellen besitzt und in nichts den anderen Nationen hinsichtlich der Intelligenz, des Wissens und der Fähigkeit zur Arbeit nachsteht“. Er erkannte sogar an, „dafs seine Fabrikate eine wirkliche Überlegenheit über die fremden Erzeugnisse durch ihre Eleganz, ihren Geschmack und ihre unaufhörlich wechselnde Neuheit“ haben. Aber der Export dieser Waren befände sich grofsenteils in den Händen von Ausländern, weil der Franzose es verschmähe, die fremden Sprachen zu lernen, zu reisen, und die grofsen wirtschaftlichen Fragen zu studieren. Ferner würde die Konkurrenz immer stärker, wie die Seidenindustrie Deutschlands und der Schweiz beweise, die z. B. für Schirme bereits bessere und billigere Stoffe zu liefern imstande sei.

Auch die Behauptung, dafs das Ausland, um nicht den französischen Absatz einzubüfsen, die Zölle bezahlen würde, träfe nicht zu. So wäre die australische Wolle gar nicht mehr auf Frankreich angewiesen, sondern begegne bereits auf anderen Märkten einer starken Nachfrage, besonders Amerikas. Infolgedessen seien auch die Wollpreise in London schon um 30—35 % gestiegen.

Die gewichtigsten Bedenken hatte Tirard gegen das Rückzollsystem. Vor dem Jahre 1860, als das drawback noch existierte, hätte der Wollzoll aus diesem Grunde nur ganz geringe Einnahmen gebracht. Einmal hätte man sogar an Rückzöllen 1,8 Mill. Fr. mehr erstattet, als eingenommen. Durch die genauen, zeitraubenden Prüfungen der Zollämter würde aufserdem eine der Grundbedingungen des Handels, die Schnelligkeit der Lieferung, unterbunden. Die zeitweilige Zulassung statt des Rückzolls verwarf Tirard deshalb, weil sie nur im Interesse der Grofsindustrie läge, während die Kleinindustrie, z. B. die umfangreiche Fabrikation der articles de Paris, einen selbständigen Import von grofsen Rohstoffmengen und wieder den Fabrikexport unmöglich in die Hand nehmen könnte.

Der Vorschlag der Kommission mit den anscheinend geringeren Zöllen ohne Rückerstattung sei ja einfacher, aber noch gefährlicher, da er nicht nur den Aufsenhandel, sondern auch den Innenhandel schädigen würde.

Der Herzog Decazes (rechtes Centrum) widersprach dieser Behauptung und suchte die Kammer für den Kommissionsvorschlag zu erwärmen. Er that dies aber in so eigentümlicher Weise, dafs man nach seiner Rede zweifelhaft sein konnte, ob er ein Anhänger dieses Vorschlags war oder nicht. Er wies nämlich zuerst aus dem Wortlaut der Handelsverträge nach, dafs jede Verzollung von Rohstoffen überhaupt ausgeschlossen wäre. Dann kritisierte er die Regierungsvorlage und empfahl zum Schlufs ein Zurückkommen auf die Salzsteuer, auf Zuschläge zur Grundsteuer, auf eine Gewerbe- und Umsatzsteuer (Antrag Feray). „Alles dies," so schlofs er, „ist vorzuziehen, und zwar bei weitem, nicht nur dem Projekt der Regierung, sondern sogar dem Projekt der Kommission, das ich nur unter diesem Vorbehalt verteidigt habe." —

Das Kommissionsprojekt fiel damit unter den Tisch. Es wurde freilich noch hie und da in der Debatte erwähnt und von zwei Rednern, Deseilligny und Montgolfier, sowie vom Regierungstische aus, bekämpft, fand aber nur geringe Beachtung und wurde schliefslich gar nicht zur Abstimmung gebracht. Die Kommission zog ihre Anträge zurück.

b) Regierungsvorlage allein.

α) Einleitung.

Um so gründlicher aber ging die Opposition gegen den Regierungsentwurf vor. Die Erörterung über denselben erfolgte jedoch in so umfassender Weise, und die einzelnen Redner — es kamen mehr als 20 zum Wort — zogen so viele Dinge in die Diskussion hinein oder wiederholten sich ganz ausführlich, dafs es bei einer Schilderung dieses parlamentarischen Kampfes unmöglich ist, die zeitliche Reihenfolge der Redner zu wahren und genauere Auszüge aus ihren Reden zu geben. Es ist für die Klarheit der Darstellung notwendig, die einzelnen gröfseren Gedankenreihen, die wieder und wieder angeknüpft, weiter geführt oder widerlegt wurden, gesondert zu betrachten.

Den Hauptraum in der Diskussion nahm die Untersuchung über die zu erwartende Wirkung der neuen Zölle auf die französische Volkswirtschaft ein. Industrie und Aufsenhandel schienen bedroht; die Landwirtschaft versprach sich dagegen grofse Hoffnungen von dem Gesetz.

Die fiskalische Seite der Frage, um die es sich doch bei

der Vorlage in erster Linie gehandelt hatte, trat demgegenüber etwas in den Hintergrund. Die meisten Gegner der Regierung waren von der Ablehnung der Vorlage überzeugt, so daſs sie lieber andere Steuervorschläge, die auf allen Seiten in Hülle und Fülle auftauchten, auf ihre finanziellen Ergebnisse hin prüften. Thiers und Pouyer-Quertier verteidigten dagegen ihr Zollprojekt und sahen sich gezwungen, ein eingehendes Bild von der gesamten Finanzlage des Staates zu geben.

So wuchs sich die Debatte einerseits zu einer Erörterung über die ganze Wirtschaftspolitik Frankreichs, andererseits über seine Finanzpolitik aus. Schlieſslich wurde auch die völkerrechtliche Seite der Vorlage besprochen und zuletzt zum Hauptgegenstand der oppositionellen Kritik gemacht.

Ich werde demgemäſs meiner Schilderung der parlamentarischen Arbeit diese drei groſsen Gesichtspunkte zu Grunde legen und zu zeigen versuchen, in welcher Weise die ökonomische, die fiskalische und die vertragspolitische Seite der Frage sich in den Reden der verschiedenen Abgeordneten widerspiegelte. —

β) Volkswirtschaftliche Seite.

1. Interesse von Handel und Industrie.

Der Herzog Decazes betonte in seiner Rede vornehmlich die Notwendigkeit der Erhaltung des französischen Auſsenhandels: „Der Export ist unsere Rettung, ist unsere Hoffnung, ist das einzige Mittel, welches uns bleibt, um uns im Ausland zahlungsfähige Schuldner zu schaffen und um unserer Finanzlage ein wenig Elasticität und Biegsamkeit zu geben. Wir müssen ihn also schonen, selbst auf Kosten groſser Opfer im Innern.“ Die innere Konsumtion könne unmöglich gesteigert werden. Daher wäre die Fortentwicklung der Industrie nur durch einen stetig steigenden Ausfuhrhandel zu erlangen. Rohstoffzölle aber würden diese Entwicklung untergraben, wobei der Rückzoll in keiner Weise genügenden Schutz bieten würde. Jedenfalls stände sofort ein Rückgang des Verbrauchs, zumal von Wollen- und Baumwollwaren, im Inlande und damit eine Schädigung der einheimischen Industrie bevor. Am schlimmsten würde der Konsument getroffen, der Arbeiter, zu dessen Kleidung bedeutend mehr Rohstoffe nötig wären, als zu der des reichen Mannes.

In ähnlichem Sinne äuſserte sich der Kohlen- und Eisenindustrielle Deseilligny (rechtes Centrum), aber unter einem weiteren Gesichtspunkte. Er verglich den Stand der französischen Volkswirtschaft mit dem früherer Zeiten und anderer Länder. Den Rückgang der französischen Ausfuhr führte er auf die veränderte Welthandelslage zurück. Frankreich hätte den amerikanischen Markt durch die Entwicklung der dortigen

Industrie verloren. Es kolonisiere aufserdem zu wenig und könne deshalb neue Absatzmärkte kaum mehr gewinnen. Ehemals hätte Frankreich nur Luxuswaren exportiert, dagegen sich in der Neuzeit allerdings mehr den praktischen Bedürfnissen der Weltnachfrage angepafst. So habe es in den letzten drei Jahren allein 40 % aller Brücken für Rufsland geliefert. Aber diese Ausfuhr sei noch zu jung. Man dürfe sie in keiner Weise aufhalten, zumal da Frankreichs Industrie schon an und für sich einen schwereren Stand als die Industrie der anderen Staaten habe: die Lage der Fabriken im Innern des Landes erhöhe die Kosten durch Verteuerung der Fracht. Für wichtige Erzeugnisse, wie Kohlen, Seife, Chemikalien und Öle, müfste Frankreich aufserdem gröfsere Summen als das Ausland verwenden. — Die Arbeitslöhne erreichten freilich nicht die Höhe der englischen. Dafür wären dort aber weit mehr und bessere Maschinen zu finden und grofse Kapitalien leichter zu erlangen. In Deutschland andererseits käme der Arbeiter mit viel billigeren Arbeitslöhnen aus, namentlich in der Strumpfwarenbranche Sachsens. Für manche Industrieen, wie die Wollfabrikation, die Marseiller Ölindustrie, die Farbstoffindustrie von Le Havre, würde selbst ein geringer Zoll totbringend sein. Die vorgeschlagenen Abgaben könnte man demnach allerdings einen Schutzzoll nennen, aber einen Schutzzoll des Auslands gegen Frankreich.

Die Begünstigung der ausländischen Industrie betonte auch der Berichterstatter de Lasteyrie (linkes Centrum). Er führte als Beispiel die Ölindustrie an, die nach der Berechnung der Handelskammer von Lille durch die Belastung der ölhaltigen Samen um 17 % teurer als das Ausland produzieren würde.

De Lasteyrie bezweifelte durchaus den rein fiskalischen Charakter des Gesetzes: „Das ist die Fiskalität des Indianers, der den Baum fällt, um die Frucht zu pflücken.“ Die Folgen waren für ihn 1. im inneren Handel: Erhöhung der Preise, Rückgang des Konsums, Verringerung der Produktion, Zurückziehen der Kapitalien; 2. im auswärtigen Handel: Verlust des Marktes, Verlangsamung des Handels durch die zeitraubende Kontrolle, Korruption durch das drawback und schliefslich Benachteiligung des französischen Konsumenten gegenüber dem Ausland, da das drawback die sonderbare Wirkung haben würde, dafs die französischen Fabrikate im Ausland billiger als im Inland sein würden.

Dieser Auffassung von der schädlichen Wirkung des Rückzolls oder der admission temporaire schlossen sich die Deputierten Clapier, Feray (linkes Centrum), Montgolfier (Rechte), Ambroise Joubert (recht. Centrum), Scheurer-Kestner (Republ. Union), Dussaussoy (Bonapartist), Leurent (Rechte) und andere an. In der Hauptsache bewegte sich ihre Beweisführung um folgende Punkte: Eine mathematisch richtige Wiedergabe des Zolls ist unmöglich, da die Abfälle der Rohstoffe bei der Fabrikatausfuhr doch im Lande bleiben, also weniger wieder ausgeführt wird, als in das Land hineinkommt. Aus diesen Abfällen können noch eine Menge Fabrikate hergestellt werden. Aufserdem ist eine genaue Prüfung der Exportwaren nach ihrem Gehalt an Rohstoffen unmöglich, es müfsten denn sämtliche Zollbeamten ausgebildete Chemiker sein. Die Erfahrung hat nun gelehrt, dafs zumal Seidenzeuge und andere Tuche mit einer Menge fremder, minderwertiger Stoffe vermischt werden können. Der so im Lande bleibende Überschufs von Rohstoffen drückt natürlich die Preise der heimischen Fabrikate herunter. Denn, wie ein Vertreter der Seidenindustrie äufserte: „Den Preis der Ware reguliert allein das Gesetz von Angebot und Nachfrage“. Die Einrichtung der zeitweiligen freien Zulassung der Rohstoffe zur Veredelung schien einzelnen Abgeordneten annehmbarer zu sein. Sie hat aber wieder den Nachteil, dafs der Staat, um Betrügereien zu verhindern, eine genaue Beaufsichtigung der betreffenden Fabriken, in welche der Rohstoff überführt wird, eintreten lassen mufs. Aufserdem ist sowohl Rückzoll, wie zeitweilige Zulassung nur für die Grofsindustrie lohnend, während die nicht exportierende Mittel- und Kleinindustrie mit dem teureren Rohmaterial arbeiten mufs.

Der Präsident der Republik, Thiers, wollte diese Beweisführung nicht gelten lassen. Für ihn wirkten die Rückzölle als eine Art Ausfuhrprämie. „Es ist unbestreitbar“, so wiederholte er des öfteren, „der Rückzoll ist eine Ausfuhrprämie.“ Dafs aber Zollhinterziehungen allein, und zwar unter der stillschweigenden Genehmigung des Staates den Grofsfabrikanten in die Lage setzten, billiger zu produzieren, schlug Thiers nicht so hoch an.

Schon der Herzog Decazes hatte die Gesinnung mancher Fabrikanten dahin gekennzeichnet: Sie „werden sich einzig und allein folgendes Problem stellen: ein Produkt zu schaffen, welches unter angenehmer und dem Auge wohlgefälliger Form so wenig Rohstoff wie möglich enthält und trotzdem beim Ausgang eine möglichst beträchtliche Zollrückerstattung bringt“.

Der Vorgang bei der admission temporaire trägt sich nach Deseilligny und anderen etwa folgendermafsen zu: Ein Fabrikant, sagen wir von Wollwaren, läfst sich einen Erlaubnisschein, acquit-à-caution, geben, auf Grund dessen er in seine nahe der Grenze gelegene Fabrik Rohwolle zollfrei einführt. Diese Wolle verarbeitet er aber nicht zu Exportartikeln, sondern er verkauft den Erlaubnisschein an einen Fabrikanten im Innern des Landes, der seine Rohstoffe, und zwar geringerer Qualität, aus seiner ländlichen Umgebung bezieht.

Dieser Fabrikant exportiert dann seine Waren. Der Überschufs, welchen die importierte, zollfreie, bessere Ware über die schlechtere, exportierte erzielt, und ferner die Ersparung der doppelten Transportkosten bilden den Gewinn, den sich beide Fabrikanten teilen. Zu ihnen gesellt sich meist noch ein Zwischenhändler, der den Löwenanteil einstreicht, ohne eine andere Anstrengung zu haben, als den Schein zu verkaufen[1].

Es ist selbstverständlich, dafs der reelle französische Handel gegen diese Benutzung von gesetzlich zulässigen Bestimmungen Front machte und sich gegen die Rückzolleinrichtungen fast einstimmig erklärte.

Die Abgeordneten Deseilligny, Feray, Montgolfier und andere verlasen zahlreiche Depeschen der Handelskammern von St. Quentin, Amiens, Tourcoing, Roubaix, Beauvais, Boulogne-sur-Mer, Lille, Sédan und anderen, die sich sämtlich, mit Ausnahme der Handelskammern der Normandie, gegen die Regierungspolitik aussprachen. Die 64 chambres syndicales der Pariser Industrie fafsten folgende Resolution, welche Feray citierte: „Die Mitglieder der versammelten chambres syndicales von Paris protestieren energisch gegen die Regierungsvorlage, welche darin besteht, Einfuhrzölle auf die Rohstoffe zu errichten und auf das System der drawbacks zurückzukommen. Doch in der Erkenntnis der Notwendigkeit, dem Staatshaushalt neue Einnahmequellen zu verschaffen, werden sie die Lasten auf sich nehmen, welche ihnen von der Nationalversammlung auferlegt werden, unter jeder anderen Form, als der von Zöllen".

Die Kaufmannschaft von Marseille schlofs sich fast wörtlich diesem Beschlufs an. Ähnliche Äufserungen aus Lyon und Sainte Étienne führte Montgolfier an. Lyon fürchtete besonders für seinen Seidenmarkt gegenüber der Konkurrenz von Mailand und London; Sainte Etienne für seine Bandweberei gegenüber Köln, Elberfeld, Krefeld und Basel. 60000 Arbeiter von Sainte Étienne hätten das Elend vor Augen. Die dortige Handelskammer depeschierte an Montgolfier: „Weisen Sie im Namen des Handels von Sainte Étienne mit Ihrer ganzen Energie die Steuer auf die Rohstoffe zurück! Seide, Baumwolle, Wolle werden sich in einem freien Lande weben lassen. Die englischen Händler haben den Deutschen ihre Aufträge versprochen, um dem französischen Zoll zu entgehen. Seit zwei Jahren hat sich die Zahl der Weber in Preufsen verdoppelt. Die Deutschen betreiben die Konstruktion neuer Webstühle mit unglaublicher Emsigkeit. Die Fabriken in Deutschland, im Elsafs, in der Schweiz haben zahllose Aufträge von Webstühlen durch Preufsen. In zwei Jahren wird ihr Werkzeug für die Höhe des auswärtigen Konsums geeignet

[1] Auf die besonderen Gestaltungen der admission temporaire in den Einzelfällen komme ich im Abschnitt II zu sprechen.

sein. Kein Auftrag wird mehr den beschwerlichen Weg nach Frankreich einschlagen. Unsere Industrie wird für immer ohne Rückkehr vernichtet sein".

Indessen, wenn auch die Grofsindustrie die Zollvorlage rundweg ablehnte, so zeigte sie sich doch aus patriotischen Gründen geneigt, dem Staatshaushalt in anderer Weise zu Hilfe zu kommen. Wie die Pariser Industrie, so erklärten auch andere, zu den erhöhten Ausgaben des Staates mehr, als zuvor, beitragen zu wollen. Ihre Vertreter in der Kammer entwickelten infolgedessen die verschiedenartigsten Steuerprojekte, welche sie an die Stelle der Rohstoffzölle setzen wollten.

Ich kann in meiner Darstellung natürlich nur diejenigen berücksichtigen, welche sich auf einen gleichen Boden, wie das Regierungsprojekt, stellten, d. h. auf dem Boden der Handelspolitik blieben.

Einigen Anklang fand ein Vorschlag Deseilligny einer Besteuerung der Geschäftsumsätze (chiffres des transactions) von 1/1000. Noch mehr gefiel eine abgestufte Stempelabgabe von Rechnungen und Quittungen, die Feray empfahl. Etwas näher kam den Absichten der Regierung Clapier mit seinem Plan einer Fabrikatsteuer: diese Steuer schädige nicht die Industrie, da sie die Ware erst nach Vollendung des Werks der Industrie träfe; sie schädige nicht den Handel, da für die Wiederausfuhr ein Rückzoll vorgesehen sei, sie widerspräche nicht den Handelsverträgen, „weil die Verträge . . . . erlauben, bei der Belastung einheimischer Erzeugnisse einen kompensatorischen Zoll auf die gleichartigen fremden Erzeugnisse zu legen". Die Steuer sei ferner leicht zu erheben und befriedige alle Bedürfnisse des Staatshaushalts.

Die Debatte über diese und ähnliche Anträge nahm einen ungeheuren Raum in der Diskussion ein, ohne indes die Regierung von ihrem Projekte abzubringen. Aber Thiers konnte doch daraus ersehen, dafs Handel und Industrie geschlossen gegen dasselbe auftraten. Nur zwei Deputierte dieser Richtung, Deseilligny und Buffet (rechtes Centrum) liefsen sich zu kleinen Zugeständnissen bewegen. Sie gaben zu, dafs gewisse Waren, die nicht in die grofse Industrie einträten, ohne grofsen Schaden verzollt werden könnten, wie Federn, Wachs, Eier, Butter, Käse, Fischbein, Korallen, Schwämme, Tafelfrüchte, Kampfer, Aloë — alles Produkte, die für die Ausfuhr wenig in Betracht kamen. Die von ihnen geforderten Zölle waren weniger Rohstoff-, als Fabrikatzölle, da diese Waren sofort in den Konsum übergehen. —

2. Interesse der Landwirtschaft.

Aber diese Unterstützung der Regierung war nur gering. Thiers suchte deshalb auf andere Weise Anhang zu gewinnen, indem er die Debatte von dem Gebiet der Industrie auf das der Landwirtschaft hinüber zu ziehen suchte. Er erklärte auf die Gefahr hin, damit die noch schlummernden Geister der principiellen Verteidiger des Schutzzolls oder Freihandels zu wecken: „Ja, ich bin Schutzzöllner“; aber er setzte hinzu: „doch bin ich es nicht in dieser Frage.“ Ganz zufällig kämen bei dem Gesetz Schutzmafsregeln für die Landwirtschaft heraus. Aber Thiers begnügte sich nicht, seine wirtschaftlichen Überzeugungen blofs anzudeuten, sondern räumte ganz offen ein: „Diese Steuer ist, für die Landwirtschaft besonders, eine unerläfsliche Hilfe; und ich könnte beweisen, dafs Sie notwendigerweise ohne eine Veränderung in der ländlichen Gesetzgebung früher oder später dahin geführt werden, die Landwirtschaft anders zu schützen, als sie es in diesem Augenblicke ist.“

Ähnlich empfahl er den Wollzoll: „Ich frage jedermann, glaubt man, dafs die französische Landwirtschaft auf die Dauer ohne einen Schutz der Wolle möglich ist?“

Der Finanzminister Pouyer-Quertier erklärte sogar: Die Landwirtschaft brauche eine Kompensation für ihre hohen Lasten. „Die Bewilligung oder Verweigerung dieser Kompensation ist ihr Leben oder ihr Tod!“

Diese Stellungnahme der Regierung hatte einigen Erfolg. Die Sprecher der Agrarier: Baragnon (Monarchist), Vingtain (rechtes Centrum) und Guichard (Linke) erklärten sich rückhaltlos für dieselbe. Vingtain besonders suchte die Kammer zu überzeugen, dafs ohne Unterstützung der Landwirtschaft auch die Industrie leiden würde, weil 1. die Lebensmittel für die industrielle Bevölkerung sich verteuern würden und 2. die Landbewohner aufser Stand gesetzt würden, hinreichend industrielle Fabrikate zu konsumieren. — Woll- und Lederzölle seien unbedingt notwendig, da in der Zeit von 1862—1868 die Menge französischen Schafviehs um 3 Millionen, die Anzahl der Rinder um 78 000 Stück zurückgegangen wäre. Aufserdem hätte der deutsch-französische Krieg den Viehstand um weitere 100 000 Stück vermindert.

3. Debatte über die gesamte Handelspolitik.

Diese Hervorkehrung der landwirtschaftlichen Notlage reizte natürlich einerseits die geschworenen Freihändler, andererseits aber auch die schutzzöllnerisch gesinnten Industriellen, sodafs sich die Debatte bald nicht mehr um das Zollprojekt, sondern überhaupt um die französische Handelspolitik drehte.

Der Freihändler Dussaussoy (Bonapartist) aus Calais verteidigte nachdrücklich die napoleonische liberale Politik. Der Schutzzoll würde einen Abbruch der Beziehungen mit England und damit im Zusammenhang einen Rückgang der heimischen

Fabrikation bringen. Die Folgen würden Arbeiterelend und Massenstrikes sein.

Für die Schafzucht wäre nicht Wolle, sondern Fleisch die Hauptsache. „Der Zoll, mit dem man die Wolle treffen will, ist ein Zoll, der keine der erhofften Wirkungen hervorbringen wird und zum Endergebnis die Verringerung der Fabrikation unserer Gewebe und die Schädigung unseres auswärtigen Marktes hinsichtlich dieser Artikel haben wird." Die grofse Industrie hätte die Importe unbedingt nötig. Sonst würde sie nach Belgien übersiedeln, wo die Rohstoffe frei seien. —

Vom Schutzzollstandpunkt wiederum betonte der Wollindustrielle Leurent (Rechte) unter grofsem Beifall: „Der Ackerbau ist die Amme Frankreichs, sagt man. Aber auch die Industrie, diese Tochter des modernen Geistes, ist eine der Brüste Frankreichs." —

Der Deputierte Guiraud (linkes Centrum) zeigte zahlenmäfsig das Aufsteigen der Industrie und überhaupt des Volkswohlstandes in der napoleonischen Ära. Die Industrie hätte im Mittel der sechs Jahre vor 1860 mit 133679 Pferdekräften gearbeitet, im Mittel der sechs Jahre nach 1860 dagegen mit 231971 Pferdekräften. Die Zahl der Sparkassenbücher wäre in der gleichen Zeit (Mittel der sechs Jahre vor und nach 1860) von 9972861 mit 126 Mill. fr. Einlage auf 10516308 mit 177½ Mill. Fr. Einlage gestiegen.

Die Landwirtschaft hätte keinen Zollschutz nötig. Ihre Not käme nur von dem Mangel an Arbeitern. Dieser wiederum rühre her 1. von den grofsen Arbeiten in Paris (Festungsbauten), 2. von den erhöhten Heereseinstellungen und 3. von den gesteigerten Löhnen, die in den Städten infolge der teueren Lebensbedingungen gezahlt würden. —

Die Schutzzollbedürftigkeit der Industrie erläuterte noch besonders eingehend der Abgeordnete Ambroise Joubert (rechtes Centrum). Die Industrie hätte Kohlen, Maschinen, Arbeiter und Rohstoffe nötig. Nun bezöge sie bereits Kohlen und Maschinen teurer als die englische Konkurrenz. Aufserdem sei der französische Arbeiter zwar billiger, aber ungeschickter und leistungsunfähiger als der englische. Deshalb koste die Arbeit trotzdem mehr. Sollte nun noch eine Verteuerung der Rohstoffe hinzukommen, so müfste die Industrie vor der Konkurrenz die Waffen strecken. Im Norden beständen z. B. Industrieen, die überhaupt nur wegen der Importe von belgischem Werg errichtet wären. Sonst hätte in der Sackfabrikation die Jute bereits zum gröfsten Teile den heimischen Flachs und Hanf verdrängt.

γ) Finanzpolitische Seite.

Die Grofsindustrie versagte also vollkommen. Selbst die Schlagwörter „Schutzzoll", „Ausfuhrprämie" übten nicht die erhoffte Wirkung aus. Angesichts dieser Sachlage bemühte sich die Regierung mehr und mehr, den finanzpolitischen Gesichtspunkt der Vorlage als ausschlaggebend hinzustellen.

„Das ist nicht meine Steuer," betonte Thiers, „das ist die Steuer der Notwendigkeit." Er ging dann in der ausführlichsten Weise sämtliche Zweige der Staatseinnahmen durch und zeigte, wie bereits überall die gröfste Sparsamkeit herrschte. Die Finanzverwaltung hätte nicht weniger als 120 Mill. fr. Reduktionen im Budget vorgenommen. Nur das Kriegsbudget ginge, ohne Frankreichs gänzlichen Verfall, nicht zu verringern. Ebenso sei die Amortisierung der Anleihe bei der Bank von Frankreich mit 200 Mill. fr. jährlich nicht zu umgehen. Anderenfalls wäre der Zusammenbruch der Bank zu erwarten. Thiers kritisierte dann der Reihe nach sämtliche von anderen Seiten gemachte Steuervorschläge. Er erklärte sich sogar bereit, auf einzelne derselben, wie auf die Ausdehnung des Papierstempels auf die bisher steuerfreien Zeitschriften, auf allerlei Luxussteuern, vielleicht auch auf eine geringe Erhöhung der Salzabgaben einzugehen. Aber mit Entschiedenheit sprach er sich gegen jede Besteuerung des Geschäftsumsatzes, der beweglichen Werte, der Fabrikate aus, weil eine solche Steuer die vollständige Staatsaufsicht (exercice universel) für alle Zweige des Handels nötig machen und dadurch seine Entfaltung auf Schritt und Tritt hindern würde. Der Entwurf einer allgemeinen Einkommensteuer vollends bedeutete für ihn nichts weniger als die direkte Einführung des Socialismus durch die Steuer. Thiers entsprach mit dieser Auffassung augenscheinlich der Meinung der Kammermehrheit. Denn es fand sich eigentlich nur der Elsässer Scheurer-Kestner (Republ. Union), der ihm darin widersprach: „Ich sehe nicht, dafs die Völker, welche bei sich die Einkommensteuer angenommen haben, unter dem Ubermafs von Socialismus zu Grunde gegangen wären."

Es blieben nach der Auffassung der französischen Regierung also nur Zusatzdezimen auf alle Steuern oder Zollerhöhungen übrig. Den Weg der Steuerzuschläge erklärte indessen Thiers nur im Notfalle einschlagen zu wollen, weil sämtliche bestehenden Abgaben bereits sehr hoch geschraubt wären. Dagegen sei das Projekt der Rohstoffverzollung 1. leicht und kostenlos durchzuführen, 2. durch die Erfahrung vor 1860 gerechtfertigt. Die Staatseinnahmen ruhten damit jedenfalls auf sicherer Grundlage, weil der Rückzoll keineswegs die Zolleinnahmen wieder annullieren würde. Die Steuer hätte ferner den Vorteil, sich fast unmerklich auf die ganze Masse der Steuerzahler zu verteilen. Das Hemde des Arbeiters würde höchstens um zwei Sous, ein baumwollenes Kleid um sechs Sous teurer werden. Thiers schlofs seine Rede mit den Worten: „Wenn Sie diese Steuer nicht bewilligen, so weifs ich keine andere; ich bin am Ende der Wege, ich kann Ihnen nur wiederholen, dafs ich keine andere Hilfsquelle kenne, als diese.“ Die Ablehnung wäre mit dem Verzicht überhaupt, die französischen Finanzen zu ordnen, gleichbedeutend. „Wir würden nur eine Nation von Schwätzern (disputeurs) sein, die, anstatt einen grofsen Versuch zu unternehmen, nichts thun, als unfruchtbar zu diskutieren, ohne zu einem Ziel zu gelangen.“

In ebenso gründlicher, wie ausführlicher Weise verbreitete sich der Finanzminister Pouyer-Quertier als einer der letzten Redner über das Projekt:

Der Staat hätte die Pflicht, die Anleihe bei der Bank zu amortisieren, da diese ein Privatinstitut sei. Der Vorschlag des Grafen Douhet (äufserste Rechte) und anderer, die Bank einfach gar nicht zu bezahlen, sondern zu verstaatlichen und die Schuld auf die schwebende Schuld des Staates zu übernehmen, sei nicht angängig.

Der oberste Grundsatz der Regierung bei der Ausarbeitung des Gesetzes wäre gewesen: Kein Zoll auf die Volksnahrung, d. h. auf Brot, Fleisch und Salz! Ebenso: Kein Zoll auf die wesentlichsten Arbeitsbedingungen, d. h. keine Belastung der Nährstoffe der Industrie, Eisen und Kohle!

Aber ganz leer könne die französische Arbeit auch nicht ausgehen. Jeder Zweig der Volkswirtschaft müsse nach den Kriegsverlusten zur Gesundung des Ganzen beitragen.

Die Mifsbräuche bei der admission temporaire hätte das Dekret des früheren Finanzministers Buffet abgestellt. Die zeitweilige freie Zulassung, die darnach nur bestimmt namhaft gemachten Fabriken mit der Bedingung der Wiederausfuhr derselben Stoffe nach der Veredelung erlaubt wäre, würde auch den Ausfuhrhandel zur Blüte bringen. —

δ) Vertragspolitische Seite.

Es ist nicht unmöglich, dafs Thiers und Pouyer-Quertier mit ihren von patriotischem Geiste getragenen und von der Überzeugung der Staatsnotwendigkeit erfüllten Reden eine parlamentarische Mehrheit für sich gewonnen haben würden, wenn nicht der vertragspolitische Gesichtspunkt sich immer mehr als die Klippe gezeigt hätte, an der der Entwurf scheitern mufste.

Es handelte sich um zwei Fragen: 1. Sind überhaupt Zölle auf die Rohstoffe in Verbindung mit drawbacks nach den Bestimmungen der Verträge möglich? und 2. Wenn sie ausgeschlossen sind, ist es dann besser, die Verträge zu kündigen oder durch Verhandlungen mit den fremden Mächten ohne Kündigung Änderungen der Tarife zu erreichen?

Diese zweite Frage, welche erst später bei einem Antrage

Johnston brennend wurde, will ich jedoch jetzt ausschalten, weil sie nachher noch im Zusammenhang mit den diplomatischen Verhandlungen zu erörtern ist.

Thiers war von der principiellen Möglichkeit der Zollerhöhungen mit Rückzöllen überzeugt. Nur über die Höhe der betreffenden Zölle glaubte er mit den fremden Regierungen verhandeln zu müssen. Sein Finanzminister schien eher den Gründen der Opposition geneigt zu sein, wie aus seiner späteren Stellungnahme hervorgeht. Aber er trat mit keinem Wort dem Staatsoberhaupt entgegen.

Die Frage ist nicht leicht zu entscheiden, weil die Bestimmungen der Handelsverträge mit Grofsbritannien, auf denen sie beruht, sehr mangelhaft redigiert sind und recht wohl eine doppelte Auffassung zulassen. Der Wortlaut der Verträge gestattet zweifellos Zollerhöhungen seitens eines der Vertragsstaaten ohne weitere Verhandlungen.

In Frankreich bestand nämlich neben dem alten Generaltarif und dem Vertragstarif noch ein sogenannter tarif compensateur. Dieser fufst auf dem Artikel 9 der französisch-englischen Konvention vom 23. Januar 1860, worin es heifst: „Es ist zwischen den hohen, vertragschliefsenden Mächten vereinbart, dafs, wenn eine von ihnen es für notwendig hält, eine Acciseabgabe oder eine Steuer auf einen Artikel ihrer nationalen Produktion oder Fabrikation zu errichten, ... der ausländische gleichartige Artikel bei der Einfuhr mit einer gleichen Abgabe getroffen werden kann.“

Es durften also bei jeder Erhöhung der inneren Steuern kompensatorische Zölle auf die entsprechenden importierten Waren gelegt werden. Umgekehrt mufste, wie der Artikel 3 der Zusatzkonvention vom 16. November 1860 noch besonders festlegte, der kompensatorische Tarif bei einer Herabsetzung der Inlandsteuern in gleichem Mafse mit diesen erniedrigt werden.

Frankreich hatte nach diesen Bestimmungen, wie der Herzog Decazes, Clapier, Buffet und besonders Johnston hervorhoben, durchaus kein Recht, die Rohstoffe des Auslands zu belasten, ohne zugleich die französische Produktion von Wolle, Seide, Leder, Öl u. s. w. zu treffen. Thiers sah dies auch vollständig ein und ging deshalb mit aller Schärfe gegen das Projekt der Budgetkommission vor, indem er es als den Verträgen zuwiderlaufend erklärte.

Er hielt indessen die von der Regierung geplanten, viel höheren Rohstoffzölle für ganz korrekt, weil sie in Verbindung mit drawbacks eingerichtet werden sollten. Dabei stützte er sich auf den Artikel 3 der Konvention vom 16. November, welcher besagte: „ . . . Es bleibt . . . vereinbart, dafs, wenn drawbacks . . . Produkten französischer Fabrikation bewilligt werden, die Zölle, welche die gleichartigen Produkte britischer

Herkunft oder Fabrikation belasten, um eine dem Betrage dieser drawbacks gleiche Zusatzabgabe erhöht werden".

Thiers hielt es demnach für völlig gesetzmäfsig, neue Zölle einzuführen, wenn er nur zugleich Rückzölle auf die mit den fremden Rohstoffen hergestellten Fabrikate festsetzte. Er vergafs aber, dafs dieser Artikel 3 nicht selbständig dasteht, sondern nur im Zusammenhang mit anderen Vertragsbestimmungen zu verstehen ist. Frankreich durfte sicherlich die Zölle erhöhen, sobald drawbacks in gleicher Höhe eingeführt waren. Aber unter welcher Bedingung konnten denn die drawbacks eingerichtet werden? — Doch nicht bei Zollerhöhungen. Nach dieser Auffassung hätten die Zölle infolge der Rückzölle, die Rückzölle wieder infolge der Zölle und so fort ohne Ende in die Höhe geschraubt werden können. — Offenbar aber ging der Sinn der Verträge dahin, dafs Steuerrückgaben für die Ausfuhr (drawbacks) nur im Falle der Erhöhung innerer Abgaben, wie indirekter Steuern, bewilligt werden durften. Dann waren auch Zölle, und zwar in der Höhe dieser drawbacks zulässig.

Indessen geht das Widersinnige der Thiersschen Anschauung nur aus dem allgemeinen Geist der Verträge hervor, während ihr Wortlaut seine Auffassung rechtfertigen könnte.

ε) Schlufsanträge und Regierungskrisis.

Thiers blieb jedenfalls auch den hartnäckigsten Angriffen gegenüber fest bei seiner Meinung und verlangte die Abstimmung über das Regierungsprojekt. Der Minister des Inneren, Casimir-Périer, hielt angesichts dieser Sachlage eine Katastrophe für fast unvermeidlich. Deshalb veranlafste er den Deputierten Barthe (Linke) zu einem Vermittlungsvorschlag, welcher dahin ging, principiell die Zölle auf die Rohstoffe als notwendige Ergänzung der Staatseinnahmen anzunehmen, aber zuvor zum Studium der Zolltarife eine neue Kommission einzusetzen.

Ein anderer Deputierter, Lucien Brun (Monarchist, klerikal), verlas gleich darauf im Namen von Lyoneser Fabrikanten und von Vertretern anderer industrieller Centren eine Erklärung, wonach sich Handel und Industrie bereit zeigten, die vom Fiskus verlangten 165 Mill. fr. zu liefern, aber nur mittelst einer Steuer auf die Ziffer der Geschäftsumsätze.

Thiers lehnte diese Steuer mit dem Hinweis darauf ab, dafs die Antragsteller durchaus nicht das Recht und den Auftrag hätten, im Namen von Handel und Industrie eine solche Erklärung abzugeben. Er stellte die Vertrauensfrage und bezeichnete höchstens den Antrag Barthe als annehmbar.

Dieser Antrag wurde jedoch von der Nationalversammlung mit 360 gegen 318 Stimmen verworfen, und statt dessen mit

367 gegen 297 Stimmen ein Antrag Feray (linkes Centrum) angenommen:

„Die Nationalversammlung beschliefst, unter Wahrung des Princips einer Steuer auf die Rohstoffe, dafs eine Kommission von 15 Mitgliedern die vorgeschlagenen Tarife und die hinsichtlich dieser Steuer erhobenen Fragen prüfen wird, auf welche sie aber nur im Falle der Unmöglichkeit, den Staatshaushalt auf andere Weise richtig zu stellen, zurückzukommen hat."

Thiers verliefs daraufhin die Kammer und reichte am folgenden Tage, dem 20. Januar 1872, seine Entlassung als Präsident der Republik ein.

Aber die monarchistische Kammermehrheit fürchtete die Gefahren einer konstitutionellen Krisis, weil ihr der Augenblick, die Verfassung nach ihrer Anschauung umzugestalten, so bald nach den Erschütterungen des Krieges und der inneren Wirren und bei der schlechten Finanzlage des Staates, noch nicht gekommen zu sein schien. Sie lehnte das Gesuch ab. Zugleich sprach die Kammer infolge eines Antrages Batbie (rechtes Centrum) dem Staatsoberhaupt das volle Vertrauen der Nationalversammlung aus. Ein Zusatzantrag Deseilligny (rechtes Centrum) machte „einen neuen Appel an den Patriotismus des Präsidenten der Republik".

Thiers zog infolgedessen seine Entlassung zurück, ohne jedoch seine wirtschaftspolitischen Überzeugungen aufzugeben. Auch hinsichtlich seiner Steuerpläne blieb er auf dem einmal verfochtenen Boden stehen.

IV. Kapitel.

Das Rohstoffzollgesetz vom 26. Juli 1872.

1. Regierungsentwurf und Kommissionsbericht.

Bereits am 23. Januar legte das Ministerium einen neuen Entwurf vor, welcher der durch den Antrag Feray eingesetzten Kommission von 15 Mitgliedern überwiesen wurde. Die Kommission stellte unter dem Vorsitz von Cordier (Seine-Inférieure, linkes Centrum) umfangreiche Erhebungen darüber an, sodafs sie erst am 10. Mai mit ihrer Arbeit fertig wurde.

In der Zwischenzeit gelangte die Marinevorlage zur Annahme. Ferner wurde die Einrichtung einer statistischen Gebühr für den Zollverkehr beschlossen (22. Januar). Diese Vorlage ist von geringerer Bedeutung, sie brachte dem Fiskus aber immerhin eine jährliche Einnahme von 6 3/4 Mill. fr.

Die neue Zollvorlage sollte einen Betrag von 126 Mill. fr. einbringen. Die Regierung war also von ihrer ursprünglichen

Forderung von 180, später 160 Mill. fr., sehr herabgegangen. Sie mufste aber doch, um einen zweiten Konflikt zu vermeiden, sich noch zu weiteren Abstrichen seitens der Kommission bequemen, sodafs es sich schliefslich um etwa 95 Mill. handelte.

Bei der Umarbeitung des Tarifs, die die Kommission im Einklang mit der Regierung vornahm, blieben die principiellen Fragen vollständig aus dem Spiel, nur dafs man offenbare Schäden des alten Tarifs zu beseitigen suchte. Aber in seinem Bericht über das ganze Projekt konnte Cordier natürlich auch diese Fragen nicht übergehen:

„Nicht ohne tiefgehende Besorgnis ging die grofse Mehrheit der Kommission (10 gegen 5 Stimmen) an das Studium dieser Art von Steuer; überzeugte Anhänger der Handelsfreiheit, betrachten sie die Tarife als den schwersten Schlag, welcher der Ausfuhr versetzt werden kann, und sie sehen vor allem in den Nachforschungen, den übermäfsig genauen Ermittlungen des Zollamts, eine Quelle von Belästigungen, Hemmnissen, die eine wahrhafte Gefahr für die Entwicklung unseres internationalen Handels bilden."

Es war offenbar, dafs man sich überhaupt nur aus Ergebenheit zu Thiers auf das Projekt einliefs. Die Mehrheit sagte sich: Der Konsument mufs den Zoll doch in letzter Linie bezahlen; warum soll man ihn also nicht direkt und dann gerechter besteuern? Man sprach es übrigens ganz offen aus, „dafs diese Tarife nur Übergangsmafsregeln sein dürften, und dafs sie ja nach Belieben revidiert werden könnten".

Von den 538 Artikeln des Zolltarifs gehörten nur 74 zum Generaltarif, während 464 durch die Handelsverträge gebunden waren (Konventionaltarif). Finanzpolitisch gesprochen bedeutete das eine sofort zu erhaltende Einnahme von nur 5 ½ Mill. fr., während die übrigen 90 Mill. fr. erst nach dem Aufserkrafttreten sämtlicher Meistbegünstigungsverträge zu erwarten waren.

Der Tarif war im allgemeinen ein Mittelding zwischen höheren Zöllen mit drawback und niedrigen ohne drawback. So waren die Zölle auf Wolle, Seide, Hanf, Flachs, Jute auf 2—2 ½ % berechnet. Von den Textilien erhielt nur Baumwolle einen Rückzoll bei einem Zoll von 5 %. Dieses drawback war für die einzelnen Garne und Tuche ungemein genau specificiert. Im Tarif finden sich unter der Rubrik Baumwolle bei dem Rückzoll mehr als 40 Positionen, während der Einfuhrzoll nur 3 Positionen aufweist. Ein Rückzoll wurde sonst nur noch gewährt für Fabrikate aus Rinderhaaren und andere Haararbeiten, Seife, Kerzen, Stearin, Ölsäure, Wachswaren, Waren aus Kupfer, Bronce und Messing, Farbholzextrakte, indisches Rohr in Stühlen, Regenschirmen und Körben, gereinigte

Schwämme und einzelne Chemikalien, wie Anilin und doppelchromsaures Kali.

Die Einrichtung der zeitweise freien Zulassung, welche auf einem Gesetz vom 5. Juli 1836 beruhte, und auf die ich später im Zusammenhang zu sprechen komme, wurde gestattet für ölhaltige Früchte und Samen zur Ölbereitung, für Steinkohlentheeröl zur Anilinfabrikation, für rohe Pelzwaren, für aufsereuropäische Felle und Leder.

Kompensatorische Zölle sollten erhoben werden von Fabrikaten aus Textilrohstoffen, von Seife, Kerzen, Stearin, Ölsäure, Fabrikaten aus Wachs, Kautschuk, Metallen, Leder, von Schiffen, Schreibfedern, Bettfedern, Filz, Haarfabrikaten, Korkwaren, Fischbein, Hornwaren und verschiedenen chemischen Erzeugnissen.

Ein Ausfuhrzoll traf nur Lumpen (6 fr. auf 100 kg).

Es wurden ferner Zuschlagabgaben von 1 fr. auf 100 kg auf folgende Artikel gelegt, wenn sie nicht unmittelbar aus den Herkunftsländern eingeführt wurden: Metalle, aufser Gold und Silber — Getreide und Mehl — trockenes Gemüse — Flachs und Hanf — gemeines Holz. Artikel, die bereits früher mit höheren Zuschlägen bedacht waren, z. B. Reis, behielten diese natürlich bei.

2. Diskussion.

Die Generaldebatte über den Tarif begann am 17. Juli 1872 und zeigte ein ähnliches Bild, wie die Diskussion über den ersten Entwurf.

Thiers gab wiederum eine Schilderung des ganzen französischen Steuergebäudes und empfahl mit Wärme alle Arten der Konsumtionssteuern: „Die Steuer auf die Konsumtion ist die beste von allen, weil man sie freiwillig bezahlt, weil sie sich am besten verteilt und weil sie sich an alle Bedürfnisse des Menschen richtet“ .... „Wenn man von der Türkei bis nach England geht, so kann man sozusagen die Leiter der Civilisation in folgendem bezeichnet sehen: Je mehr man direkte Steuern hat, um so weniger hat man einen erhöhten Platz in der civilisierten Gesellschaft; je mehr Konsumtionssteuern man hat, einen um so höheren Rang hat man in der civilisierten Gesellschaft“. England hätte die relativ höchsten Konsumtionssteuern.

In Frankreich nun wären alle Nahrungsmittel abgabepflichtig. Warum nicht auch die Rohstoffe der Industrie, zumal der Bekleidungsindustrie? Der Reiche würde dadurch am meisten herangezogen, da er mehr Kleider als der Arme verbrauchte. Diese Steuer wäre also 1) social, 2) sei sie sehr bequem, da sie nur an der Grenze erhoben würde und den Handel wenig belästigte, und 3) sehr ökonomisch, weil der

Zolldienst nur 30 Mill. fr. koste, während er 250 Mill. fr. einbrächte und obendrein noch alle andern indirekten Steuern, also 1 Milliarde fr., garantierte. — Die Industrie würde die $2^{1}/_{2}$ % kaum fühlen, da die heimische Landwirtschaft die etwa zu wenig eingehenden Rohstoffe liefern könnte.

Der Deputierte Leurent (Rechte) war anderer Meinung. Die französische Seidenzüchterei produziere für den inneren Verbrauch genug. Der Import diene nur wieder dem Export. Dieser Import würde aber schon durch einen geringen Zoll abgeschreckt werden.

Cordier und Feray betonten den Verlust von Elsaſs-Lothringen, das früher $^{2}/_{3}$ des Baumwollenexports besessen hätte. Dieses Land gehöre jetzt zum Ausland und würde bei der Rohstoffverteuerung leichter konkurrieren können.

Eine der am meisten bestrittenen Fragen war die mit der Vertragspolitik zusammenhängende Möglichkeit oder Unmöglichkeit der Zollerhebung. Ein in der Versammlung verteiltes Blatt rechnete, wie Amé mitteilt, aus: 42 Mill. fr. sind gleich nach Inkrafttreten des Gesetzes zu erhalten, 18 Mill. fr. bei dem Ausgang der Handelsverträge mit England und Belgien und 33 Mill. fr. nach Erlöschen der übrigen Konventionen oder nach günstigen Verhandlungen mit den betreffenden Staaten.

Nach dem strengen Wortlaut der Verträge war dies vielleicht der Fall, aber, wie der Abgeordnete Montgolfier (Rechte) ausführte, thatsächlich nicht. Man könnte doch unmöglich die belgischen und englischen Waren belasten, während gleichzeitig Deutschland, die Schweiz und Italien niedrigere Tarife genossen. Der Handel würde dann einfach den Umweg über diese Länder machen. Diese Umgehung sei sogar durch eine Bestimmung im Artikel 13 des Vertrages mit der Schweiz gesetzlich ermöglicht. Danach brauchten für verschiedene Waren, darunter Metalle und Seidenzeuge, bei der Einfuhr nach Frankreich keine Ursprungszeugnisse vorgezeigt werden. Es könnten also sogar chinesische und japanische Waren, die nach dem Buchstaben sofort dem neuen Zoll unterlagen, zollfrei nach Frankreich als schweizer Fabrikate gelangen; oder auch Italien brauchte diese Produkte nur bei sich einzuführen, um sie zu verarbeiten und als seine Fabrikate über die französische Grenze zu exportieren. Deshalb war ein Antrag Pouyer-Quertiers, welcher sein Ministerportefeuille vor kurzem an de Goulard abgegeben hatte, nicht ungerechtfertigt: „Kein Zoll darf von den für die Industrie nützlichen Rohstoffen erhoben werden, bevor nicht entsprechende kompensatorische Zölle auf die mit gleichartigen Stoffen fabrizierten fremden Erzeugnisse in Anwendung gesetzt sind". — Der Antrag bedeutete einfach die Aufschiebung der Zollerhebungen bis zur Lösung der Verträge.

Montgolfier wies aus dem Artikel 9 des englischen Vertrages vom 23. Januar 1860 nach, dafs solche kompensatorischen Zölle nicht möglich waren, weil nur im Falle einer inneren Steuer Ausgleichungsabgaben auf fremde Fabrikate gelegt werden durften, aber nicht bei der Errichtung von Zöllen auf die Rohstoffe. Montgolfier blieb infolgedessen bei der Einnahmeschätzung der Kommission von 5 1/2 Mill. fr. gegenüber den Erwartungen der Regierung.

Das Gesetz wurde indessen doch am 20. Juli trotz seiner offenbaren Schwächen und Unklarheiten mit knapper Mehrheit im Princip angenommen.

In der Diskussion der Artikel wurde der Antrag Pouyer-Quertier als eine Art Regulativ den Tarifbestimmungen beigefügt, ferner auf Grund einer Anregung Tirards der zu hoch berechnete Baumwollenrückzoll ermäfsigt.

Schliefslich stimmten am 26. Juli 1872 309 gegen 261 Deputierte für das ganze Gesetz. Es ist indessen bezeichnend, dafs sich 93 Deputierte der Stimme enthielten und über 60 überhaupt der Kammer fern geblieben waren.

3. Teilweise Anwendung des Gesetzes.

Aber mit der Annahme war noch wenig erreicht. Der Antrag Pouyer-Quertier machte einen grofsen Teil der Artikel unausführbar. Thiers konnte in einem Dekret vom 18. August aufser der Bestimmung der geringen Zollzuschläge für die indirekte Einfuhr nur eine kleine Anzahl von Zöllen in Kraft setzen, und zwar auf: Pelzwaren, Schweinsborsten, Schmuckfedern, Fische, Getreide und Mehl, Tafelfrüchte, Harzstoffe und Medikamente, feine Holzarten, Gemüse und Futtersorten, Torf, edle Gesteine und Erze, Pfefferkuchen, Druckerschwärze und Jagdmunition, ferner auf Kakao und Chokolade aus Algier.

Dagegen war Frankreich hinsichtlich aller für den Zoll ergiebigen Importe gebunden. Dazu rechnen besonders die Textilrohstoffe, Felle, Holz, Fette, ölhaltige Samen und Früchte.

Die Regierung huldigte freilich der Ansicht, dafs die Zollerhöhungen principiell von keiner der Vertragsmächte angefochten werden konnten. Sie liefs sich indessen doch, schon um die freundschaftlichen Beziehungen mit den Mächten zu wahren, auf Verhandlungen ein. Hierbei kam vor allen Dingen Grofsbritannien in Betracht, dessen Handel die Welt beherrschte und dessen Vorgehen nach Thiers' Meinung sicherlich die Unterhandlungen mit den anderen Staaten stark beeinflussen und erleichtern würde.

V. Kapitel.

Die Handelsvertragspolitik bis zum Sturze von Thiers.

1. Verhandlungen mit England.

Der Vertrag mit England näherte sich seiner Verfallszeit und konnte gekündigt werden. Doch blieb er dann immer noch ein Jahr nach der Kündigung in Kraft. Thiers glaubte früher zum Ziele zu kommen, wenn er auf dem Wege diplomatischer Verhandlungen ohne Kündigung Änderungen herbeizuführen suchte.

Diese Meinung des Präsidenten fand im Parlament viele Anhänger, erregte aber auch grofsen Widerspruch. Die Opposition verlangte die sofortige Kündigung, um freies Spiel zu haben. Indessen fürchtete der französische Handel bei einem derartig schroffen Vorgehen Repressalien. Namentlich die Vertreter des Weinexports nach England, welcher sich in den 10 Jahren liberaler Handelspolitik verfünffacht hatte, erhoben Einwände dagegen und versprachen sich bessere Erfolge von dem durch Thiers bereits eingeleiteten Verfahren.

Schon am 17. Juli 1871 hatte der französische Botschafter in London, Herzog von Broglie, an den Leiter des britischen Auswärtigen Amts Lord Granville eine Note mit bestimmten Vorschlägen auf Zollerhöhungen gerichtet. Darnach sollten Garne und Tuche aus Wolle, Baumwolle und Lein von England aufser den Taxen des Tarifs von 1860 und dem ausgleichenden Zoll für die Tarifierung der Rohstoffe noch einen Ergänzungszoll von 3—5 %, mit Baumwolle gemischte Wollgewebe einen solchen bis zu 8 % zum Schutz der ungenügend geschützten französischen Industrie bezahlen.

Das lief auf eine Erhöhung der Zölle von etwa 10 oder 15 % auf 25 bis 33 % hinaus.

Thiers hatte als Hauptgrund für die Wünsche der französischen Regierung neben der fiskalischen Notwendigkeit des Zolls den allzu geringen Schutz der französischen Industrie angegeben. Dieses Vorgehen war gegenüber dem manchesterlich gesinnten Kabinett von London, an dessen Spitze Gladstone stand, nicht gerade sehr staatsmännisch. Aber Thiers war von der Fehlerhaftigkeit der napoleonischen Zollpolitik vollständig durchdrungen. In seiner Botschaft vom 7. Dezember 1871 verurteilte er diese als die Hauptursache des wirtschaftlichen Niedergangs Frankreichs. Die grofse Enquete, welche der gesetzgebende Körper kurz vor dem Kriege mit den deutschen Staaten angeordnet hatte, brachte ihm den Beweis, „dafs die Handelsmarine ruiniert, dafs die Eisenindustrie vernichtet war, dafs die Fabriken von Garnen und Tuchen aus Baumwolle,

Lein, Wolle beträchtliche Schäden erlitten hatten, dafs die Industrie von Mischgeweben in Roubaix fast zerstört war, dafs die Landwirtschaft in gewissen wesentlichen Produktionen, namentlich in der Wollproduktion, Not litt" [1].

Deshalb erschienen ihm die Vorschläge, die er Grofsbritannien machte, noch äufserst mäfsig, zumal seine Note nur Zölle für die Textilindustrie forderte, hingegen nichts von Gufseisen, Schmiedeeisen, Stahl und Fabrikaten daraus, ferner nichts von Kohlen, chemischen Produkten, Glaswaren u. s. w. erwähnte.

England wollte Frankreich in seiner Notlage, soweit dies mit den Grundsätzen seiner Regierung vereinbar war, keine Schwierigkeiten bereiten. Man sah ein, dafs ein zahlungsfähiges Frankreich für England, das einen grofsen Teil der Kriegsanleihe aufgebracht hatte, durchaus nötig war. Deshalb beugte man sich vor dem Gesichtspunkt der finanziellen Zollerhöhungen. Gladstone erschien sogar ein neuer, im wesentlichen doch auf den alten Bestimmungen fufsender Handelsvertrag wegen der im französischen Parlament stark zum Durchbruch gekommenen Schutzzolltendenzen immer noch besser, als ein völliger Bruch mit dem Nachbarlande. Der französische Generalzolldirektor Amé, welcher genau über sämtliche Unterhandlungen unterrichtet war, und dem ich mich deshalb in der Schilderung dieser Vorgänge hauptsächlich anschliefse, schreibt[2] darüber: „Man hätte sich sicherlich schnell verständigt, wenn die französische Regierung sich von Anfang an mit der Möglichkeit begnügt hätte, die Rohstoffe zu belasten und für die entsprechenden Fabrikate rein kompensatorische Zölle anzuwenden." Aber Thiers forderte ausgesprochene Schutzzölle und hatte die sonderbare Ansicht, dafs der Freihändler Gladstone darauf eingehen würde.

Schon am 21. Juli 1871 konnte der Herzog von Broglie dem Minister des Äufseren, Grafen de Rémusat, mitteilen, dafs in dieser Hinsicht Schwierigkeiten vorlägen. Namentlich erhob die öffentliche Meinung in England Einwand auf Einwand, so in den Industriestädten Bradford, Manchester, Belfast, welche bedeutende Mengen von Garnen und Tuchen nach Frankreich liefern. Eine Vereinigung von Mitgliedern des Verbands der Handelskammern beschlofs einstimmig: „Es soll eine Petition an die Regierung gerichtet werden, um sie zu bitten, keiner Reduktion der zwölfmonatlichen Frist, welche durch die Kündigung des Handelsvertrags mit Frankreich gefordert war, zuzustimmen, und um die feste Hoffnung auszudrücken, dafs, wenn man zur Schliefsung einer neuen Konvention schreitet,

---

[1] Amé, op. cit. S. 299.
[2] Amé, op. cit. S. 301,

dies nicht in rückschrittlichem Sinne ist“ [1]. — Ebenso erschienen in offiziösen und anderen Blättern eine Menge Artikel, welche denselben Geist atmeten.

Nach sieben Monaten Verhandlungen war eine positive Antwort in Paris noch nicht eingelaufen. Thiers konnte freilich in der Kammer erklären, dafs England im Princip zur Annahme der Rohstoffzölle geneigt wäre. Er konnte auch der Opposition, namentlich Johnston, nicht ohne Berechtigung vorwerfen, dafs sie mit ihrer Deutung der Vertragsbedingungen dem Ausland erst die Mittel und Wege zeigte, durch welche eine Ablehnung des französischen Vorschlags staatsrechtlich möglich war. — Aber schliefslich mufste das britische Kabinett doch mit der Sprache herausrücken. Die Presse brachte von Tag zu Tag weniger ermutigende Mitteilungen. Endlich, am 24. Februar 1872, sandte Lord Granville eine Depesche an den französischen Botschafter, in welcher er die Möglichkeit der Verzollung der Rohstoffe ohne gleichzeitige Erhöhung der indirekten Steuern überhaupt bestritt.

2. Kündigung der Verträge mit England und Belgien.

Es blieb danach nur der Weg der Kündigung, zu der Thiers bereits die Vollmacht hatte, offen.

Das Parlament hatte diesen Schritt vorausgesehen. Kurz nach der glücklich verlaufenen Präsidentschaftskrisis lief ein schon durch Johnston am 3. Januar angeregter Antrag Raoul Duval (rechtes Centrum) - Keller (Rechte, klerikal) ein, mit der Forderung, den Vertrag noch vor dem 4. Februar 1872 zu kündigen. Dieser Antrag wurde einer Kommission überwiesen, deren Berichterstatter Delsol (konserv. Republik., Gruppe Feray) am 27. Januar mit einem bestimmten Gesetzesvorschlag vor die Kammer trat.

Die freihändlerische Minorität der Kommission hatte freilich gegen die Kündigungsvollmacht gestimmt, weil sie bei der Lösung des Vertrages eine rückschrittliche Entwicklung der Handelspolitik und die Wiederaufrichtung des Schutzzollsystems befürchtete. Die Majorität rechtfertigte den Antrag mit den Budgetbedürfnissen, die nur durch erhöhte Zolleinnahmen zu befriedigen seien. Indessen bequemte sie sich doch zu einer, die Freihändler Clapier (linkes Centrum) und Pascal Duprat (Linke) befriedigenden Formulierung. Der Vorschlag erhielt infolgedessen die Fassung:

„Die Nationalversammlung beschliefst, in Erwägung, dafs, ohne auf die wirtschaftlichen Principien vor 1860 zurückzukommen, in der gegenwärtigen Lage des Landes doch Grund zu einer Revision der Zolltarife gegeben ist:

---

[1] Amé. op. cit. S. 301.

Artikel 1: Die Regierung wird ermächtigt, die mit England und Belgien geschlossenen Handelsverträge zu geeigneter Zeit zu kündigen;

Artikel 2: Die Vertragstarife bleiben bis zur Votierung[1] der neuen Tarife durch die Nationalversammlung in Kraft."

Die äufserst erregte Generaldiskussion begann am 31. Januar 1872. — Die Gegner der Regierung standen entweder grundsätzlich auf dem Boden des Freihandels, wie Wolowski und Steinheil, oder waren doch wenigstens Anhänger der napoleonischen Tarife.

Raudot (Rechte) rühmte den Vertrag mit England und führte als Beweis für dessen Wirksamkeit die Zahlen der Aus- und Einfuhr nach und von England an. Danach war die Einfuhr von England nach Frankreich

von 278 Mill. fr. im Jahre 1859
auf 551 „ „ „ „ 1869

gestiegen; die Ausfuhr Frankreichs nach England aber von 591 Mill. auf 909 Mill. fr. Diese gewaltige Ausfuhr dürfe man nicht hemmen. Denn England könne seine Weine auch aus dem Kapland, aus Spanien und Portugal beziehen. Ebenso würde es die sogenannten Pariser Artikel entweder selbst produzieren oder aus anderen Staaten importieren. Durch die Kündigung der beiden Verträge mit England und Belgien würde ferner fiskalisch noch gar nichts erreicht, da Frankreich bis 1877 noch gegenüber den anderen Mächten gebunden wäre. Aufserdem müfsten doch wieder neue Verträge abgeschlossen werden, die für das durch den Krieg geschwächte Frankreich vielleicht härter sein könnten. Preufsen stände hinter allen Mächten, da es an jedem Vertrag durch die ihm für ewige Zeiten gewährte Meistbegünstigung interessiert sei.

Der Baron Eschasseriaux (Bonapartist) unterstützte diese Auffassung mit dem Hinweis darauf, dafs der Vertrag von 1860 für Frankreich äufserst vorteilhaft gewesen sei, weil England damals 150 Artikel völlig zollfrei gemacht und alle übrigen ermäfsigt habe, während Frankreich nur 44 vollständige Verbote durch immerhin sehr hohe Zölle von 30 % ersetzt hätte und auch für die übrigen Zölle nicht von dem Maximum von 25 % herabgegangen wäre. Die Kündigung würde womöglich wieder die Prohibitionen des Generaltarifs bringen und Frankreich nicht allein politisch, sondern auch wirtschaftlich isolieren, weil sofort eine gegnerische Zollunion mit dem Mittelpunkt in Deutschland zu befürchten sei.

Die Tarife bedürften eines ganz genauen Studiums im

[1] Dieser Art. 2 wurde am 14. März 1873 durch ein vom Minister Teisserenc de Bort eingebrachtes Gesetz in so weit geändert, als statt „Votierung der neuen Tarife" „Anwendung der neuen votierten oder noch zu votierenden Tarife" gesetzt wurde.

Interesse von Industrie und Landwirtschaft. Also wäre noch bis zum Erlöschen sämtlicher Verträge Zeit zur Kündigung.

Wolowski (gemäfs. Republ.) ging noch weiter: „Für die, welche nicht rückwärts schreiten wollen, sage ich ganz offen: Ich bin glücklich, dafs die Verträge einen Damm errichten, der sie hindert, zu einer reaktionären Bewegung auf dem Gebiete des Handels vorzugehen“. Der Ausdruck ‚kompensatorischer Zoll‘ wäre nur eine andere Etikette für ‚Schutzzoll‘. Der den Schutzzoll verlangende Produzent wäre aber doch zugleich auch Konsument. Und der Standpunkt des Konsumenten müfste, namentlich im Hinblick auf die arbeitenden Klassen des Volks, besonders berücksichtigt werden.

Seine ökonomischen Grundsätze entwickelte Wolowski dann in folgenden Sätzen: „Welches ist die allgemeine Erscheinung, die das 19. Jahrhundert kennzeichnet? Es ist die mehr und mehr in Thätigkeit gekommene Cirkulation von Menschen, Ideen und Produkten. Wollen Sie diese Cirkulation hemmen? Wollen Sie diesen fruchtbaren Austausch vermindern, der bewirkt, dafs alle Völker der Erde gerufen werden, von den Wohlthaten Vorteil zu ziehen, welche die Vorsehung freigebig in den verschiedenen Gegenden der Welt verteilt hat, indem sie sie in verschiedenem Mafse verteilt hat?“

Die politische Ökonomie hätte die Aufgabe, den ewigen Frieden zu schaffen. Ein Schritt auf diesem Wege wären die Handelsverträge. Der englisch-belgische Vertrag müsse aber besonders deshalb aufrecht erhalten werden, weil er 1) die Einfuhrverbote beseitigt und 2) die Schutzzölle auf höchstens 25 % begrenzt hätte.

Ähnliche Ideen verfocht der Elsässer Steinheil: „Die Konsumenten haben das gesetzmäfsige Recht und Verlangen, sich zu versorgen, wo es ihnen gefällt, und die Produzenten ihrerseits haben Interesse daran, nicht allein auf dem nationalen Markte, sondern auch auf den fremden Märkten zu verkaufen. Folglich ist das Regime der Freiheit, der durch billige Verträge gemäfsigten Freiheit ein weit vorteilhafteres Regime, als es das vor 1860 sein würde“.

Warum hätte man den Mont Cénis durchstochen, den Suezkanal gebaut? Doch nur wegen der tiefen Notwendigkeit, die Völker einander näher zu bringen, und nicht, um sie wieder durch Zollschranken zu trennen. —

Aus den Ausführungen aller Gegner der Kündigung trat die Besorgnis zu Tage, dafs eine reaktionäre Zollpolitik zu erwarten stände, weil gerade die Anhänger des ancien régime die Vorlage befürworteten. Diese Bedenken suchten die Deputierten Reverchon (Gruppe Feray), Raoul Duval (rechtes Centrum) und Acloque (rechtes Centrum) zu zerstreuen.

Niemand wolle die Rückkehr zu den alten Einfuhrverboten und zum Hochschutzzoll. Die Industrie und auch die Landwirtschaft hätten aber durchaus einige Kompensationen nötig, die nur durch die Vertragskündigung zu erreichen seien Repressalien wären von England keinesfalls zu befürchten, wie ja auch Amerika bei seinen Zollerhöhungen von Englands Seite keinen Widerstand erfahren hätte.

Reverchon nannte „die wahren liberalen Mafsregeln“ den „Schutz des Schwachen gegen den Starken“.

Raoul Duval (Normandie) charakterisierte die Lage der Industrie und führte an, dafs 73 Spinnereien in der Normandie seit Einführung der napoleonischen Verträge ihre Arbeit aufgegeben hätten. Deshalb brauche Frankreich für sein Vorgehen völlige Freiheit, um die notwendigen Schutzmafsregeln ins Werk zu setzen. Man hätte nach der Kündigung noch ein ganzes Jahr Zeit, um die erforderlichen Untersuchungen anzustellen.

Die Vertreter der Regierung stellten sich auf denselben Boden. Der Minister des Äufseren, Graf de Rémusat, bat aber, die doktrinären Streitfragen ganz aus dem Spiele zu lassen, weil die Regierung in jedem Fall bei dem erprobten System eines gemäfsigten Schutzzolls zu bleiben und nicht über den Maximalzoll von 25 % hinauszugehen gedenke. Sie wollte sogar nach der Kündigung den englischen Vertrag bis 1877, allerdings mit kleinen, notwendigen Änderungen verlängern.

Das englische Kabinett könnte sich um so weniger verletzt fühlen, als es sich principiell geneigt gezeigt hätte, Frankreich zu Hilfe zu kommen. Erst in der jüngsten Zeit wäre der Widerstand stärker geworden. Der Minister verlas zur Bekräftigung seiner Ausführungen einige diplomatische Noten, deren Vorlegung er zuvor der Kommission verweigert hatte. So schrieb der französische Botschafter aus London am 1. November 1871: „Die Regierung Ihrer Britischen Majestät begegnet einem grofsen Widerstand dagegen, das Beispiel einer Verhandlung zu dem Endzweck zu geben, die Schutzzölle nicht zu verringern, sondern zu erhöhen, eine Politik, welche die Regierung Ihrer Majestät für die Staaten für schädlicher hält, welche sie sich auferlegen, als für die Staaten, welche diese Zölle treffen sollen.“ — Ferner lautete eine am 28. Januar 1872 in Paris eingelaufene Depesche: „Die Regierung Ihrer Majestät erhebt keinen Widerspruch hinsichtlich der durch die französische Regierung in einem fiskalischen Sinne getroffenen Mafsregeln und wird sich bemühen, jede Abschwächung der herzlichen Beziehungen zwischen den beiden Ländern zu verhindern, in dem Falle, dafs die französische Regierung den Vertrag kündigen würde. Wenn der Vertrag Frankreich in fiskalischer Hinsicht lästig ist, so ist die Regierung Ihrer Majestät bereit, den Vertrag zu ändern, insoweit es sich um diese Punkte handelt. — Was die Vorschläge anbetrifft, die einen Schutzzollcharakter tragen, so sieht die Regierung der

Königin grofse Einwände darin, solche Vorschläge anzunehmen, aber sie hat ihnen nicht gänzlich die Thür verschlossen."

Aus diesem Grunde, so fuhr de Rémusat fort, würde es die Regierung noch einmal mit Unterhandlungen versuchen. Aber es sei ganz gut, wenn sie dabei die Waffe der Vollmacht, zu kündigen, in der Hand hätte. Ein Zollkrieg sei in keinem Fall zu erwarten, da England sonst allen seinen Grundsätzen ins Gesicht schlagen würde.

Die gleiche Ansicht vertrat Thiers, der die Kündigung nicht mehr umgehen zu können glaubte. Wenn dann die Frage mit England gelöst wäre, so würde sie „$^3/_4$ und vielleicht vollständig mit der ganzen Welt" gelöst sein.

Die Opposition war indessen nicht überzeugt. Gambetta (republ. Union) verlangte die Vorlage sämtlicher diplomatischer Akten. Nach der Ministererklärung wäre ferner die Kündigung ganz unnötig. Er beantragte deshalb die Aufschiebung der Beratung.

Johnston (rechtes Centrum) und Genossen forderten die Regierung auf, die Verhandlungen fortzusetzen, aber nur in fiskalischem Sinne.

Beide Anträge wurden jedoch abgelehnt, dagegen am nächsten Tage, dem 2. Februar, der Regierung die Ermächtigung zur Kündigung gegeben. Auf dem Datum des 4. Februar beharrte man nicht mehr, weil die englische Regierung ihre Ansicht, dafs die Kündigung spätestens an diesem Termin und dann erst wieder ein Jahr später stattfinden müsse, aufgegeben hatte.

Die Vorschläge, welche England unterbreitet werden sollten, hatte die Regierung auf drei Tabellen niedergelegt.

Tabelle A zählte die Industrien auf, deren Materialien unverändert hinsichtlich des Zolls bleiben sollten. Dazu gehörten Eisen, Stahl und Fabrikate daraus (darunter auch Schiffsbauten), Kohlen und Coaks, Glas- und Töpferwaren, chemische Produkte, Fische, Hartkäse und Bier.

Tabelle B führte die Zollerhöhungen für die Textilien an: Baumwolle und Lein von Nr. 60—100 sollten um 3 %, von 101 an um 5 % erhöht werden, Baumwollentuche um 5 %, Wolle um 5—8 %.

Tabelle C stellte eine gleichmäfsige Steigerung aller anderen Zölle fest. —

Die Abstimmung in der Kammer im Sinne dieser Zollerhöhungen war eigentlich zwei Wochen nach der Ablehnung der (ersten) Rohstoffzollvorlage unlogisch; aber die Nationalversammlung wollte Thiers so bald nach der Vertrauenskundgebung nicht wieder reizen. Aufserdem besagte die Kündigung in der That noch nichts über die Ziele der zu befolgenden Handelspolitik, über die die Kammer doch in letzter Linie zu entscheiden hatte.

Thiers machte nicht sofort von seiner Vollmacht Gebrauch, sondern liefs zuerst, am 7. Februar, dem französischen Botschafter in London den Auftrag geben, an Lord Granville die Mitteilung zu machen, dafs die Regierung nur im äufsersten Fall zur Kündigung schreiten würde. Doch als am 24. Februar der englische Botschafter Lord Lyons dem französischen Minister de Rémusat als Antwort auf diese Mitteilung die bereits oben erwähnte ablehnende Depesche überbrachte, gab es für Thiers nur noch den Weg der Kündigung.

Der Ton jener Depesche hatte sogar eine indirekte Drohung hinsichtlich des französischen Weinimports nach England enthalten: „Welches auch das Resultat der gegenwärtigen Diskussion sein wird, so wird sich die Regierung Ihrer Majestät doch bemühen, jede Änderung in den Gefühlen der Herzlichkeit, welche augenblicklich zwischen den beiden Ländern bestehen, zu vermeiden, und sie würde, obwohl sie keineswegs die Absicht hat, einen Tarifkrieg anzufangen oder auf schutzzöllnerische Mafsregeln zurückzukommen, es nur in dem Fall für wertvoll halten, ihre fiskalische Freiheit wiederzuerlangen, wo sie Gelegenheit hätte, davon in betreff eines der Punkte Gebrauch zu machen, hinsichtlich deren der Vertrag sie heute in gewissem Mafse beschränkt" [1].

Dieser eine Punkt ist die Wein- und Branntweinsteuer, welche durch den napoleonischen Vertrag zu Gunsten der französischen Importe erheblich herabgesetzt worden war [2]. —

Am 10. März sandte de Rémusat dem Vertreter Frankreichs, Herzog de Broglie, seine Instruktionen. Am 15. März 1872 kündigte dieser den Handelsvertrag vom 23. Januar 1860, welcher darnach am 15. März 1873 sein Ende erreichte, wenn nicht währenddessen ein anderer Vertrag, zu dem Frankreich stets bereit war, zustande kam. Als die Grundlage eines neuen Vertrages bezeichnete der französische Botschafter den alten Konventionaltarif, jedoch mit Abänderungen im Interesse der dringenden Bedürfnisse der Industrie und des Fiskus.

Lord Granville bestätigte am 18. März die Kündigung durch eine einfache Empfangsbescheinigung der betreffenden Note. Die „Gefühle der Herzlichkeit", welche die englische Regierung auch in Zukunft gegenüber Frankreich hegen wollte, offenbarte sie durch Zusendung einer Reihe von Reklamationen und Beschwerden englischer Kaufleute hinsichtlich der Praxis der französischen Zollämter direkt an den französischen Botschafter (25. März 1872).

Die Kündigung des Vertrages mit Grofsbritannien machte auch die Lösung des belgischen Handelsabkommens, welches

---

[1] Amé, op. cit. II S. 311.
[2] Verein für Socialpolitik Bd. 51 S. 137.

auf gleicher Grundlage geschlossen war, notwendig. Der Verfallstermin war der 28. März 1873.

3. Verträge mit England und Belgien.

Die Verhandlungen mit den Kabinetten von London und Brüssel wurden einstweilen eingestellt, weil die französische Regierung sich zuvor mit der Nationalversammlung über ihr neues Zollprojekt zu verständigen wünschte, um dadurch die nötige Grundlage zu neuen Handelsverträgen zu gewinnen.

Das Gesetz vom 26. Juli 1872 gab ihr diese Möglichkeit und liefs die Verhandlungen wieder anknüpfen. England konnte seinen Widerstand gegen die französischen Forderungen jetzt nicht mehr mit der Unsicherheit erklären, in der es durch die offenbare Meinungsverschiedenheit zwischen der Regierung und der Kammer Frankreichs geschwebt hatte. Nach dem 26. Juli herrschte kein Streit mehr. Kein parlamentarischer Beschlufs konnte mehr die durch das Gesetz vorgeschriebene Höchstgrenze der Zölle auf eine für England ungünstige, noch höhere Abgabenstufe verrücken. Andererseits trug der neue Tarif nicht mehr den Charakter des Hochschutzzolls, der den britischen Doktrinären von vornherein unannehmbar gewesen war, sondern hielt sich mehr im Rahmen der Finanzzölle. Daher war begründete Aussicht vorhanden, dafs die neuen diplomatischen Verhandlungen mit London zum Ziele führen mufsten. In der That kam am 5. November 1872 der neue Handels- und Schiffahrtsvertrag zustande.

Der Wortlaut dieses Vertrages scheint ein grofses Entgegenkommen der englischen Regierung zu bekunden, zumal Grofsbritannien als Grund seiner Handlungsweise ganz selbstlos die Erkenntnis angiebt, dafs „Ihre Majestät, die Königin des Vereinigten Königreiches“ von der Notwendigkeit der französischen Wünsche überzeugt war. Sie willigte „in freundschaftlicher Gesinnung in die Tarifänderungen, ..., weil die finanziellen Bedürfnisse Frankreichs die Auflage neuer Abgaben in diesem Lande, und zu diesem Behuf die Modifikation der Tarifstipulationen“ der Verträge „gebieterisch fordern“ [1].

Aber thatsächlich beschränkte sich die Freundlichkeit Englands auf diese Höflichkeitsformeln. Während es selbst Frankreich nur die Behandlung der meistbegünstigten Nation bot, mufste sich dieses zu mancherlei speciellen Zugeständnissen bequemen. Die in einem besonderen Tarif festgelegten Zölle durften in keinem Falle erhöht werden und galten als Maximalabgaben. Einige Rohstoffzölle wurden obendrein niedriger angesetzt, als sie das Gesetz vom 26. Juli 1872 verlangte, sodafs damit die erwartete Einnahme für den Staatssäckel

[1] H A. 1872 II 549.

empfindlich geschmälert wurde. Der wichtigste Punkt des Vertrages war indessen das vollständige Zurückweichen der französischen Unterhändler vor den britischen Ansprüchen hinsichtlich der Schiffahrt. Während die übrigen Bestimmungen bei einjähriger Kündigungsfrist bis zum 31. Dezember 1876 liefen, sollte mit Ausnahme der Küstenfahrt die britische Handelsflotte und ihre Ladungen für Frankreich und Algier bis zum 15. Juli 1879, dem Verfallstermin des Vertrages mit Portugal [1], in jeder Beziehung der französischen Flotte gleichgestellt sein. Damit war der Flaggenzuschlag für die indirekte Schiffahrt, den man vergeblich durch Verhandlungen mit Österreich zu erreichen gesucht hatte, und der nach den Erwartungen der französischen Reeder wenigstens bei dem Erlöschen des österreichischen Vertrags im Jahre 1876 eintreten sollte, endgültig unmöglich gemacht, und so der Flotte der sehnlichst gehoffte Schutz geraubt.

Aber auch der Schiffsbau mufste den Schmerz erleben, dafs die beschlossenen Zölle von 30—60 fr. auf die Mefstonne für importierte Schiffe dem alten Bilanzzoll von nur 2 fr. weichen sollten. Es machte dabei sehr wenig aus, dafs diese Zölle durch Ausgleichungsabgaben auf den metallischen Überzug der Schiffsrümpfe von Eisen, Zink oder Kupfer bis zu 9 fr. pro Tonne gesteigert wurden. Das zu Anfang des Jahres beschlossene Marinegesetz war thatsächlich illusorisch geworden. Denn wenn überhaupt ein Import von Schiffen für die französische Industrie gefährlich war, so war dies sicherlich der von England.

Ein Vorzug des Vertrages, aber nur formalrechtlicher Natur, war die klare und deutliche Bestimmung im Artikel 5, dafs die Zölle nur bei einer gleichen Belastung der einheimischen Produkte durch Ausgleichungszölle erhöht werden durften, dagegen niemals „mit Bezug auf eine Zollabgabe von Rohmaterialien oder anderen von aufserhalb eingeführten Produkten oder Waren“. Damit sollte jedem künftigen Streit um den Wortlaut der Verträge und die Möglichkeit von Zollerhöhungen der Boden entzogen werden. Aber schliefslich war der leidende Teil dabei doch wieder Frankreich, weil nur hier etwa eintretende Zollerhöhungen auf der Tagesordnung standen.

Den weiteren Inhalt des Vertrages bilden Bestimmungen über das Fremdenrecht, über Wertdeklarationen, Ursprungszeugnisse, Sicherheitskautelen und dergleichen, ferner über Stempelgebühren für Goldschmiedearbeit, Feuerwaffen und Anker, auch über die Befugnisse und Rechte der Konsuln und alles, was damit zusammenhängt.

---

[1] Portugal stand aufserhalb des Systems der Meistbegünstigungsverträge.

Der Vertrag sollte bereits am 1. Dezember 1872, oder, wenn er bis dahin noch nicht ratifiziert war, sofort nach der Ratifikation in Kraft treten. Das war ein kleines Zugeständnis Englands, welches sich eigentlich noch bis Mitte März 1873 des Vorteils der etwas liberaleren napoleonischen Tarife erfreuen durfte.

Aber das Zugeständnis war auch nur scheinbar. Die britische Regierung fügte freilich ihrem Tarif sofort, ohne erst auf die Verhandlungen Frankreichs mit den anderen Mächten zu warten, die neuen Zollerhöhungen hinzu. Indessen konnte sie sicher sein, dafs die meisten Bestimmungen an der Formel der Meistbegünstigung scheitern und dafs die übrigen Vertragsnationen schwerlich ihre Rechte aufgeben würden. Aufserdem besagte der § 2 des Artikels 7 des französischen Gesetzes vom 26. Juli 1872, welcher durch den Antrag Pouyer-Quertier, wie ich oben erwähnt habe, beschlossen worden war, ganz unzweideutig, dafs kein Zoll auf irgendwelche Rohstoffe erhoben werden durfte, bevor nicht sämtliche Vertragsnationen ihre Einwilligung dazu gegeben hätten.

Thiers hätte sicherlich diesen Vertrag nicht unterschrieben, wenn er nicht überzeugt gewesen wäre, dafs das Vorgehen des mächtigen Albion günstig auf die Verhandlungen mit den anderen Staaten wirken würde, und dafs er dadurch, wenn auch nicht die ganze Fülle seiner handelspolitischen Pläne verwirklichen, so doch etwas zum Vorteil der Finanzen und der Volkswirtschaft erreichen könne. —

Ein Vierteljahr später, am 5. Februar 1873, schlofs er auf der Basis des englischen Vertrages einen Handels- und einen Schiffahrtsvertrag mit dem Brüsseler Kabinett. Tags zuvor hatte sein Minister des Äufseren, de Rémusat, den Vertrag mit England der Kammer zur Genehmigung unterbreitet. Einige Wochen darauf, am 19. Februar, folgte das Handelsabkommen mit Belgien, am 26. März der Schiffahrtsvertrag mit demselben Lande.

Die Verträge wurden sämtlich derselben Kommission überwiesen, die sich durchaus nicht mit ihrer Arbeit beeilte. Denn in der Nationalversammlung und im ganzen Lande fanden sie eine überaus ungünstige Aufnahme.

Die Arbeit der englisch-französischen Kommissare, welche nach der Vertragschliefsung noch besonders die Frage der Ausgleichungsabgaben für die Rohstoffzölle regeln sollten, vervollständigte den allgemeinen Unwillen. Jede Art von Schutz, den die kompensatorischen Abgaben bieten sollten, war von diesen vollständig abgeschnitten worden. In einigen Artikeln betrug sogar der Ausgleichungszoll eine geringere Summe, als der Zoll auf die Rohstoffe, weil die Engländer erklärten, dann in den betreffenden Fabrikaten in Frankreich nicht mehr konkurrieren zu können. So beliefen sich die

Reduktionen im Tarif für verschiedene Garne und Gewebe auf 30 - 40 %, auf Produkte aus Fettkörpern auf 40—55 %, auf Kautschukwaren auf 25—75 %. Sehr geschickt rechnete der englische Kommissar mehrere Wertzölle in specifische und umgekehrt specifische in Wertzölle um, natürlich stets im Sinne einer Ermäfsigung (Amé). Aber nicht allein das Rohstoffzollgesetz wurde dadurch stark modifiziert, sondern sogar das Gesetz vom 8. Juli 1871. Die mineralischen Öle britischen Ursprungs[1] sollten danach nicht dem in diesem Gesetz beschlossenen Petroleumzoll, sondern nur der alten Abgabe von 5 % unterliegen (exklusive der inneren Steuer) und nur bei gleicher Erhöhung der Fabrikationsabgaben auf französische Öle einem höheren Zoll unterworfen werden. Diese Bestimmung sollte rückwirkende Kraft erlangen und sämtliche bis dahin zu viel erhobenen Abgaben zurückgezahlt werden.

4. Thiers' Sturz.

Nur mit grofser Besorgnis konnte Thiers dem Geschick seiner Gesetzesvorlagen entgegensehen. Ein gewaltiger Sturm in der Kammer stand in Aussicht. Aber auch von anderen Seiten zogen sich die Wolken mehr und mehr zusammen. Die Politik, welche Thiers verfolgte, bewegte sich in unmittelbarem Gegensatz zu den Anschauungen der klerikal-monarchistischen Kammermehrheit. Seine Überzeugung von der Notwendigkeit, die republikanische Staatsform in Frankreich endgültig als die einzig mögliche festsetzen zu lassen, scheiterte an dem Willen des Parlaments. Die monarchistisch gesinnte Majorität, welche die Stunde zur Wiederaufrichtung des Königtums gekommen sah und sich stark genug zu diesem Schritte fühlte, führte bereits am 24. Mai 1873 seinen Sturz herbei.

VI. Kapitel.

Die Aufhebung der Thiersschen Gesetze und neue Handelsverträge.

1. Die Aufhebung des Rohstoffzollgesetzes.

Auch das fiskalische Gebäude, das der arbeitsame Mann mit Daransetzung seiner ganzen Energie, seiner Beredsamkeit und Überzeugungstreue errichtet hatte, stürzte bald darauf wie ein Kartenhaus zusammen. Es war Thiers nicht vergönnt, die kaiserliche Vertragspolitik, gegen die er ein Jahrzehnt lang

---

[1] Artikel V des Protokolls der Konferenz der Kommissare Granville, Gavard, Ozenne. S. H.A. 1872 II S. 554.

und gegen deren Geist er sein Leben lang gekämpft hatte, zu Falle zu bringen. Die Meistbegünstigungsklausel band Frankreich in jeder Beziehung an den Willen des Auslands, und die Verhandlungen mit den einzelnen Staaten zwangen die Regierung, nach und nach in fast allen Punkten auf Gesetzesbestimmungen zu verzichten, die sie vor der Nationalversammlung als grundlegend für das Wohl des Landes bezeichnet hatte.

Der Vertrag mit Österreich-Ungarn machte das Marinegesetz unmöglich. Die neuen Verträge mit England und Belgien legten Frankreich in dieser Hinsicht gleichfalls und auf noch längere Zeit fest und beseitigten zudem wesentliche Teile des Rohstoffzollprojektes. Nun standen noch die Verhandlungen mit den übrigen Staaten bevor; neue Enttäuschungen waren in jedem Fall zu erwarten, da sich schwerlich annehmen liefs, dafs die Regierung eines fremden Landes aus reiner Liebe zu Frankreich sich zu dem Verzicht auf wohlerworbene handelspolitische Rechte verstehen würde. Diplomatische Unterhandlungen mit Italien, welche noch vor Ablauf des Vertrages am 19. Januar 1876 Änderungen herbeiführen sollten, liefsen dies schon voraussehen, wenn sich auch das Kabinett Viktor Emanuels entgegenkommend zeigte und in Rom ein Präliminararrangement mit Frankreich vereinbarte.

Die Regierung des neuen Präsidenten Mac Mahon konnte sich infolgedessen nicht der Ansicht verschliefsen, dafs ein Beharren auf dem von Thiers eingeschlagenen Wege ein unnützes und aussichtsloses Unternehmen war. Eine der ersten Mafsnahmen Mac Mahons war die Neugestaltung des Oberhandelsrates (conseil supérieur) mit seinen drei Abteilungen für Landwirtschaft, Handel und Industrie durch Dekrete vom 6. und 15. Juni 1873. Diese Körperschaft, welche aus Deputierten, Vertretern der Handelskammern und der verschiedenen Zweige der Volkswirtschaft und Beamten besteht, wurde sofort mit der Untersuchung der Angelegenheit betraut, und folgende Fragen wurden ihr zur Prüfung unterbreitet:

1. Ob man das Gesetz vom 26. Juli 1872 unterdrücken und demzufolge die mit England und Belgien geschlossenen Verträge nicht ratifizieren solle;

2) Wie, im Falle der Bejahung der Frage, die Handelsbeziehungen mit diesen beiden Staaten geregelt werden müfsten; und

3. Welche Stellung man gegenüber dem Marinegesetz vom 30. Januar 1872 einzunehmen hätte[1].

Gewifs safsen im Oberhandelsrat, besonders in der Abteilung für Landwirtschaft, viele Anhänger der Rohstoffzölle. Aber unter den waltenden Umständen drang die Einsicht von

---

[1] Amé, op. cit. II 322.

der Zwecklosigkeit des ganzen Gesetzes durch und führte zu einer einstimmigen Befürwortung der Aufhebung des Gesetzes und zu dem Verlangen, den Verträgen die Genehmigung zu versagen. Man forderte die Regierung auf, neue Verhandlungen mit London und Brüssel zu eröffnen, die bis zum 31. Dezember 1876 die alten Verträge von 1860/61 wieder in Kraft treten lassen sollten.

Der die Marine betreffende Teil der Fragen stiefs aber auf eine starke Opposition im Oberhandelsrat, weil die Leiden des Schiffsbaues und der Reederei zu offen am Tage lagen und viele Mitglieder in der Aufrechterhaltung der Flaggenzuschläge die einzige Rettung erblickten. Schliefslich gelangte am 21. Juni 1873 mit 26 gegen 20 Stimmen eine Resolution Chesnelong (klerikal, Legitimist)-Johnston (rechtes Centrum) zur Annahme: „Der Oberhandelsrat bittet, in der Erwägung, dafs der Artikel 1 des Gesetzes vom 30. Januar 1872 unanwendbar ist, um dessen Aufhebung; aber in der gleichzeitigen Erwägung, dafs das Gedeihen der Handelsmarine mit den Interessen unserer nationalen Marine auf ganz intime Weise verknüpft ist, spricht er den Wunsch aus, dafs die Regierung durch eine besondere und sachverständige Kommission die wirksamsten Mittel, dieser Industrie zu Hilfe zu kommen, untersuchen läfst“[1]. —

Der Handelsminister de la Bouillerie trat bald darauf, am 11. Juli, mit einem Projekt vor die Kammer, wonach das Rohstoffzollgesetz aufgehoben werden sollte. „Das Gesetz vom 26. Juli“, so meinte er, „ist ein toter Buchstabe, und es bestehen zu lassen, wo es ein wirkliches Resultat hervorzubringen nicht imstande ist, würde den ernsten Nachteil haben, ohne irgendwelchen Nutzen eine beständige Beunruhigung über Handel und Industrie schweben zu lassen“.

Am 21. Juli 1873 erfolgte der Bericht Leurents (Rechte) im Namen der Budgetkommission darüber, und am 25. Juli wurde das Gesetz ohne jede Debatte angenommen. —

2. Die Verträge mit England und Belgien.

Die Zwischenzeit hatte die Regierung zu neuen Verhandlungen mit England und Belgien benutzt und rasch eine Verständigung mit beiden Staaten erzielt. Am 23. Juli 1873 unterzeichneten in Versailles der Minister des Äufseren, Herzog von Broglie (rechtes Centrum), und die Vertreter Belgiens, Baron Beyens, und Englands, Lord Lyons, die neuen Verträge, nach denen für Belgien bis zum 10. August 1877 und für England bis zum 30. Juni 1877 die alten napoleonischen Tarife

---

[1] Citiert von Babin-Chevaye, annales de l'Assemblée nationale 25. Juli 1873.

wieder in Kraft gesetzt wurden. In beiden Fällen traf man die Übereinkunft, durch Zusatzkonventionen etwa nötig gewordene Änderungen im Zollreglement, Expertiseverfahren und verwandten Dingen einführen zu können. Grofsbritannien liefs sich hinsichtlich der Schiffahrt in einem besonderen Paragraphen obendrein nicht nur die Meistbegünstigung mit den andern Staaten (natürlich unter dem Gesichtspunkt der Reciprocität) geben, sondern sogar das Recht, dafs seine eigenen Schiffe in Frankreich und Algier, abgesehen von der Küstenfahrt, den französischen vollständig gleichgestellt sein sollten. Ferner beharrte es auf dem alten Zoll für mineralische Öle, mit der Mafsgabe, dafs sofort nach der Ratifikation in Paris eine Kommission (jedes Land stellte ein Mitglied, zu denen in streitigen Fällen ein drittes als Schiedsrichter trat) diese Frage und auch andere noch unvereinbarte Punkte regeln sollte.

Am 24. Juli 1873 unterbreitete der Herzog Broglie, der Nachfolger de Rémusats im Ministerium des Auswärtigen, der Nationalversammlung die Verträge, welche einer Kommission unter dem Vorsitz von Pouyer-Quertier übergeben wurden. Die Kommission liefs sich hauptsächlich durch das Vorgehen des Staatsrats und des Oberhandelsrats bestimmen, welche beide die Schritte der Regierung gut geheifsen hatten. Die Einsicht, vor der man sich zuvor so hartnäckig gesträubt hatte, dafs es eine andere Wahl nicht gab, brach sich jetzt allenthalben Bahn. Nur die Rechte, welche man den fremden Handelsflotten einräumen sollte, stiefsen auf Widerspruch. Aber die Mehrheit verhehlte sich nicht, dafs im Falle der Ablehnung dieser Bestimmungen vielleicht der Vertrag mit England gar nicht zustande kommen würde. Aufserdem mufste die in den alten Verträgen gelassene Möglichkeit, die Seeeinfuhr aus Belgien oder England zu treffen, doch nur zum Schaden der französischen Häfen ausschlagen, weil der Import dann einfach den Weg zu Lande, über Deutschland und die Schweiz, genommen haben würde.

Das Aufgeben des Zollschutzes der Ölindustrieen bedauerte man sehr, versprach sich aber statt dessen viel von einer Acciseabgabe, zu deren Einführung die Regierung aufgefordert wurde; die Accise sollte je nach der Leuchtkraft des Öles abgestuft werden.

Dieser Vorschlag bildete den Hauptgegenstand der Diskussion in der Kammer am 29. Juli 1873. Der Deputierte Paul Morin (republik. Linke) unterschied drei Arten von Mineralölen, das amerikanische Petroleum, das schottische Öl aus Boghead und schliefslich das französische Schieferöl von Autun. Von diesen drei Sorten hatte das französische die geringste Leuchtkraft, während das Petroleum die gröfste Helligkeit erzielte. Bei dieser Sachlage konnte man in der That einen Zoll vollständig umgehen und eine durch die Verträge erlaubte Acciseabgabe nach dem Grade der Leuchtkraft einführen. Thatsächlich waren auf diese Weise die fremden, heller brennenden Öle schärfer zu treffen, als die einheimischen. Aber Morin bezweifelte, ob die Regierung auch dieser Anregung folgen würde. Obendrein bestritt er überhaupt die Rechtmäfsigkeit der englischen Ansprüche, die freilich bereits von Thiers anerkannt waren. Danach sollte das englische Öl von Boghead als Kohlenessenz, wie das Anilin, behandelt werden, also aufser der inneren Abgabe nur mit einem Zoll von 5% oder von 3 fr. pro 100 kg belegt werden. Dieses Öl ist in der That aber keine Kohlenessenz, wie neuere Chemiker nachgewiesen haben, sodafs Frankreich es ruhig seinen Gesetzen über die Mineralölzölle unterwerfen konnte.

Ähnlich wie Morin äufserten sich Leurent (Rechte) und Clapier (linkes Centrum), aber der Herzog von Broglie wies ihre Forderungen hauptsächlich damit zurück, dafs die Frage der Acciseabgabe mit dem Vertrag nicht in Verbindung stände. Sonst schien die Regierung dieser mit einigem Raffinement ersonnenen Zollumgehung nicht gerade abgeneigt zu sein.

Das Gesetz wurde noch an demselben Tage angenommen, nachdem nur noch der Deputierte Leurent Bedenken wegen des neu einzuführenden Zollexpertiseverfahrens geäufsert hatte. Denn nach diesem sollten die französischen Zollämter ihre genauen Ermittlungen einstellen, wodurch dem Schmuggel der englischen Importeure Thür und Thor geöffnet wurde.

Der Vertrag mit Belgien wurde ohne weitere Erörterungen genehmigt.

Die noch unentschiedene Frage über das Verfahren bei der Verzollung ad valorem wurde erst im Januar 1874 erledigt. Die englisch-französischen Kommissare Kennedy und Ozenne einigten sich schliefslich am 22. Januar dahin, dafs die Wertdeklarationen der Importeure einer weniger scharfen Kontrolle unterliegen sollten, und zwar „in Erwägung, dafs diese Dispositionen den berechtigten Anforderungen des Handels entsprechen“. Natürlich behielt das Zollamt das Vorkaufsrecht für die importierten Waren, wenn es die Überzeugung hatte, dafs die betreffenden Güter einen gröfseren Wert darstellten, als ihn die Deklaration angab. Wenn das Zollamt darauf verzichtete, so wurde ein Expertiseverfahren eingeleitet, zu dem die Experten einer Liste von Kaufleuten und Fabrikanten entnommen wurden, welche jährlich durch die Handelskammer des betreffenden Bezirks aufgestellt wurde[1]. — Frankreich hatte auch hierin fast gänzlich den englischen Forderungen nachgegeben.

---

[1] Siehe Protokoll betreff. das Expertiseverfahren, H.A. 1874 II 251. Die mit England vereinbarten Bestimmungen wurden nach und nach durch Übereinkommen auch auf die anderen Staaten ausgedehnt.

Ähnlich verhielt es sich bei den folgenden Verhandlungen mit Grofsbritannien, welche am 24. Januar 1874 zu einer Zusatzkonvention führten. Der Minister des Auswärtigen, Herzog Decazes, unterbreitete diese Konvention sofort der Kammer, welche sie nach einstimmiger Annahme durch die Parlamentskommission und einem empfehlenden Bericht Vétillart (Rechte) am 29. Januar ohne Debatte annahm.

Dieses Übereinkommen wiederholt nur die schon in dem Vertrage mit Thiers festgesetzten Bestimmungen, nach denen künftighin jede Meinungsverschiedenheit hinsichtlich der Möglichkeit von Zollerhöhungen ausgeschlossen wurde. Es wurde ferner vereinbart, dafs jede Abgabe, die den Durchgangsverkehr über Frankreich nach England und umgekehrt belasten könnte, für die Zukunft unterbleiben sollte. Die übrigen Verordnungen der Konvention beziehen sich auf Stempel- und Garantieabgaben für Goldschmiedeartikel, Feuerwaffen, Anker, Ankerketten und andere ebenso zu kontrollierende Artikel, ferner auf den Schutz von Handelsmarken und dergleichen. Muster und Proben von Handelsreisenden sollten 12 Monate lang unter Hinterlegung von Garantieen steuerfrei bleiben[1].

3. Die Aufhebung des Marinegesetzes.

Die Bestimmungen über die Handelsflotte waren in der Debatte über die Verträge gar nicht erwähnt worden. Das könnte sonderbar erscheinen, weil sie gerade in der Kommission den Hauptgegenstand der Kritik gebildet hatten.

Aber die Besprechung derselben war unnötig geworden, da die wesentlichsten Bestandteile des Flottengesetzes vom 30. Januar 1872, gegen welche sich England gesträubt hatte, nicht mehr bestanden. Schon am 25. Juli 1873, dem Tage der Aufhebung des Rohstoffzollgesetzes, hatte Rouvier (Republik. Union) beantragt, die Flaggen- und Entrepotzuschläge fallen zu lassen, weil sie unanwendbar wären, und weil nur Rufsland und Österreich zum Schaden Griechenlands und Englands, deren Schiffe sich künftighin nach Genua und Antwerpen, statt nach Marseille und Bordeaux wenden würden, davon Vorteil hätten.

Die Regierung hatte noch gezögert, diesen auch schon von ihr in Aussicht genommenen Schritt zu thun. Einige Deputierte rieten sogar energisch davon ab. Babin-Chevaye (konservat. Republik.) erinnerte daran, dafs sich im Oberhandelsrat eine starke Minorität für die Beibehaltung der Flaggenzuschläge ausgesprochen und zugleich betont hatte, erforderlichen Falles in anderer Weise die Marine zu schützen.

---

[1] H.A. 1874 I 121.

Doch die Regierung versprach eine wohlwollende Berücksichtigung aller Wünsche.

Rouvier fügte auf eine Anregung Wolowskis hin seinem Antrag noch einen Paragraphen hinzu, in dem die Regierung aufgefordert wurde, einen Untersuchungsausschufs zum Studium der Notlage der Handelsmarine einzusetzen. Die Dringlichkeit dieses Antrags Rouvier-Wolowski wurde ohne weiteres beschlossen und der Antrag der Budgetkommission überwiesen, deren Berichterstatter, der freihändlerische Herzog Decazes (rechtes Centrum), schon am nächsten Tage die Annahme des Gesetzes empfahl.

Decazes führte an, dafs das Flottengesetz vor der Hand überhaupt nur auf die Vereinigten Staaten von Nordamerika, Griechenland, Dänemark und England anwendbar sei. Die verschiedenartige Behandlung der einzelnen Handelsmarinen würde aber böses Blut hervorrufen. England hätte auch bereits mit Repressalien gedroht und bestände auf der Aufhebung der Zuschläge. „Dieses Gesetz ist," hatte Lord Granville am 24. Februar 1872 depeschiert, „nicht nur ganz und gar protektionistisch, sondern in seiner Wirkung darauf berechnet, um eigens gegen die Marine Grofsbritanniens vorzugehen."

In der Diskussion am 28. Juli wurden keine neuen Gesichtspunkte vorgebracht. Einige Freunde der Flaggenabgaben, wie Babin-Chevaye, mochten sich freilich nur mit Bedauern von ihren Lieblingsvorschlägen trennen. Aber man beugte sich fast allgemein vor der Notwendigkeit der Aufhebung und nahm den Antrag Rouvier an.

4. Ersatz für den Fiskus und kleinere Vorlagen.

So war denn auch die letzte wichtige Anordnung der Thiersschen Gesetze aufgehoben worden. Die zwei Jahre unendlicher Mühen und Verhandlungen hatten nur das geringe Resultat, dafs Quaiabgaben eingeführt wurden, die aber zugleich die französische Flotte trafen und nur geringe finanzielle Ergebnisse hatten.

Auf die Anregung, eine staffelförmige Accisenabgabe auf Mineralöle einzuführen, ging übrigens die Regierung sehr bald ein. Noch in demselben Jahre, am 29. Dezember 1873, wurde ein diesbezügliches Gesetz[1] beschlossen, auf Grund dessen am 30. Dezember ohne Debatte auch der Zolltarif[2] erhöht wurde. Dasselbe Gesetz[2] vom 30. Dezember schuf einen Ersatz für die namhaften fiskalischen Einnahmeausfälle, welche das Aufgeben der Thiersschen Gesetze verursacht hatte. Man erhöhte

[1] H.A. 1874 I 381.
[2] H.A. 1874 I 61.

fast sämtliche bestehende Abgaben und Auflagen um 5 %, die Zuckersteuer und alle Zölle um 4 %. Ferner besteuerte man Seife, Stearinsäure und ähnliche Produkte, auch im Zustand von Lichten und Kerzen.

Damit erreichte die Regierung finanziell ihren Zweck vollkommen. Indem sie aber zugleich für sämtliche Fabriken, welche steuerpflichtige Produkte verarbeiteten, eine genaue Staatskontrolle mit harten Strafen und ins einzelne gehenden Bestimmungen über die Art der Verpackung und dergleichen einführte, schuf sie der französischen Industrie und dem Handel eine Fülle von Belästigungen, die ihrer Entfaltung nicht gerade dienlich waren.

Weitere Gesetze über die Salzbesteuerung vom 21. März 1874, über die Abgaben von Weinessig und Essigsäure vom 17. Juli 1875 und über die Zuckersteuer vom 30. Dezember 1875 vervollständigten die finanziellen Mafsnahmen der Regierung. —

Die Jahre 1874 und 1875 brachten noch einige Zollvorlagen von geringerer Bedeutung. So wurde durch Gesetz vom 1. August 1874 die Einfuhr scharfer Patronen zum besonderen Gebrauch der Schützenvereine gegen eine Zollabgabe von 10 % gestattet. —

Am 15. Februar 1875 wurde für die Zahlung der Einfuhrzölle, wenn die zu bezahlende Summe mehr als 300 fr. betrug, ein Kredit von 4 Monaten festgesetzt. —

Am 19. März desselben Jahres wurde die zollfreie Einfuhr von Gallussäure aus Korsika beschlossen. Der Bericht des Deputierten Peltereau-Villeneuve betonte die Wichtigkeit dieser Industrie für die korsische Volkswirtschaft, zumal die Ausfuhr wesentlich auf Frankreich angewiesen ist. —

Am 24. Juli genehmigte die Kammer die Zollfreiheit von Oliventrestern infolge einer Anregung des Deputierten Alfred Naquet (radikal). Ferner wurde der Zoll von Wollteppichen aus Tunis und Marokko von 80—100 % auf 15 % ermäfsigt, letzteres mit Rücksicht auf die Teppicheinfuhr aus der Türkei und der Levante, die schon vordem nur 10 und 15 % bezahlten.

Wichtiger waren neue Bestimmungen über den Veredelungsverkehr, die admission temporaire, auf die ich im Zusammenhang zurückkommen werde.

5. Der Handelsvertrag mit Rufsland.

Im allgemeinen richtete sich von jetzt ab das Interesse der französischen Volkswirte auf die kommende Zeit, die mit dem Ablauf der Handelsverträge die ersehnte Umgestaltung der Handelspolitik bringen sollte. Nur resigniert sprach man im Parlament von den Thiersschen Versuchen und erwähnte mit einigem Grauen die wochenlangen Debatten über die Richtigstellung des Budgets von 1871. Und doch waren auch diese für die Forderungen der Schutzzöllner vergeblichen Versuche nicht ganz ohne Wirkung auf die Handelspolitik. Nur allzu offen hatten die Gegner der liberalen Tarife ihre Wünsche ausgesprochen und dadurch die Regierungen der fremden Staaten gelehrt, auf der Hut zu sein und womöglich vertragsmäfsig Frankreich die Hände zu binden. Namentlich beunruhigte das Ausland der drohende Umschwung in der französischen Schiffahrtspolitik. England und Belgien hatten bereits ihre Forderungen in dieser Beziehung durchgesetzt.

Nun kündigte auch Rufsland seinen Vertrag mit Frankreich von 1857, weil es in diesem nur die Meistbegünstigung hinsichtlich der Behandlung seiner Unterthanen besessen hatte, aber in schiffahrtspolitischen Fragen wie ein Nichtvertragsstaat behandelt wurde. So fand insbesondere die Vorschrift, dafs fremde Schiffe bei indirektem Zwischenlauf der Entrepotzulage unterworfen waren, auch auf Rufsland Anwendung. Der neue Vertrag vom 1. April 1874 liefs diesen Nachteil verschwinden.

Die Grundlagen des Vertrages waren, wie es in der Begründung desselben durch den Minister des Äufseren Decazes heifst: „Für die Niederlassung (von Franzosen in Rufsland und umgekehrt) die Gleichstellung mit den Einheimischen und die Unterwerfung unter die die Fremden betreffenden Landesgesetze; für den Handel die Behandlung der meistbegünstigten Nation ohne Einschränkung; für die Schiffahrt die nationale Behandlung," d. h. die vollständige Gleichsetzung der russischen mit der französischen Flagge.

Ausgenommen war, wie in allen Verträgen, nur die Küstenfahrt, welche den einheimischen Schiffen vorbehalten blieb. Doch befolgte man die mildere Praxis, dafs man das Anlaufen mehrerer Häfen hintereinander, um dort die Ladung teilweise zu löschen und wieder zu vervollständigen, nicht als Küstenfahrt auffafste (Artikel 10). In diesem Falle brauchten auch Abfertigungsgebühren, Quaiabgaben und dergleichen nur einmal bezahlt zu werden. Wichtig war noch die Bestimmung, dafs vollständige Ein- oder Ausfuhrverbote in keinem Falle eingeführt werden durften, es sei denn gegen Kriegskonterbande oder aus Gesundheitsrücksichten.

Die Dauer des Vertrages ging bis zum 10. August 1877, bei einer Kündigungsfrist von 12 Monaten.

Es ist übrigens interessant, zu bemerken, wie trotz aller Versicherung der gegenseitigen Meistbegünstigung „ohne Einschränkung" doch in einem Separatartikel [1] die Meistbegünstigung in gewissen Punkten aufgehoben wurde. So kam

[1] H.A. 1874 II 28 ff.

man überein, dafs die Handelsbeziehungen Rufslands zu Schweden-Norwegen und den Grenzstaaten Asiens, die „durch besondere Grenzhandelsstipulationen unabhängig von den auf den fremden Handel im allgemeinen anwendbaren Reglements geordnet“ waren, „in keinem Fall angerufen werden“ konnten, „um die Handels- und Schiffahrtsbeziehungen, die zwischen Frankreich und Rufsland“ hergestellt wurden, zu modifizieren (Art. 1). Ebenso bestand die russische Regierung darauf, dafs verschiedene Privilegien ihrer Unterthanen bestehen blieben und von der Meistbegünstigung ausgeschlossen wurden. Dazu gehört 1) die Freiheit, welche die in Rufsland gebauten und russischen Unterthanen gehörigen Schiffe geniefsen, d. h. die Befreiung von den Schiffahrtsabgaben während der drei ersten Jahre; 2) die den Bewohnern der Küste des Gouvernements Archangel verliehene Befugnis, in ihren Häfen abgabenfrei oder gegen ermäfsigte Abgaben getrocknete und gesalzene Fische, sowie gewisse Arten Rauchwerk einzuführen und in derselben Weise Getreide, Taue, Tauwerk, Teer und grobes Segeltuch auszuführen; 3) die den Vergnügungsgesellschaften, Yachtklubs und dergleichen gewährten Immunitäten. Schliefslich wurden durch den Vertrag auch nicht die Gesetze des Grofsherzogtums Finland berührt, „welche Fremden den Handelsbetrieb nur in den See- oder Stapelstädten dieses Landes und nur en gros gestatten“.

Frankreich fühlte sich dagegen nicht gebunden 1) hinsichtlich der Abgabenfreiheiten und Prämien zu Gunsten des nationalen Fischfangs, 2) hinsichtlich der Immunitäten der englischen Vergnügungsyachten und 3) der den spanischen Fischern noch durch ein Gesetz vom 12. Dezember 1790 zustehenden Freiheiten.

Der Vertrag, welchem eine Konsularkonvention folgte, wurde einstimmig von der Parlamentskommission empfohlen und am 17. Juni 1874 von der Kammer debattelos angenommen.

Freilich heifst es in dem von Bonnet (rechtes Centrum) verfafsten Kommissionsbericht: „Man gestattet uns wohl, zu bedauern, dafs diese Unterhandlungen nicht die Erniedrigung gewisser Schranken, die Öffnung neuer Märkte, die unmittelbare und schnelle Entwicklung des Handelsverkehrs herbeigeführt haben; aber die Betrachtung dessen, was möglicherweise hätte erreicht werden können (du mieux possible), darf uns nicht hindern, das erreichte Gute anzuerkennen“.

Ganz gewifs war Frankreich bei diesem Vertrag durchaus der gebende Teil gewesen. Rufsland konnte künftighin seinen Export von Rohstoffen und Getreide noch ungehinderter als zuvor nach Frankreich lenken, während dieses mit seiner Fabrikatausfuhr den hohen, durch keinen Vertrag gebundenen Tarifen des Zarenreiches auch weiter unterlag. Aber das Land schickte sich resigniert in diese Abmachungen. Das

Journal des Économistes (1874, II) konnte sogar schreiben: „Es mifsfällt uns nicht, dafs bei der verminderten Machtstellung, welche die Härte des Geschickes uns zugefügt hat, die schöne Rolle der Freigebigkeit auf Seiten Frankreichs ist . . . . . . haben wir doch nicht mehr die Wahl unter den Mitteln, unsern Rang in der Welt zu kennzeichnen und dort unsern Platz zu behaupten" [1].

Indessen hatte die französische Industrie immerhin einen Vorteil von dem Vertrag und konnte die Hoffnung hegen, dafs ihre Fabrikate kraft der Meistbegünstigung in Rufsland auch weiter einen grofsen Absatz finden würden. Denn der Ausfuhrhandel war für Frankreich, wie es in sämtlichen Zolldebatten hiefs, eine Lebensfrage ersten Ranges geworden.

[1] Citiert bei v. Brandt, franz. Handelspolitik S. 147.

Zweiter Abschnitt.

Die zeitweilig freie Zulassung (admission temporaire).

I. Kapitel.

Der Mechanismus der zeitweiligen Zulassung.

Es ist bezeichnend, dafs der französische Unternehmergeist sich nirgends so stark zeigte, um allein auf sich selbst und die Güte seiner Schöpfungen bauend in den Welthandel einzutreten, sondern dafs er immer die Unterstützung des Staates in Anspruch zu nehmen suchte. Diese Erscheinung ist eine der gefährlichen Folgen des Colbertismus, des von Colbert geschaffenen Systems, durch Staatshilfe Industrie und Handwerk zur Blüte zu bringen. Gewifs hat Frankreich, wie Freiherr von Dumreicher in seinem Buche „Über den französischen Nationalwohlstand als Werk der Erziehung" (Wien, 1879) nachgewiesen hat, durch den Colbertismus die ihm eigentümliche Kulturhöhe errungen und zu behaupten gewufst. Aber seine Industrie, die dadurch in die Lage versetzt wurde, vornehmlich Luxuswaren von kaum erreichter Schönheit zu produzieren und damit den Weltmarkt zu beherrschen, wurde durch denselben Colbertismus unselbständig. Immer wieder rief man in Zeiten der Not nach der Allmacht des Staates. Das Verlangen nach Zollschutz verschwand niemals von der Tagesordnung der öffentlichen Meinung.

Andrerseits verstummten zu keiner Zeit die Klagen der für die Ausfuhr arbeitenden Fabrikanten über die durch Verzollung der Rohstoffe und Halbfabrikate herbeigeführte Verteuerung der Produktionskosten. Das alte Prämiensystem, welches ein halbes Jahrhundert lang als ein notwendiger Bestandteil der französischen Handelspolitik und als Ausgleich für den übertriebenen Schutzzoll geherrscht hatte, war freilich durch die napoleonischen Reformen zu Grabe getragen worden. Direkte Vergütungen bei der Ausfuhr von Fabrikaten nach einem festen Satz ohne Rücksicht auf die Rohstoffeinfuhr wurden seitdem aus der Staatskasse nur noch für gesalzenes Fleisch und gesalzene Butter gewährt.

Ein Dekret vom 20. Juli 1875 regelte diese Ausfuhr dahin, dafs für Pökelfleisch von Rind und Schwein, Schinken und Speck Ausfuhrprämien von 3 fr. 10 cents. bis 5 fr., und für gesalzene Butter 50 cents. bis 1 fr. 50 cents. auf 100 kg netto gegeben wurden[1].

Auch das drawback, eine Rückvergütung des wirklich entrichteten Zolls auf Grund von Zollquittungen bestand gesetzlich nicht mehr. Dagegen beherrschte nach dem Scheitern der Thiers'schen Zollpläne eine andere Art der indirekten Prämie, die admission temporaire, die Erörterung in den Interessentenkreisen.

Die zeitweilige Zulassung, d. h. die zollfreie Einfuhr von Rohstoffen auf gewisse Zeit mit der Bedingung der Wiederausfuhr nach der Verarbeitung beruhte auf einem Gesetz vom 5. Juli 1836, in dessen Artikel 5 es heifst: „Königliche Ordonnanzen können, vorbehaltlich des Widerrufs im Falle von Mifsbräuchen, die Vollmacht zu der zeitweiligen Einfuhr fremder Produkte geben, die bestimmt sind, in Frankreich verarbeitet zu werden oder eine industrielle Vervollkommnung zu erhalten; dabei mufs man sich verpflichten, sie in einem Zeitraum, der sechs Monate nicht übersteigen darf, wieder auszuführen oder in das Entrepot zurückzuliefern, und zwar unter Erfüllung der festgesetzten Formalitäten und Bedingungen".

Diese Bestimmung erlangte in den 70er Jahren nach dem Aufhören der übrigen Zollvergütungen grofse Wichtigkeit, zumal sie sogar vorübergehende Konflikte mit auswärtigen Staaten, wie Deutschland und Belgien, hervorrief.

Die zeitweilige Zulassung wirkte, so wie man sie in Frankreich handhabte, in der That wie eine Ausfuhrprämie. Um dies zu erläutern, will ich kurz einen Blick auf den Mechanismus dieser Einrichtung werfen, indem ich das bei den von Thiers geplanten drawbacks beobachtete Verfahren zum Vergleich heranziehe. Ein Beispiel, das ich Léon Poinsard[2] entnehme, möge dabei zur Veranschaulichung dienen[3]:

Ein Eisengiefser kann 100 Tonnen Gufseisen einführen und bezahlt dafür, sagen wir, 1000 fr. Zoll. Der Fabrikant arbeitet jedoch nicht für die Ausfuhr, sondern will seine Produkte lieber in Frankreich verkaufen. Deshalb tritt er seine Zollquittung, auf Grund deren er vom Zollamt 1000 fr. zurückerlangen kann, gegen Zahlung von 650 fr. an irgend einen

---

[1] H.A. 1875 II 533.

[2] Léon Poinsard, Libre échange et protection S. 537.

[3] Vergleiche auch Lexis, Die französischen Ausfuhrprämien.

anderen Metallindustriellen ab, der 100 Tonnen mit französischem Eisen hergestellter Artikel ausführt und dann vom Zollamt die 1000 fr., mit andern Worten eine Prämie von 350 fr. erhält. Der erste hat also statt 1000 fr. nur 350 fr. Zoll bezahlt, der zweite eine direkte Unterstützung von 350 fr. erhalten. Die Wirkung ist doppelt.

Man sieht, die Zollumgehung liegt in der Möglichkeit begründet, statt der eingeführten Waren andere zu exportieren, ganz abgesehen davon, dafs gewöhnlich wertvollere Stoffe in das Land hereinkamen, als hinausgingen. Ganz ähnlich ist die Wirkung bei der admission temporaire, wenn auch das Verfahren etwas abweicht. Hier erhält der Importeur nicht eine Zollquittung, sondern auf sein Nachsuchen die Einfuhrerlaubnis von der Regierung, wonach der zu hinterlegende Zoll eine Zeit lang aufgehoben ist. Die Waren treten in das Land mit einem Begleitschein (acquit-à-caution) ein, dessen Decharge durch solidarische Bürgen oder Hinterlegung von Kautionen sicher gestellt wird.

Bei der Wiederausfuhr nun sind mehrere Fälle zu unterscheiden. Sind die Waren nach der Veredelung in ihrer Zusammensetzung durchaus identisch mit den eingeführten Rohstoffen, so bedeutet das Verfahren nach Lexis nur „eine erweiterte Transitoperation“ und giebt zu Bedenken nicht den geringsten Anlafs. Ist dagegen nicht die Identität vorgeschrieben, sondern Substitution durch einheimische Rohstoffe erlaubt, so erlangt die zeitweilige Zulassung sofort den Charakter einer Prämie. Diese Praxis — es ist zweifelhaft, ob sie gesetzmäfsig ist oder nicht — wurde in verschiedenen Zweigen des französischen Handels befolgt. Danach verkaufte der Importeur nicht, wie bei dem Drawbackverfahren, seinen Erlaubnisschein (acquit-à-caution), sondern trat ihn einem anderen exportierenden Händler ab, dem er selbst einen gewissen Bruchteil des Zolles bezahlte. Die Vergütung bedeutete für diesen natürlich eine Ausfuhrprämie. Der Importeur brauchte also nur einen Teil des Zolles zu entrichten, der Exporteur, dem sich gewöhnlich ein Zwischenhändler zugesellte, erhielt eine unmittelbare Unterstützung.

Anders lag die Sache, wenn nicht jedem, der um die Einfuhrerlaubnis einkam, sondern nur den für den Export arbeitenden Fabrikanten die zeitweilige Einfuhr gestattet wurde. In diesem Fall scheint ein Gewinn nur dadurch erzielt werden zu können, dafs der Fabrikant statt des guten ausländischen Materials billigere französische Stoffe verwendete. Aber das Gesetz liefs auch hier wieder eine Lücke, die sofort ausgenutzt wurde. Es war den Fabrikanten gesetzlich gestattet, die Einfuhr durch einen Stellvertreter bewerkstelligen zu lassen. Das Verhältnis der beiden Geschäftsleute ist jetzt umgekehrt. Derjenige, welcher die Initiative zu dem Handel ergreift, ist nicht der Importeur, der nicht den vollen Zoll entrichten will, sondern der Exporteur, welcher eine Prämie zu erlangen gedenkt. Der Exporteur läfst sich also von der Regierung einen Einfuhrerlaubnisschein geben, auf dem der Name des Stellvertreters auch vermerkt steht, oft aber erst eingetragen wird, wenn der mit der Vermittlung beauftragte Kommissionär einen Käufer der Vollmacht gefunden hat. „Die zollfreie Einfuhr erfolgt also der Form nach im Namen des berechtigten Fabrikanten, dem übrigens auch noch die Decharge des acquit-à-caution obliegt" [1]. Natürlich werden beide alle örtlichen und zeitlichen Konjunkturen zu benutzen suchen. Die Ein- und Ausfuhr erfolgt an den für sie günstigen Punkten, um die doppelten Transportkosten für Hin- und Zurücksendung des Rohmaterials zu ersparen. Schlimmsten Falls, wenn der Besitzer der Vollmacht in der gegebenen Zeit keinen Ersatzmann gefunden hat, verarbeitet er selbst die eingeführten Rohstoffe und bringt dann die Waren ins Entrepot zurück, um sie unter für ihn günstigen Umständen im Ausland abzusetzen oder auch nach Zahlung des Zolls im Inland zu verwenden.

Benachteiligt durch das ganze Verfahren sind einerseits der Fiskus, andererseits die Produzenten der Rohstoffe im Inland, da sie eines gewissen Teils des ihnen gewährten Zollschutzes offenbar verlustig gehen.

II. Kapitel.

Die Regierungsmafsnahmen.

Bevor ich jedoch die einzelnen den Veredelungsverkehr betreffenden Dekrete bespreche, will ich auf die parlamentarischen Erörterungen eingehen, welche die gesetzliche Grundlage dieser Verordnungen zum Gegenstand haben. Diese fanden allerdings erst später, anfangs der neunziger Jahre, ihre Erledigung.

Die Industrie fühlte sich beunruhigt, dafs die Regierung durch einfache Erlasse die zeitweilige Zulassung gestatten und verbieten konnte. Sie hatte mit dieser ihr durch das Gesetz vom 5. Juli 1836 zustehenden Vollmacht, wie schon hervorgehoben, die Möglichkeit, Zollgesetze in ihrer Wirkung teilweise aufheben zu können. Infolgedessen stellten am 17. Juni 1872 Johnston, Joubert (rechtes Centrum), Feray, Fraissinet und André (linkes Centrum) in der Nationalversammlung den Antrag, dafs künftighin diese Bestimmungen nur auf gesetzgeberischem Wege, d. h. unter Mitwirkung des Parlaments, in Kraft treten sollten. Die Dringlichkeit für diesen Antrag

[1] Lexis, op. cit. S. 370.

wurde abgelehnt. Aber schliefslich führte er doch dazu, dafs, nachdem de la Rochejaquelin (Monarchist) am 12. Juli seinen Kommissionsbericht abgestattet hatte, die Sache am 24. Juli der Regierung zur Erwägung überwiesen wurde. Nur einen einzigen Einwand machte man geltend: „Die Ausübung des Rechtes durch die Nationalversammlung wird zu Verzögerungen führen, die dem Handel schädlich sein können, und die bei der Aufrechterhaltung der alten Gesetzgebung vermieden werden."

Der Minister Teisserenc de Bort hatte nichts gegen den Antrag vorzubringen und versprach wohlwollende Berücksichtigung. Das später aufgehobene Gesetz vom 26. Juli 1872 legte auch bereits einige Bestimmungen der zeitweiligen Zulassung gesetzlich fest, ohne jedoch die alte der Regierung im Jahre 1836 gegebene Vollmacht aufser Kraft zu setzen.

Deshalb tauchte der Antrag Johnston von Zeit zu Zeit wieder in der Kammer auf, ohne aber Gesetzeskraft zu erlangen. Erwähnenswert ist indessen der Kommissionsbericht Lefébure (rechtes Centrum) vom 29. Juli 1875, in welchem der Antrag eine bestimmte Formulierung erfuhr. Danach sollte die zeitweilige Zulassung zu einer Sache des Parlaments gemacht werden. Die Regierung durfte nur in einigen weniger wichtigen Fällen dieselbe durch einen blofsen Erlafs verfügen. Dazu gehörte die Einfuhr von Kisten, Fässern, Säcken und dergleichen Dingen, die für die Verpackung der Ausfuhrfabrikate nötig waren, und schliefslich solche Fälle, die einen ganz eigenartigen Charakter trugen, sodafs sie nicht allgemeine Bedeutung erlangen konnten.

Das Vorgehen des Parlaments veranlafste die Regierung zu einer grofsen Enquete über die ganze Frage der admission temporaire, in welcher namentlich die wichtigeren Zweige des Veredelungsverkehrs, die Verarbeitung landwirtschaftlicher Produkte, die zeitweilige Zulassung der Metalle und die Textilfabrikation zur Untersuchung gelangten[1].

Der Finanzminister veranstaltete eine Umfrage bei den 13 gröfsten Metallfabriken und unterbreitete die Antworten am 19. Mai 1875 dem beratenden Komitee für Künste und Gewerbe (Gewerbekammer). In der Sitzung desselben über diese Angelegenheit lagen zwei einander entgegenstehende Berichte vor. De Freycinet und Reymond legten als Bestimmung des Gesetzes von 1836 die Forderung der Identität der einzuführenden und wiederauszuführenden Stoffe aus (régime de l'identique). Alle dem widersprechenden Dekrete wären also durchaus ungesetzlich gewesen. Nur diejenigen

---

[1] Siehe Lexis, op. cit. cap. VIII und Paul Rougier, la liberté commerciale; les douanes et les traités de commerce. Lyon 1878, cap. XIX u. XX.

Erlasse, welche die durch die Substitution anderer Stoffe hervorgerufenen Mifsbräuche abgestellt hätten, dürften aufrecht erhalten werden. — Der zweite Bericht von Ozenne und Lavenay war liberal. Als Vorteil der zeitweiligen Zulassung unter Beibehaltung der herkömmlichen Praxis (régime de l'équivalent) bezeichnete er die segensreiche Einwirkung dieser Einrichtung auf die Entwicklung des Aufsenhandels. Beide Berichte wurden ohne Entscheidung dem Oberhandelsrat überwiesen.

Das Gleiche geschah mit dem Ergebnis einer Untersuchung des Ackerbau- und Handelsministers de Meaux, welcher am 11. Oktober 1875 ein Rundschreiben an alle Handelskammern gerichtet hatte. Nur 9 Handelskammern erklärten sich für unzuständig oder unterliefsen die Antwort. Von den übrigen 39 sprachen sich 13 Stimmen für die Beibehaltung des Gesetzes von 1836 aus. 8 Kammern verlangten eine Reform, wonach ein neues Gesetz die zeitweiligen Zulassungen regeln sollte, während die Regierung die Exekutive behielt. 18 Stimmen schlossen sich dem Kommissionsantrag Lefébure in der Nationalversammlung an; für jede Art der zeitweiligen Zulassung sollten besondere Gesetze erlassen werden.

Der Oberhandelsrat (conseil supérieur) begann seine Untersuchung Mitte Dezember 1876, indem er sofort die Frage von der praktischen Seite angriff und sie nach den einzelnen wichtigeren Zweigen des Aufsenhandels zu regeln suchte.

Als das Wichtigste wurde der Veredelungsverkehr der Metalle betrachtet und demzufolge zuerst behandelt. Vor 1870 hatten vornehmlich die französischen Eisenproduzenten und die ausländische Konkurrenz sich gegen den Handel mit den acquits-à-caution und das von der Regierung gut geheifsene Substitutionsverfahren ausgesprochen. Es kamen allerdings, wie Lexis hervorhebt, dabei unerhörte Schiebungen vor. So wurde z. B. feines schwedisches Eisen durch Schienen kompensiert, feine Eisenbänder für Quincailleriewaren durch Schleppdampfer u. s. w. Endlich veranlafste der Finanzminister Buffet am 9. Januar 1870 ein Dekret[1], welches bestimmte, dafs die zur Veredelung eingeführten Metalle nur in bestimmt genannte Fabriken geschafft werden durften. Gufseisen, das schon in Formen gegossen war, war nur behufs Ausführung von Arbeiten aus geformtem Gufseisen zulässig. Holzkohleneisen konnte jetzt nicht mehr bei der Ausfuhr durch Eisen, welches mit Coaks erzeugt war, ersetzt werden. Ferner sollten Einfuhrkredite nur auf Beschlufs der ständigen Kommission für Künste und Gewerbe (comité consultatif) eröffnet werden, welcher die Prüfung der Wechselbeziehungen zwischen den

[1] H.A. 1870 Nr. 4.

eingeführten Rohstoffen und den zur Ausfuhr gelangenden Fabrikaten oblag.

Indessen war dies Dekret doch noch nicht durchgreifend genug, wenn es auch die vorgekommenen Mifsbräuche beschränkte. Dazu machten die Gegner desselben zur Zeit die gröfsten Anstrengungen, es überhaupt wieder zu beseitigen. Nun erhob aber namentlich die deutsche Eisenindustrie laute Klagen über die versteckte Ausfuhrprämie, zumal da im Deutschen Reiche seit 1873 das Roheisen zollfrei war und vom 1. Januar 1877 an sämtliche Eisenzölle in Wegfall kommen sollten. Die deutsche Eisenindustrie jener Jahre hatte schon an und für sich schwer zu kämpfen, weil nach der allgemeinen wirtschaftlichen Krisis die damaligen unverkäuflichen Roheisenvorräte der englischen Überproduktion den ungeschützten deutschen Markt überfluteten. Der Reichskanzler Fürst Bismarck suchte wenigstens gegen die französischen Ausfuhrstipulationen vorzugehen, indem er die Minister Camphausen und Achenbach gegen Ende des Jahres 1876 veranlafste, eine Vorlage einzubringen, „nach welcher der Bundesrat ermächtigt werden sollte, von Eisen und Stahl (Roheisen ausgenommen), von groben Eisen- und Stahlwaren, sowie von Maschinen aus Stahl und Eisen im Wege der Verordnung Ausgleichsabgaben zu erheben, wenn und soweit die Fürsorge für die Interessen der heimischen Industrie dies erfordern sollte“ [1].

Das Gesetz gelangte freilich nicht zur Annahme, veranlafste aber, solange es noch in der Vorbereitung war, die französische Regierung zu einer energischen Untersuchung über diese Frage und beeinflufste die Erwägungen des Oberhandelsrats, die sich besonders um das die Mifsbräuche beschränkende Dekret Buffets von 1870 drehten.

In der Sitzung vom 12. Dezember 1870 fanden sich auch genügend besonnene Stimmen, die vor der Aufhebung des Dekrets warnten, da es immerhin eine vermittelnde Stellung zwischen den Anhängern des Identitätsnachweises und seinen Gegnern einnehme. Freilich ging es seinen Verteidigern eigentlich noch nicht weit genug. Léon (rechtes Centrum) befürwortete im wesentlichen überhaupt ein Aufgeben der ganzen Einrichtung der admission temporaire wegen des Acquithandels. Er hielt eine Ermäfsigung der Eisenzölle, die 25 % betrugen, für vorteilhafter. Auch der Generalzolldirektor Amé wandte sich gegen die in diesem System liegende versteckte Ausfuhrprämie; er wollte lieber, wenn es nötig wäre, eine offene Unterstützung. Reverchon (Gruppe Feray) schlofs seine in ähnlichem Sinne lautenden Ausführungen mit dem Satze:

---

[1] Vergleiche: Hans Blum, Das Deutsche Reich zur Zeit Bismarcks, Leipzig u. Wien 1893, S. 302—304; v. Brandt, op. cit. S. 147; Sering, Geschichte der preufs.-deutsch. Eisenzölle, Berlin 1882, S. 215.

„Man muſs hinsichtlich der Metalle so viel wie möglich bei der Identität bleiben, und alles, was man thut, um dieselbe zu verlassen, kann nur unheilvoll sein“ [1].

Als Gegner des Identitätsnachweises sprachen Goin und Grandval. Letzterer betonte den schädlichen Einfluſs desselben und des Dekretes Buffets auf den Schiffsbau, der dadurch auch des letzten Schutzes bar geworden sei. Goin nannte das Dekret „eine Brutalität ohne Beispiel“. Die Möglichkeit der Kompensation hingegen sporne Industrie und Handel an, und der Handel mit den Acquits wäre durchaus legal und hätte nicht die behauptete schlimme Wirkung.

Schlieſslich stimmte der Oberhandelsrat mit 18 gegen 16 Stimmen einem Vermittlungsantrag zu, der für Guſseisen die Forderung des direkten Transports in die Hüttenwerke aufhob, aber sonst das Dekret Buffets in seiner Wirksamkeit bestehen lieſs. —

Noch einmal liefen die Gegner dieser Verordnung im Oberhandelsrat dagegen Sturm. Am 31. Januar 1871 führten Dupuy de Lome (Bonapartist) und Genton (liberal) aus, daſs man damit zu weit gegangen wäre. Die zeitweilige Zulassung ohne die Identität oder erschwerende Bestimmungen hätte die Industrie stark belebt. Buffet verteidigte jetzt selbst sein Werk, doch war er dafür, daſs die Vollmacht der Regierung in dieser Beziehung aufgehoben werden müſste und die Einfuhrerlaubnis von Gesetzen abhängig gemacht würde. Der Oberhandelsrat ging über die Frage zur Tagesordnung über. Sie war noch nicht spruchreif und sollte erst in späterer Zeit im Sinne Buffets erledigt werden. —

Bei der Ein- und Wiederausfuhr von landwirtschaftlichen Produkten blieb die Frage in der Schwebe bis 1873. Es handelte sich dabei neben der Ölfabrikation eigentlich nur um die Zulassung von Weizen zum Vermahlen. Andere Zulassungen, wie die Einfuhr von rohem Talg für Stearin, von Hanf für Stricke und von Krappwurzeln zum Mahlen waren durch die Zollherabsetzungen der napoleonischen Ära gegenstandslos geworden. Die Reisentnahme aus den Entrepots zum Enthülsen und Reinigen und darauf die Zurücklieferung der gereinigten Produkte war nur eine bequeme Entrepotoperation und übte keinen Einfluſs auf den Reishandel aus, da die Identität völlig gewahrt blieb. Dagegen hatte für den Getreideimport, also namentlich für Weizen, nie ein Identitätsnachweis bestanden. Der Handel mit den acquits-à-caution hatte aber an Umfang stetig zugenommen, weil der Südosten Frankreichs nicht genug Getreide produziert und auf die Einfuhr angewiesen ist, während der Norden bedeutende Mengen Mehl nach England ausführt. Belgien wollte im Jahre 1873

[1] Rougier, op. cit. S. 478.

den Zoll für fremdes Mehl aufheben, aber zugleich seine Mehlexporteure gegen Frankreich schützen. Es erreichte auch im Artikel V des Protokolles zum Vertrage vom 5. Februar 1873, dafs die nach Frankreich unter dem Regime der zeitweiligen Zulassung eingeführten ölhaltigen Samen und ferner Weizen nur durch die Zollämter wieder ausgeführt werden durften, durch welche die Einfuhr bewerkstelligt war. Eine entsprechende Verordnung vom 18. Oktober 1873 brachte hinsichtlich der Weizenzulassung den belgischen Wünschen Erfüllung.

Doch beschlofs der mit der Untersuchung dieser Angelegenheit, wie erwähnt, betraute Oberhandelsrat am 24. Februar 1877 auf einen Antrag Grandval-Marseille hin, wieder zum alten système de l'équivalent zurückzukehren. Besonders forderten die Deputierten der Departements Marseille, Norden, Nantes und Dünkirchen die Aufhebung des Dekrets von 1873. Amé verteidigte es, ohne jedoch mit seiner Auffassung durchzudringen. Für ihn handelte es sich gar nicht um die zeitweilige Zulassung, deren Anhänger er wäre. „Es handelt sich allein," so führte er aus, „darum, fremdes Getreide nach Marseille zu importieren, es auf dem Markte der Provence zu lassen, ohne dafs es den im Tarif stehenden Zoll von 60 cents. bezahlt hat, und es bei der Ausfuhr mit Mehl französischen Ursprungs zu kompensieren. In allem diesem ist nichts von zeitweiliger Zulassung zu sehen. Es handelt sich darum, den Staatsschatz um einen gesetzmäfsig errichteten Zoll auf fremde Stoffe, die auf dem französischen Boden bleiben, zu berauben und einen Teil dieses Zolls aus den Staatskassen in die Taschen der Exporteure von französischem Mehl wandern zu lassen"[1].

Demgegenüber sahen Grandval und Mallet (Linke) in dem Fehlen des Identitätsnachweises durchaus keine Prämie. Dem Schatz würde nichts geraubt, dagegen die nationale Arbeit und der Ackerbau gefördert.

Letzteres war unzweifelhaft richtig. Im übrigen kann man sich aber durchaus den Ausführungen des Generalzolldirektors Amé anschliefsen. Denn dieser Mann war vermöge seiner Stellung genau mit allen Zollmanipulationen vertraut, und seine Ansicht entspricht auch den wissenschaftlichen Untersuchungen, die Lexis darüber angestellt hat. —

Hinsichtlich der ölhaltigen Samen und Früchte, für die eigentlich die Identität festgesetzt, aber niemals innegehalten war, wurde in dem Rohstoffzollgesetz vom 26. Juli 1872 verordnet, dafs die Wiederausfuhr nur über die Zollämter erfolgen dürfe, über die sie eingeführt waren. Diese Praxis war aber

---

[1] Rougier, op. cit. S. 456.

nicht von langer Dauer, da auch das Gesetz, auf dem sie beruhte, sich als ein toter Buchstabe erwies.

Am 27. Februar 1873 wurde deshalb beschlossen, Baumwollensamen und Palmkerne (graines de niger) zur Ölfabrikation[1] unter den alten Bedingungen zuzulassen. Freilich war gesetzlich nur die Einfuhr zu Lande, und zur See nur unter französischer Flagge oder der Flagge des Ursprungslandes erlaubt. Aber die Meistbegünstigungsklausel der Handelsverträge hob diese Einschränkung auf. Das Ergebnis an Öl aus Baumwollsamen wurde auf 19 % vom Gewicht des Samens, aus Palmkernen auf 33 % festgesetzt. Als Frist für die Fabrikation wurden sechs Monate bestimmt. Die gleiche Zeitdauer gestattete ein Dekret vom 13. September 1880 für die Sämereien Marfouraire, Illipé Ponsianack und Illipé Dyack; der Ertrag an Öl belief sich bei ihnen auf 40 %, bezw. 58 % und 39 %. Dagegen beschränkte man die zeitliche Zulassung von Gewürznelken und Stielen für die Herstellung von ätherischem Öl auf drei Monate (Dekret vom 9. März 1878). Dabei repräsentierten 100 kg Nelken 15½ kg Ol. —

Es ist sicher anzunehmen, dafs alle diese Verhältnisbestimmungen für die Fabrikation eher zu günstig, als zu ungünstig angenommen wurden.

Auch das fertige Fabrikat, das Öl, wurde in Frankreich zeitweilig zollfrei zur Weiterverarbeitung zugelassen. So bestimmte ein Dekret vom 27. März 1876, dafs in einem Zeitraum von 4 Monaten für 100 kg Palmöl entweder 100 kg Stearinlichte oder 50 kg solcher Lichte und 50 kg Elainsäure oder 100 kg Stearinsäure oder 100 kg Kerzen auszuführen bezw. ins Entrepot zu liefern waren. Von einem Identitätsnachweis war auch hier nicht die Rede. —

Dagegen hatte seit jeher diese Forderung für andere Halbfabrikate bestanden, weil man die Identität bei ihnen durch Stempelung leicht erweisen konnte, z. B. für kupferne Druckerwalzen zum Gravieren.

Wichtiger war die zollfreie Einfuhr von Geweben aus Baumwolle, Wolle und Flachs zum Färben oder Bedrucken, welche durch eine Verordnung vom Februar 1861 zugelassen war. Der Identitätsnachweis durch einen Stempel war damals bereits festgesetzt worden. Aber bald liefen Beschwerden darüber ein, dafs gefärbte und bedruckte Gewebe wohlfeil ausgeführt werden konnten, während der Vorteil für die übrigen Textilwaren nicht bestand. Der anfänglich bedeutende Preisunterschied zwischen beiden Arten bewirkte natürlich, dafs bald sämtliche Preise auf den niedrigsten Stand herabgedrückt waren. Denn dafs zwei Preishöhen neben einander bestehen, ist unmöglich; der niedrigste Preis giebt immer den

[1] H.A. 1873 I 294.

Ausschlag. Die Beschwerden der Textilindustriellen waren danach sehr gerechtfertigt. Deshalb unterdrückte der Finanzminister Buffet durch ein Dekret vom 9. Januar 1870 wenigstens den Veredelungsverkehr reiner und gemischter Baumwollengewebe.

Das Dekret übte sofort eine vorteilhafte Wirkung aus. Ein Handelsbericht aus Mühlhausen[1] vom April 1870 meldet, dafs die Garnpreise bereits gestiegen wären und höchstens die Baumwollendrucker einen Nachteil hätten. Eine Petition der Drucker von Mühlhausen, welche der bekannte Freihändler Michel Chevalier am 21. Mai 1870 dem Senat überreichte, führte aber zu keinem Ergebnis.

Geraume Zeit ruhte dann die Frage, zumal nach dem Kriege von 1870/71 die hauptsächlich beteiligte Baumwollenindustrie Elsafs-Lothringens in deutsche Hände übergegangen war. Erst die Sitzung des Oberhandelsrats vom 26.—27. Januar 1877 führte zu einer erneuten Untersuchung. Die Vertreter der Textilindustrieen sprachen sich für das Buffet'sche Dekret aus, weil die Einrichtung der zeitweiligen Zulassung die Preise drückte. Der Exporteur könne nur zu den billigeren Auslandspreisen exportieren und müsse deshalb auch französische Waren schon so billig wie im Ausland ankaufen. Ein weiterer Druck durch die in der Zulassung liegende Prämie wäre nicht zu ertragen. Auch Pouyer-Quertier befürwortete das Dekret und damit das Fallenlassen der ganzen Verhandlung.

Gegner waren Malathiré von der Handelskammer in Rouen, und der Deputierte Cordier (linkes Centrum, Gruppe Feray). Die Ausfuhr wäre seit dem Dekret bedeutend zurückgegangen, zumal auch der Export nach den Kolonieen nicht mehr frei sei, sondern diesen die Erhebung eines Seeoctrois gestattet sei.

Schliefslich beschlofs der Oberhandelsrat mit 25 gegen 9 Stimmen die Wiederzulassung der zeitweiligen Einfuhr für Baumwollengewebe, doch mit dem Identitätsnachweis. Ein Dekret vom 6. September 1879 dehnte die Zulassung auch auf mit Baumwolle oder anderen Stoffen gemischte Seidenstoffe zur Bedruckung, Färbung oder Appretierung aus. Dabei war jede Substituierung streng verboten. Das Zollamt hatte an die beiden Enden jedes Stücks eine Stempelmarke anzulegen und ein acquit-à-caution einzuhändigen, das die Verpflichtung enthielt, bei Strafe binnen 4 Monaten die nämlichen Gewebe auszuführen oder ins Entrepot zu liefern. —

In der Frage der Zulassung von Garnen von Lein, Wolle und Baumwolle für die Weberei der Departements Norden,

---

[1] H.A. 1870 S. 451.

Rhone und Loire kam man im Oberhandelsrat zu keiner Entscheidung.

Für die Weber im Departement Norden sprach der Deputierte Bertrand Milcent (republ. Linke): Die Lein- und feine Battistweberei (cambrais) der dortigen Gegend (région cambrésienne) hätten die Konkurrenz von England und Irland zu ertragen. Da nun die französischen Spinner zu grobe Ware lieferten, weil sie damit mehr verdienten, so sei die Feinweberei auf den Import angewiesen. Wenn also die Zölle bestehen blieben, so dürfte auch die zeitweilige Zulassung nicht aufgegeben werden.

Tézenas du Montcel von der Handelskammer in St. Étienne befürwortete in ähnlicher Weise eine Aufhebung der Zölle oder das Bestehenbleiben des Veredelungsverkehrs, bezw. die Einführung von drawbacks. Freilich sei der Identitätsnachweis schwierig. Indessen könne man doch wohl die Nummer und das Gewicht der Fäden wieder erkennen, besonders wenn die Ausfuhr über dasselbe Zollamt, wie die Einfuhr, erfolge.

Doch es blieb alles beim alten. Die Industrie und auch der Fiskus beruhigten sich, da man durch die Erfindung des Ingenieurs Saladin zu Nancy „la romaine mécrométique" die Möglichkeit erhalten hatte, infolge Wägens die Menge der Webstoffe und die Nummer des Fadens zu erkennen. —

Von sonstigen, die zeitweilige zollfreie Zulassung betreffenden Verordnungen erwähne ich: die Einfuhr von Steinkohlenteeröl zur Wiederausfuhr als Anilin (Gesetz vom 21. Januar 1873); Frist 6 Monate; die Anilinproduktion wurde auf 90 % vom Gewicht des importierten Öls festgesetzt. Durch Dekret vom 1. März 1878 konnte aufserdem für 1 kg Öl 1 kg 250 gr salzsaures Anilin ausgeführt werden. — Die Einfuhr von Brom zur Herstellung von Bromkalium (Dekret vom 18. Februar 1878); Frist 3 Monate; für 100 kg waren 145 kg 200 gr. Bromkalium auszuführen. — Die Zulassung von Chinarinde für die Chininsalzproduktion; (3. Februar 1879); Frist 4 Monate; 2 kg schwefelsaures Chinin und andere Chininsalze rechneten gleich 100 kg Chinarinde. Nebenprodukte, wie Chinchonin-, Chinchonidin- und Chinidinsalze konnten das acquit nicht entlasten. — Die Einfuhr von Papierzeug, dessen Hauptbestandteil Hadern sind, für die Papierfabrikation (19. November 1878). — Die Einfuhr von chlorsaurem Kali zur Herstellung von chlorsaurem Natron und chlorsaurem Baryt (17. November 1880); die Operationen der Ein- und Ausfuhr durften hier nur in Paris und Havre erfolgen. —

Die den Zucker betreffenden Mafsregeln des Veredelungsverkehrs mufs ich hier übergehen, da der Zucker im Zollsystem eine eigenartige Stellung einnimmt, und eine Erläuterung der betreffenden Bestimmungen mehr in eine Geschichte der indirekten Steuern gehört.

Ein allgemeines Urteil überhaupt über den Veredelungsverkehr, wie er sich in Frankreich herausgebildet hat, abzugeben, ist nach den gründlichen Untersuchungen von Lexis nicht schwer. Die französischen Fabrikanten haben zweifellos den Einfluſs der admission temporaire auf die Preishöhe einerseits und auf die Entwicklung des Ausfuhrhandels andrerseits stark überschätzt oder übertrieben. Das ganze System macht durchaus den Eindruck einer künstlichen Maſsregel, die dazu bestimmt war, die Härten des allzuhohen Schutzzolls auszugleichen, und durch Prämien, deren wirkliche Zahlung vor dem Ausland verschleiert wurde, die Ausfuhr anzuspornen.

Jedenfalls dürfte die auch im Oberhandelsrat hin und wieder geäuſserte Meinung stichhaltig sein, daſs es doch für die Allgemeinheit besser wäre, lieber auf die Schutzzölle zu verzichten, als sie zu umgehen und den Handel in eine künstliche Bahn zu leiten.

Das stimmt mit dem Satze von Lexis zusammen: „daſs positive Begünstigungen des Handels durch den Staat mit weit geringerem Gewichte in den Gang der ökonomischen Bewegung eingreifen, als Zugeständnisse in freihändlerischem Sinne. Eine Million Franken Ausfuhrgratifikation trägt weniger zur Förderung der Ausfuhr bei, als die Aufopferung der gleichen Summe von dem Ertrage des betreffenden Rohstoffschutzzolles“[1].

---

[1] Lexis, op. cit. S. 420.

Dritter Abschnitt.

Die Tarifreform von 1875/1882.

I. Kapitel.

Politische Lage.

An der Macht der Verhältnisse war die Thiers'sche Zollreform gescheitert. Die liberale Handelspolitik des dritten Napoleon triumphierte, aber auch für sie liefs sich in kürzerer oder fernerer Zeit das Ende voraussehen. Denn die Handelsverträge, auf denen sie beruhte, waren abgelaufen, und ein Neues, das an die Stelle des Alten treten konnte, um es ohne schroffen Übergang abzulösen, war noch nicht geschaffen. Es fehlte die treibende Kraft. Es fehlte der Mann, der die Macht besessen hätte, ein den französischen Interessen und Produktionsverhältnissen wirklich entsprechendes handelspolitisches System zu geben und bei thatsächlich vorhandenen Notständen reformierend in das Wirtschaftsleben einzugreifen.

Gewifs hatte sich überall die Erkenntnis Bahn gebrochen, dafs nun endlich einmal, nach so vielen Mifserfolgen, ein Werk aus einem Gufs geschaffen werden müsse, welches bei dem Erlöschen der Handelsverträge eine gedeihliche Weiterentwicklung der Volkswirtschaft verbürgte. Denn niemand huldigte im Ernst dem Gedanken, den Generaltarif von 1816 mit seinen gänzlich veralteten Bestimmungen, unter denen 34 vollständige Einfuhrverbote [1] der wichtigsten Industrierohstoffe und Fabrikate eine Hauptrolle spielen, wieder in Kraft treten zu lassen. Aber in Frankreich war zu jener Zeit alles in Gärung. Mehr als die Wirtschaftspolitik beschäftigten damals andere Fragen die Gemüter und erregten die Parteileidenschaften.

---

[1] Eine Aufzählung derselben siehe bei v. Kaufmann, Die Finanzen Frankreichs S. 470.

Besonders verzögerte der Kampf um die Frankreich endgültig zu gebende Verfassung alle anderen Gesetzesarbeiten und beeinflufste sie in hohem Grade. Es ist deshalb nötig, kurz einen Blick auf die politische Entwicklung jener Tage zu werfen[1].

Seit dem Sturze Thiers' arbeiteten die monarchistischen Parteien energisch an der Wiederaufrichtung des Königtums, ohne aber ihr Ziel zu erreichen, da der Kronprätendent Graf Chambord (Heinrich V.) in eigensinniger Verblendung keinerlei demokratische Zugeständnisse machen wollte und sich über die geschichtliche Entwicklung hinwegsetzen zu können glaubte. Am 20. November 1873 wurde deshalb Mac Mahon auf 7 Jahre zum definitiven Präsidenten eingesetzt. Dann schritt die Nationalversammlung zur Regelung der Verfassung, die nach vierzehnmonatlicher Beratung durch die Gesetze vom 24. und 25. Februar 1875 zustande kam. Als der wichtigste Punkt erscheint dabei die Einführung des Senates, eines Oberhauses, welches dem Unterhaus, der Kammer der Abgeordneten, gleichberechtigt gegenübersteht. Die alte Nationalversammlung bestand in dem Sinne weiter, dafs sie als Vereinigung beider Häuser für bestimmt vorgeschriebene Zwecke, wie Wahlen der Senatoren oder des Präsidenten der Republik, zusammentrat. Die neue Verfassung übertrug ferner dem Staatsoberhaupt die Befugnisse der Leiter monarchisch-konstitutioneller Staaten. Damit war es unmöglich geworden, dafs der Präsident der Republik zugleich Ministerpräsident war und, wie es Thiers mit Vorliebe gethan hatte, selbst in die Debatte der Kammer eingriff, um mit seiner Person politische Angriffe zu decken.

Diese Gesetze waren von einer überwiegend klerikalmonarchistischen Volksvertretung beschlossen worden. Aber schon die ersten Wahlen, am 20. Februar 1876, ergaben eine republikanische Mehrheit in der Nationalversammlung, sodafs sich Mac Mahon, wiewohl ungern, veranlafst sah, einige liberale Minister zu berufen, Dufaure (an dessen Stelle später Jules Simon trat) und Waddington. Aber schon 1877 brach er mit diesem Brauch, zumal im Senat noch eine geringe monarchistische Majorität safs, welche wichtige, von den liberalen Ministern eingebrachte Entwürfe, wie den der staatlichen Volksschule, zum Scheitern brachte.

Am 16. Mai 1877 schrieb der Marschall deshalb einen Brief an Jules Simon, der ihm in der schroffsten Weise zu verstehen gab, die Minister sollten ihre Entlassung einreichen. Bei der Abschiedsaudienz sagte er ihnen rund heraus: „Ich bin ein Mann der Rechten und mufs zu denen zurückkehren, die mich zur Gewalt erhoben haben“[2]. Er könne nicht

---

[1] Siehe Blum, Das Deutsche Reich zur Zeit Bismarcks S. 209 ff.
[2] Blum, op. cit. S. 211.

Minister gebrauchen, die im Schlepptau Gambettas dahinzögen. Dann ernannte er ein Kampfministerium mit dem Herzog von Broglie an der Spitze und löste am 25. Juli 1877 die Kammer auf. Sehr wichtige zollpolitische Vorlagen wurden dadurch nicht zu Ende beraten und auf Jahre hinaus verzögert.

Jetzt wurde der ganze Regierungsapparat in Thätigkeit gesetzt, um die Neuwahlen für die Regierung günstig zu gestalten. Aber trotz der unerhörtesten Wahlbeeinflussungen errangen die Republikaner bei der Wahl am 14. Oktober im Abgeordnetenhaus eine Mehrheit von 140 Stimmen. Ein gleiches Ergebnis war für die teilweise bevorstehende Erneuerung des Senats im Jahre 1879 zu erwarten. Doch der Ministerpräsident Herzog von Broglie hielt noch einen vollen Monat allen Angriffen stand und trat schliefslich das Präsidium an einen Gesinnungsgenossen, den General Rochebouet, ab, welcher in kürzester Frist alles für einen Staatsstreich vorbereitete. Mac Mahon scheute indessen vor dem letzten Schritt zurück. Er unterwarf sich der Kammermehrheit und berief ein rein republikanisches Ministerium Dufaure. Als einigermafsen stichhaltigen Grund seiner Sinnesänderung gab er an, dafs bis zum Ende der am 1. Mai 1878 in Paris zu eröffnenden Weltausstellung jeder Parteikampf unbedingt ruhen müsse.

So war der Sturm für den Augenblick beschworen. Als aber im Januar 1879 die Kammern wieder zusammentraten — jetzt zählten die Monarchisten und Klerikalen auch im Senat nur noch die Minderheit — und der geplante Staatsstreich ans Licht kam, war des Marschalls Stellung unhaltbar geworden. Er legte am 30. Januar 1879 sein Amt nieder. — Noch an demselben Tage wurde an seine Stelle der Vorsitzende der Kammer der Abgeordneten, Jules Grévy, zum Präsidenten der Republik gewählt.

Damit war der Kampf um die Verfassungsfrage zum Stillstand gebracht, und die gesetzgebenden Gewalten konnten nun mit nachhaltigerem Eifer an die Durcharbeitung der grofsen schwebenden volkswirtschaftlichen Fragen gehen.

II. Kapitel.

Die Vorarbeiten zum Tarif.

1. Die Enquete des Handelsministers de Meaux.

In der That waren die wirtschaftspolitischen Fragen trotz der sorgfältigen Vorarbeiten der Regierung allzulange hingeschleppt und nun brennend geworden, zumal auch die Verfallstermine der meisten Handelsverträge, die man 1871 noch zu einem viel früheren Zeitpunkt herbeiführen zu können gehofft hatte, längst überschritten waren, und notdürftige Verlängerungen und Flickarbeiten nur einigermafsen die Stetigkeit der Handelsbeziehungen aufrecht erhalten hatten.

Italien hatte seinen Vertrag bereits 1875 gekündigt, Österreich-Ungarn 1876. Die Arrangements mit beiden Ländern sollten am 1. Juli 1876 und am 1. Januar 1877 ablaufen. Die Verträge mit England und Belgien gingen am 30. Juni und 10. August 1877 zu Ende; der Vertrag mit der Schweiz, den die französische Regierung ihrerseits gekündigt hatte, am 20. November 1876.

Die Hauptschwierigkeit für die Regierung bestand dabei in der Frage: Was soll geschehen, wenn vor den Verfallsterminen keine neuen Verträge zustande kommen? Es war jedenfalls undenkbar, dafs in diesem Falle der alte Generaltarif wieder die Handelsbeziehungen regelte. Denn die Wiedereinführung der alten übermäfsig hohen Schutzzölle und der Verbote hätte die französische Industrie und den von den Rohstoffen des Auslands lebenden Ausfuhrhandel mindestens ebenso hart getroffen wie die fremde Einfuhr.

Andererseits verspürte die Regierung Mac Mahons im Gewirr der Verfassungskämpfe nicht die geringste Neigung, selbstthätig, wie es Napoleon III. gethan, dem Lande eine Zollpolitik zu oktroyieren. Es fehlte ihr hierzu auch an den erforderlichen Kenntnissen und vor allem an der Macht. Der Handels- und Landwirtschaftsminister Graf de Meaux versprach sich jedenfalls mehr davon, wenn er im vollen Einverständnis mit sämtlichen Interessenten handelte. Er erliefs deshalb schon am 7. April 1875 ein Rundschreiben an die Handelskammern und die beratenden Kammern für Landwirtschaft, Künste und Gewerbe. In diesem erinnerte er an den bevorstehenden Ablauf der Handelsverträge und gab eine Übersicht über die Entwicklung des Aufsenhandels seit der napoleonischen Reform, also seit 1859[1].

Die offiziellen Zahlen dafür sind folgende:

1. Generalhandel (in Millionen Franken):

	Einfuhr	Ausfuhr	Summe
1847:	1290,0	1049,0	2339,0
1859:	2354,8	3057,1	5411,9
1865:	3527,4	4086,5	7613,9
1869:	4008,7	3993,6	8002,3
1873:	4576,4	4822,3	9396,7

[1] Ich gebe hier zugleich die Zahlen von 1847 an, indem ich mit de Butenval (Journal des Economistes 1875, Mai) die Meinung habe, dafs das Jahr 1859 nicht gut gewählt ist, weil bereits vorher Zollreduktionen stattfanden. 1847 bestand aber noch der alte Tarif.

2. Specialhandel (Millionen Franken):

	Einfuhr	Ausfuhr	Summe
1847:	955,0	719,0	1674,0
1859:	1640,6	2266,4	3907,0
1865:	2641,8	3088,4	5730,2
1849:	3153,1	3074,9	6228,0
1873:	3554,8	3787,3	7342,1
1874:	3748,0	3877,3	7625,7

Der Aufschwung der französischen Volkswirtschaft unter der Herrschaft der liberalen Tarife ist daraus ohne weiteres zu erkennen. Die Wirkung der einzelnen Verträge ersieht man aus folgenden Zahlen:

Handel mit Frankreich (in Million. Frks.).

	Generalhandel			Specialhandel		
	Einfuhr von	Ausfuhr nach	Summe	Einfuhr von	Ausfuhr nach	Summe
			1. England			
1859	406,7	774,0	1180,7	278,2	591,3	869,5
1865	740,5	1317,1	2057,6	638,2	1006,4	1644,6
1869	651,3	1169,4	1820,7	551,3	909,6	1460,9
1873	759,8	1186,0	1945,8	596,8	925,0	1521,8
1874	728,2	1253,3	1981,5	595,8	992,4	1588,2
			2. Belgien			
1859	203,7	168,8	390,5	160,2	168,6	328,8
1865	423,5	287,7	711,2	304,4	257,6	562,0
1869	436,9	333,8	770,7	315,8	295,0	610,8
1873	542,4	504,8	1047,2	474,6	470,2	944,8
1874	477.5	557,8	1035,0	409,3	523,6	932,9
			3. Schweiz			
1859	261,3	274,1	535,4	52,3	115,7	168,0
1865	372,6	359,3	731,9	90,3	230,9	321,2
1869	390,2	366,1	756,3	133,0	261,3	394,3
1873	343,4	430,0	773,4	91,8	337,2	439,0
1874	354,0	388,4	742,4	96,2	299,7	395,9
			4. Italien			
1859	173,9	262,4	536,3	140,4	189,5	329,9
1865	287,9	432,1	720,0	242,4	283,8	526,2
1869	364,2	313,2	677,4	321,0	230,2	551,2
1873	436,7	353,2	789,9	345,9	229,8	575,7
1874	358,9	334,5	693,4	288,9	204,2	493,1

	Generalhandel			Specialhandel		
	Einfuhr von	Ausfuhr nach	Summe	Einfuhr von	Ausfuhr nach	Summe
			5. Niederlande			
1859	49,1	28,0	77,1	40,0	14,8	54 8
1865	45,4	37,8	83,2	32,0	27,1	59.1
1869	46,6	48,1	94,7	36,1	41,1	77,2
1873	45,8	38,4	84,2	40,0	33,2	73,2
1874	33,6	41,2	74,8	30,1	34,5	64,6
			6. Österreich			
1859	13,4	21,9	35,3	12,2	5,7	17,9
1865	27,0	7,4	34,4	26,4	5,5	31,9
1869	45,0	20,8	65,8	43,2	15,0	58,2
1873	55,6	22,4	78,0	54,5	17,3	71,8
1874	66,4	21,8	88,2	66,3	15,3	81,5
			7. Deutschland			
1859	219,9	176,1	396,0	106,8	147,6	254,4
1865	271,9	235,6	507,5	166,4	214,2	380,6
1869	339,1	282,26	621,3	230,1	253,4	483,5
1873	417,8	522,5	940,3	311,1	463,3	774,4
1874	428,9	454,7	883,6	315,5	413,6	729,1

Überall ist ein Steigen des Gesamtumsatzes im allgemeinen zu bemerken. Im Handel mit England ist allerdings der Höhepunkt von 1865 noch nicht ganz wieder erreicht; jedenfalls hat aber Frankreich bei dem Vertrage mit diesem Lande den gröfseren Gewinn gehabt, insofern als seine Ausfuhr die Einfuhr von dorther bedeutend übersteigt.

Die Zahlen sprachen also für die Beibehaltung der bisherigen Politik. De Meaux unterliefs es auch nicht, auszusprechen, dafs die Regierung keinesfalls rückschrittliche Hintergedanken verfolgte. Aber seine Erklärungen klangen etwas gezwungen und erweckten bei den Schutzzöllnern doch gewisse Hoffnungen. Ein gesetzgeberisches Vorgehen war jedenfalls dringend notwendig.

Deshalb verlangte der Minister die Beantwortung von vier Fragen: 1. Welche Änderungen im Tarif sind erwünscht?

2. Ist es geboten, die noch bestehenden Wertzölle in specifische umzuwandeln?

3. Darf der Tarif dem Staate höhere Einnahmen bringen?

4. Soll ein neuer autonomer Generaltarif ausgearbeitet werden oder unter Beibehaltung des Systems der Handelsverträge nur für die nicht meistbegünstigten Staaten ein Generaltarif beschlossen werden?

Am 9. Februar 1876 konnte der Handelsminister dem Staatsoberhaupt bereits Bericht über seine Umfrage erstatten.

Die letzte Frage war die entscheidende, und über sie verbreiteten sich die eingegangenen Antworten in ausführlichster Weise. Die Anschauung über die Wirkung der bisherigen Vertragstarife war verschieden. Aber alle Handelskammern waren darin einig, dafs „sie nicht daran denken, umzukehren . . . ; sie betrachten die Konkurrenz als einen unentbehrlichen Sporn und würden ein auf dem Mittel der gegenwärtig in Kraft befindlichen Zölle beruhendes Regime annehmen“.

Für die Erneuerung der Verträge stimmten 47 Handels- und 15 beratende (Industrie-, Gewerbe-, Landwirtschafts-) Kammern. Unter ihnen befanden sich die bedeutendsten, wie Paris, Lille, Havre, Epinal, Marseille, Montpellier, Elbeuf, Mâcon, Reims, Angoulême, Bordeaux, Cambrai. Die Wein- und Seidenindustrie befand sich auf dieser Seite.

14 Kammern verlangten einen autonomen Generaltarif ohne Verträge, darunter Rouen, Arras, Tourcoing, Roubaix, Amiens, Saint-Dizier, meist solche, durch welche die Baumwoll- und Leinindustrie vertreten war. Doch wollten auch diese als Grundlage des neuen Gesetzes vorbehaltlich gewisser Änderungen den alten Vertragstarif setzen.

Als Gründe für die Errichtung eines autonomen Tarifs gab man an, dafs der Regierung durch die Verträge die Hände gebunden wären, im Falle industrieller Notstände oder fiskalischer Bedürfnisse die Tarife zu erhöhen. Ferner höre bei der Schliefsung der Verträge die Kontrolle und eingehende Mitarbeit des Parlaments auf, weil die Regierung allein die Verträge abschlösse und die Kammern nur das Recht der Genehmigung oder Ablehnung im ganzen hätten. Vor allem stiefs man sich an der Klausel der Meistbegünstigung, die bei jedem neuen Vertrage weitere Zollherabsetzungen herbeiführte. Natürlich müfste auch ein autonomer Tarif eine gewisse Festigkeit haben. Deshalb sei die Bestimmung am Platze, dafs der Tarif nur alle fünf Jahre umgearbeitet werden dürfe.

Die gegnerische Meinung drückte am treffendsten die Antwort der Pariser Handelskammer aus: „Die Verträge verbürgen dem Handel und der Industrie die Stetigkeit, welche sie nötig haben, um wichtige Geschäfte zu unternehmen und zum guten Ende zu führen, ohne Furcht, im Laufe ihrer Operationen durch die Änderungen, welche die häufige Revision der durch ein Zollgesetz festgesetzten Tarife verursachen kann, gehindert zu werden“.

In einer anderen Antwort heifst es: „Der Handel braucht eine Verfassung, die den Personenwechsel in der Regierung, sogar bei der Erschütterung eines Krieges, überlebt, und diese Verfassung (charte) findet er in den Verträgen“.

Die Mehrheit befürwortete jedenfalls das bisherige System,

doch sollten alle Verträge eine gemeinsame Verfallszeit haben und die schon gekündigten bis zum Aufhören des letzten verlängert werden; ferner sollte in jedem Falle zuvor eine Umarbeitung des Generaltarifs erfolgen, damit dieser bei den Verhandlungen als Grundlage diente; schliefslich verlangte man, die Klausel der Meistbegünstigung fallen zu lassen.

Eine weitere Forderung ging dahin, eine grofse Enquete über die Gesamtlage der Industrie zu veranstalten.

Die Frage nach der Einrichtung von specifischen Zöllen statt der bisherigen Wertzölle beantworteten 37 gegen 12 Kammern bejahend. Für die Wertzölle trat besonders die Textilindustrie ein, weil feinere Stoffe bei einem Gewichtszoll mit ihrem geringeren Gewicht zu gut gegenüber den groben, schwerer wiegenden Fabrikaten, behandelt werden würden; ferner die Glasindustrie, die Luxusindustrieen und die Fabrikanten von Weinen geringerer Qualität.

Eine Umarbeitung des Tarifs im Sinne höherer fiskalischer Einnahmen befürwortete niemand. Die Gewerbe zeigten sich über diese Frage sehr beunruhigt, weil sie an eine Wiedereinbringung des Rohstoffzollprojektes dachten.

Auf die erste Frage des Ministers nach bestimmten Vorschlägen für Tarifänderungen liefen meist keine bestimmten Angaben ein. Die Pariser Handelskammer wollte als Höchstgrenze des Zollschutzes 10 % festgesetzt wissen, aufser für Metalle, Mineralöle und Gewebe von Lein oder Baumwolle. —

2. Die erste Tarifvorlage Teisserenc de Borts.

Damit hatte die Regierung eine Richtschnur für ihr Vorgehen erhalten. Sie hatte zwei Aufgaben zu erfüllen. Einerseits mufste sie Verhandlungen mit den fremden Mächten einleiten, die zu neuen Verträgen führen sollten, andrerseits mufste sie zur Umarbeitung des Generaltarifs schreiten. Beide Schritte that sie leider zugleich. Das war, wie sich später zeigte, ein Fehler, der zu Konflikten entweder mit dem Parlament oder mit dem Ausland führen konnte. Indessen vermied man infolge verschiedener günstiger Umstände die Klippe, sodafs schliefslich doch zuerst der neue Generaltarif zustande kam und dann erst das Vertragsregime geregelt wurde.

Die Ausarbeitung des Generaltarifs wurde von dem Handelsminister Teisserenc de Bort (linkes Centrum), de Meaux' Nachfolger, dem Oberhandelsrat übertragen. In Gegenwart des Finanzministers Léon Say und des Ministers des Äufseren, des Herzogs Decazes, eröffnete Teisserenc de Bort am 23. Mai 1867 die Sitzungen dieser beratenden Körperschaft mit dem Hinweis darauf, dafs es für die Stetigkeit der Handelsbeziehungen jedenfalls das beste wäre, den Vertragstarif des Kaiserreichs als Grundlage des Generaltarifs anzunehmen.

Der Oberhandelsrat schlofs sich auch nach eingehender Beratung diesem Gutachten an. Die anwesenden Industriellen, welche vorher über den Ruin gewisser Industrieen in der freihändlerischen Ära geklagt hatten, stellten im allgemeinen mäfsige Forderungen. Selbst die Führer der Schutzzöllner, Pouyer-Quertier und Feray, begnügten sich mit einer Erhöhung der Zölle um 20—25 % für den Generaltarif, „um den Versuch der Unterhändler, welche neue Verträge vorzubereiten hätten, zu erleichtern“.

Sonst teilte sich der Oberhandelsrat in zwei Kommissionen und liefs damit sofort erkennen, an welchem Punkte der Zollreform der Kampf am heifsesten und umfangreichsten entbrennen würde. Denn die eine Kommission wurde eigens für die Textilindustrie gewählt, während die andere alle übrigen Zweige der Industrie und Landwirtschaft zu untersuchen hatte.

Die Vorsitzenden der Textilkommission, Raoul Duval (rechtes Centrum) und Balsan (konserv. Republik), begaben sich nach England und in die französischen Industriemittelpunkte, um sich über die einschlägigen Fragen genau unterrichten zu lassen. Als Ergebnis ihrer Erkundigungen legten sie dar, dafs die mittleren Kostenpreise in England um 3 oder 4 % geringer als in Frankreich waren. Dazu kam noch Englands Übergewicht im Welthandel, seine Überlegenheit durch bessere Maschinen und vollkommenere Arbeitsmethoden und schliefslich die ältere Entwicklung der meisten dortigen Industrieen. Die Berichterstatter, von denen Duval ein überzeugter Freihändler war, forderten deswegen die Kommission auf, im Punkte der Textilien keine Zollreduktionen vorzunehmen.

Der Oberhandelsrat nahm überhaupt fast durchweg den alten Konventionaltarif als neuen Generaltarif an. Pouyer-Quertier wufste indessen doch durchzusetzen, dafs wenigstens die Zölle auf Garne und Gewebe um 10 % erhöht wurden. Man beschlofs diese Erhöhungen aber nur als Instrument für die Vertragsverhandlungen.

Die Hauptänderung im Tarif war die Umarbeitung der zum Teil noch vorhandenen Wertzölle in specifische, d. h. Zölle nach dem Gewicht, der Stückzahl oder anderen Mafsen. Schon 1860 hatten sich die Regierungen Englands und Frankreichs geeinigt, möglichst specifische Zölle einzuführen. Doch konnte man dies für eine ganze Reihe von Fabrikaten damals nicht erreichen, weil die Unterhändler beider Nationen den Wert der betreffenden Waren verschieden beurteilten. Dazu gehören fast alle chemischen Erzeugnisse, Farben und Farbstoffe, Kerzen, feine Thonwaren, Steinzeugfliesen, Fayencen, Porzellan, Spiegelglas, Hohlglas und Krystall, feines Fensterglas, optische Gläser, Garne und Gewebe aus neuseeländischem

Flachs, Manilahanf und dergleichen, Damast, Zwillich, Posamentier- und Bandwaren, Wirkwaren, Spitzen, Taschentücher aus Lein, Hanf und Baumwolle, ferner feinere Baumwollgewebe (3 kg auf 100 qm und darunter wiegend), Stickereien, Dochte, Wachsleinwand, alle Wollstoffe, gemischte Gewebe, Papiermaché, zerschnittene Pappe, Spielkarten und Spielwaren aller Art, Lederwaren, Uhren, Messerwaren, Möbel, Holzschachteln, Musikinstrumente, Faserteppiche, Korbwaren, Kutschen und Fahrzeuge jeder Art, Fächer, Bürstenwaren, Knöpfe und Schirme.

Wertzölle sind in der Theorie gewifs besser als specifische, weil sie sich den fortwährenden Preisschwankungen anpassen, und weil specifische Zölle die geringeren Quantitäten zu sehr belasten; aber die Berechnung der Zölle nach fest bestimmten Mafsen ist leichter und garantiert dem Staat eine sichere Einnahme. Die Wertzölle sind von jeher eine Quelle des Betruges gewesen, weil die Importeure stets einen zu geringen Wert deklarieren, sodafs sich in allen Staaten, in denen sie noch zu finden waren, so in Italien, damals eine starke Opposition regte. Deutschland und Österreich-Ungarn besafsen sie überhaupt nicht. Nur die englischen Importeure wünschten ihre Beibehaltung, weil sie dabei ihren Vorteil fanden. Der französische Generalzolldirektor Amé erzählt eine interessante und durch ihre unverblümte Offenheit geradezu verblüffende Geschichte[1] von mehreren der angesehensten Bradforder Kaufleuten, welche ihre Regierung bewegen wollten, bei den Verhandlungen mit Italien und Frankreich besonders auf die Beibehaltung der Wertzölle zu dringen. Sie wollten sich dann „kontraktlich verpflichten, nicht mehr doppelte Rechnungen zu liefern, die eine für den Käufer der Ware, die andere für das fremde Zollamt". — Die französische Regierung und der Oberhandelsrat hielten es indessen doch für nötig, sämtliche Wertzölle im neuen Tarifprojekt durch Zölle nach festeren Mafsstäben zu ersetzen.

Der Oberhandelsrat schlofs seine Sitzungen am 20. Juli 1876. Am 9. Februar 1877 unterbreitete dann Teisserenc de Bort der Kammer der Abgeordneten das äufserst mafsvoll ausgearbeitete Tarifprojekt. Er hatte darin noch für die Kolonialwaren eine Zollerhöhung von 24% vorgesehen und eine Anzahl vorher freier Rohstoffe, namentlich Baumwolle, mit geringen Abgaben bedacht. Ursprünglich hatte die Regierung auch zu Gunsten der Landwirtschaft die Viehzölle zu erhöhen geplant. Aber in der Erwägung, dafs das Fleisch ein unbedingt notwendiges Nahrungsmittel für alle Volksschichten ist, war sie davon abgekommen. Sie versprach sich mehr von

---

[1] Amé, op. cit. II. S. 536.

der Errichtung guter Kommunikationswege, die der Landwirtschaft gestatten, den Kreis ihrer Abnehmer zu vergröfsern. —

Aber die Staatskrisis vom 16. Mai kam dazwischen. Die Kammer wurde aufgelöst, die Gesetzesvorlage hinfällig, und auch Teisserenc de Bort mufste sein Portefeuille niederlegen, das erst wieder de Meaux (rechtes Centrum), dann Ozenne (parteilos) übernahm.

3. Die zweite Tarifvorlage Teisserenc de Borts.

Aber der Sturm ging bald vorüber. Am 15. Dezember 1877 trat Teisserenc de Bort wieder an die Spitze des Ministeriums für Landwirtschaft und Handel. Am 21. Januar 1878 legte er im Bureau der Kammer einen neuen, in wesentlichen Punkten veränderten Tarifentwurf mit ausführlicher Begründung nieder[1]. Er berief sich vor allem auf die Umfrage seines Vorgängers de Meaux und auf die Arbeit des Oberhandelsrats, zumal in Bezug auf die Umrechnung der Wertzölle.

Die alte Einteilung des Tarifs in 1. animalische, 2. vegetabilische, 3. mineralische Stoffe und 4. Fabrikate war geblieben.

1. Bei den animalischen Stoffen hatte sich die Regierung nicht verhehlt, dafs die Einfuhr beständig im Steigen begriffen war und 1877 bereits dreimal soviel als die Ausfuhr betrug (153 Mill. fr. gegen 43 Mill. fr.). Aber sie scheute davor zurück, Hauptnahrungsmittel zu treffen und wollte nur wenige animalische Produkte etwas stärker heranziehen.

2. Unter den Vegetabilien sollten die mehr dem Luxus dienenden Nahrungsmittel, wie Orangen, Citronen, Feigen, auch Hopfen, gröfsere Abgaben bezahlen. Ebenso war der Zoll von 50 cents. auf Reis auf 1 fr. erhöht, weil Weizen 60 cents. entrichtete und Reis nicht einen so wichtigen Bestandteil der allgemeinen Nahrung der Franzosen bildete. Der Oberhandelsrat hatte auch für ölhaltige Samen eine Abgabe vorgeschlagen. Die Regierung trat aber energisch für die Zollfreiheit ein, da dieser Rohstoff für die Industrie unentbehrlich war.

3. Das Kapitel „mineralische Stoffe“ bot wenig Veränderungen. Kohlen wollte der Oberhandelsrat freilich ganz frei haben und die Eisenzölle erniedrigen. Aber das fiskalische Interesse gab den Ausschlag. (Kohlen brachten etwa 9—10 Millionen fr. Einnahmen.) — Mineralöl sollte künftighin nach der

---

[1] Bei v. Brandt, op. cit. S. 153 ist zu lesen: „Der neue Handelsminister brachte am 21. I. 1878 einen anderen, von dem seines Vorgängers (de Meaux ist gemeint) sich wesentlich unterscheidenden Tarifentwurf . . . . ein“. Das ist ein Irrtum. Nicht ein Vorgänger Teisserenc de Borts, sondern dieser selbst hatte auch den ersten Tarif eingebracht.

Leuchtkraft verzollt und die gleichartige, bestehende Accise dafür abgeschafft werden, weil England dagegen Einspruch erhoben hatte. — Bei Metallen beliefs man es bei dem status quo, auch hinsichtlich der admission temporaire.

4. Für die Fabrikate waren zunächst sämtliche Verbote beseitigt. — Die Farbenindustrie erhielt die Freiheit der Rohstoffe und 5 % Zollschutz für ihre Fabrikate. Diese Mafsregel richtete sich gegen Deutschland. — Für Medikamente ermäfsigte man den Betrag von 20 auf 10 %. — Für Weine blieb das Gesetz vom 8. Juli 1871 bestehen (5 fr. auf das hl für Weine, 20 fr. für Liqueurweine). Doch stellte der Minister zur Erwägung, ob man wegen des grofsen Exports nicht ohne Bedenken einen niedrigeren Tarif eintreten lassen könne, zumal der Zoll für schlechtere Qualitäten 25—30 % erreiche. — Der Bierzoll wurde der höheren Verzollung des Hopfens entsprechend erhöht. — Die Abgaben von Topfwaren waren auf Bitten der Industrie ermäfsigt.

Die delikatesten Fragen betrafen die Textilindustrie: Für Lein- und Hanfgarne liefs man die Konventionalzölle von 15 fr. bis 172,90 fr. auf 100 kg bestehen. Der Import derselben war von 9 800 000 fr. im Jahre 1867 auf 8 300 000 fr. im Jahre 1876 gesunken, der Export dagegen auf 18 739 000 fr. gestiegen und nur 1876, augenscheinlich vorübergehend, auf 6 1/2 Mill. fr. gesunken. Eine Zollerhöhung hatte die Regierung verworfen, weil dann wieder die Webereien von Lyon, Saint Étienne, Tarare, Saint-Pierre-lès-Calais, Cambrai u. s. w. geschädigt wurden.

Bei Wollgarnen hatte man zwischen gekämmter und kardierter Wolle unterschieden und nur die letztere höher belastet. Die Einfuhr der Wollgarne betrug:

1867: 6,8 Mill. fr., 1876: 19,3 Mill. fr.;

die Ausfuhr dagegen:

1867: 30,8 Mill. fr.,
1875: 39,7 „ „
1876: 28,6 „ „

In der Baumwollenindustrie liefs die Regierung alles beim alten, weil sie den Rückgang der Ausfuhr und das Steigen der Einfuhr auf den Verlust des Elsafs mit 1 700 000 Spindeln zurückführte.

Seide blieb zollfrei.

Für die Gewebe wurde eine andere Art des Schätzungsverfahrens eingeführt. Früher zählte man nur die Fäden in der Kette in einem Quadrat von 5 mm Seide, aber nicht im Einschlag; das hatte zur Folge, dafs die Industriellen einfach die Fäden in der Kette verminderten und sie im Einschlag vermehrten. Der neue Entwurf sah eine Zählung beider vor. Die Summe wurde dann durch 2 dividiert.

Am meisten unterschied sich der neue Tarif von dem zuvor eingebrachten dadurch, dafs er aufser den Entrepotzuschlägen für die Produkte anderer Erdteile aus europäischen Entrepots und Zuschlagssteuern für einige europäische Erzeugnisse, die nicht aus den Erzeugungsländern eingeführt wurden, und aufser den 4 % Zuschlagsabgaben, die durch das Gesetz vom 30. Dezember 1873 auf sämtliche Zölle gelegt waren, noch zwei weitere Zusatzdecimen auf eine Reihe von Fabrikaten brachte. Länder, deren Zolltarif die französische Einfuhr mit mehr als 20 % Abgaben belasteten, sollten statt dieser surtaxe von 24 cents. auf den Frank sogar 50 cents. entrichten.

In der Schaffung dieser Zollerhöhung von 24 %, von denen Teisserenc de Bort zwei Decimen mit dem Namen Kriegsdecimen belegte, lag die Absicht verhüllt, ein Tarifmaximum zu schaffen, das man gegen nichtmeistbegünstigte Staaten und im Falle eines Zollkrieges anwandte, während die Arbeit des Oberhandelsrats das Minimum darstellte, unter das man bei neuen Vertragsverhandlungen nicht hinausgehen konnte.

III. Kapitel.

Die Handelsvertragspolitik bis zur Vollendung des neuen Generaltarifs.

1. Verhandlungen mit England.

Zu der Zollerhöhung und der dadurch geänderten Tarifvorlage hatte sich der Minister vor allem durch ein wichtiges Ereignis bestimmen lassen, und zwar durch die Ergebnislosigkeit der Verhandlungen mit England und anderen Staaten. Diese Verhandlungen waren zuerst auf Grund der alten Verträge geführt worden und drohten, die dort festgesetzten Bestimmungen noch liberaler zu machen. Mit der Zollerhöhung von 24 % gedachte Teisserenc de Bort den Forderungen Englands besser begegnen zu können. Es ist deshalb an dieser Stelle notwendig, einen Blick auf die französische Vertragspolitik bis zum Erscheinen des Generaltarifs zu werfen.

Am 30. Juni 1877 lief der Handelsvertrag mit England ab. Diese bevorstehende Thatsache hatte die britische Regierung zu einer Enquete veranlafst, welche die Stellungnahme der einzelnen Industrieen zum französischen Tarif aufklären sollte. Die gehörten Interessenten verlangten sämtlich die Zollfreiheit für die wichtigsten Fabrikate. Der Leiter der englischen Politik, Lord Beaconsfield, beauftragte nun den Botschafter Lord Lyons, den Ministern des Marschalls Mac Mahon seine Geneigtheit für einen neuen Vertrag vorzustellen.

Der Ministerpräsident Jules Simon äufserte sich zustimmend, ebenso der Finanzminister Léon Say. Am 26. März 1877 begannen auch die Verhandlungen in Paris unter dem Vorsitz des Ministers des Äufseren, des Herzogs Decazes, und in Anwesenheit von Teisserenc de Bort.

Doch zeigten sich bereits von Anfang an Schwierigkeiten. Der seit dem 9. Februar vorhandene erste Entwurf eines Zolltarifs entsprach durchaus nicht den Erwartungen Englands. Dort hatte sich die öffentliche Meinung seit langem mit der Thatsache befafst, dafs Frankreich unter der Herrschaft des Regimes von 1860 seine Ausfuhr nach England um 250 % gesteigert hatte, während die englische, viel geringere Einfuhr nur eine Erhöhung von 200 %, also im Verhältnis einen Rückgang, zu verzeichnen hatte. Die Ausfuhr betrug:

	Von Frankreich nach England:	Von England nach Frankreich:
1858	332 Mill. fr.	231 Mill. fr.
1875	1168 „ „	682 „ „

Die Handelskammer von Manchester hatte es am 12. November 1876[1] unter Beleuchtung dieser Ergebnisse der Statistik sogar fertig gebracht, eine Adresse an die französischen Handelskammern und das französische Volk zu richten, in der sie dringend darum bat, nun einen Schritt weiter zum Freihandel zu machen und der englischen Industrie dasselbe zu gewähren, was diese der französischen zu deren entschiedenem Vorteil längst gegeben hatte. England hatte fraglos auf Ermäfsigungen gehofft.

Aber das Tarifprojekt machte ein ganz anderes Gesicht. Und wenn der erste Entwurf auch nur das Bestehende heiligte und Zollerhöhungen nicht direkt aussprach, so lagen solche doch in gewissen Mafsnahmen versteckt, besonders in der Umrechnung der alten Wertzölle in specifische. Der Widerstand der englischen öffentlichen Meinung zeigte sich naturgemäfs auch bei den Unterhändlern[2]. Lord Lyons erklärte, der französische Konventionaltarif könne nicht die Grundlage der Verhandlungen bilden, man müsse einen weniger festen Ausgangspunkt nehmen. Die anderen Vertreter, zumal Sir Louis Mallet, führten eine noch entschiedenere Sprache und machten eine Reihe positiver Vorschläge. Sie verlangten, um die Hauptsachen zu nennen, die volle Freiheit für Kohle, Gufseisen, Garne von Baumwolle, Wolle, Lein, Jute und Flockseide; der Zoll auf Schmiedeeisen sollte auf 1 fr. pro 100 kg ermäfsigt, die Taxen der Baumwollgewebe um 2/3, der übrigen Textilstoffe um die Hälfte reduziert werden und aufserdem die Umwandlung der Wertzölle unterbleiben.

---

[1] Abgedruckt im Journ. d. Écon. Dezember 1876. S. 447.

[2] Siehe den Aufsatz von Amé, Le nouveau tarif général des douanes devant le Sénat, im Journ. d. Écon. Dezember 1880. S. 332—367.

England konnte sich kaum verhehlen, daſs diese Forderungen schon wegen der damit verbundenen fiskalischen Einnahmeausfälle für Frankreich zum Teil unannehmbar waren. Aber es verlangte viel, um doch etwas zu erreichen. Frankreich stellte ein Gegenprojekt auf.

Es wollte in zwei Perioden Reduktionen vornehmen, und zwar von 50% auf Kohlen, Guſseisen, Schmiedeeisen und Stahl; von 30% auf Maschinen und Tafelsalz; von 20% auf Garne und Gewebe von Baumwolle, Wolle, Lein, Hanf und Jute; von 20% auf Fayencen. Man stimmte ferner der Unterdrückung des Ausgangszolls auf Lumpen und andere Rohstoffe der Papierfabrikation zu.

Die Engländer nahmen diese Vorschläge kühl auf. Sie hätten sich jedoch wahrscheinlich beschieden, wenn nicht Frankreich zugleich seine Gegenrechnung präsentiert hätte. Sehr umfangreich war diese nicht, da in England fast alle Waren bereits zollfrei waren. Aber die noch bestehenden Abgaben bildeten dafür eine nicht zu unterschätzende Einnahmequelle für den Staat, zumal die französischen Forderungen auch noch die auf Alkohol und Bier gelegten indirekten Steuern berührten. Man verlangte eine Ermäſsigung des Weinzolls von 1 sh. auf 4 pc. die Gallon (von 27 fr. auf 9 fr. das hl), und zwar für Wein, der nicht mehr als 125 fr. für das hl wert war und höchstens 14,9 Centesimalgrade Alkohol hatte; ferner für Malz eine Reduktion von 2 sh. auf 4 pc. den Quarter. Die Brenner und Brauer Englands traten jedenfalls energisch gegen dies Verlangen auf. Dazu kam, daſs sich gleichzeitig ein anderes Land, Spanien, über ein Tarifsystem beklagte, das sich hinsichtlich der Weine nach dem Alkoholgehalt richtete und nun wieder vertragsmäſsig festgelegt wurde. Die spanischen, alkoholreicheren Weine wurden dadurch sehr verteuert. —

Die Verhandlungen führten zu keinem Ergebnis; England forderte eine Unterbrechung. Geraume Zeit dauerte die Vertagung, da inzwischen die Maitage von 1877 das Ministerium Jules Simon mit Teisserenc de Bort zurücktreten lieſsen und die französische Regierung das ganze Jahr hindurch mit inneren Schwierigkeiten zu kämpfen hatte. Erst als Teisserenc de Bort wieder Minister wurde, nahm man die Verhandlungen wieder auf. Jetzt aber ging der Handelsminister entschiedener vor. Um besser gegen Englands Forderungen gerüstet zu sein, brachte er die oben erwähnte Tarifvorlage mit den 24% Zollerhöhungen ein.

2. Verhandlungen mit Italien.

Auf die Ausarbeitung dieses neuen Tarifprojektes wirkte zugleich das Schicksal des am 6. Juli 1877 mit Italien geschlossenen Vertrages.

Italien hatte, wie oben erwähnt, im Januar 1875 seinen Vertrag von 1863 gekündigt. Es verfolgte dabei die Absicht, nicht etwa mit dem Konventionalregime und der Meistbegünstigungsklausel zu brechen, aber doch seinen Generaltarif umzuarbeiten, um teils die Staatseinnahmen zu erhöhen, teils die fiskalischen Lasten, welche seine Industrie seit 12 Jahren trug, zu kompensieren und um den durch die Anwendung der Wertzölle eingerissenen bedenklichen Operationen vieler Kaufleute den Riegel vorzuschieben. Frankreich war gegenüber der Umrechnung der Wertzölle in ähnlicher Stimmung; ebenso verfolgte es den Zweck, seine fiskalischen Einnahmen zu steigern; aber das Verlangen, den Schutzzollcharakter seines Tarifs mehr wie bisher zu betonen, beherrschte seine führenden Männer in jener Periode des wirtschaftlichen Aufschwungs keineswegs. Darin konnten sie also Italien nicht beipflichten.

Schon die ersten Vorschläge Italiens schienen der französischen Regierung bedenklich. Der Minister des Auswärtigen, Herzog Decazes, teilte deshalb dem Botschafter, Chevalier Nigra, mit, Italien müsse sich unbedingt nachgiebiger zeigen, wofür Nigra auch die verbindlichsten Erklärungen abgab. Italiens Forderungen legte nun Decazes einer Sonderkommission von Beamten und Deputierten vor, die darüber vom 22. März bis zum 15. Mai 1875 berieten, und deren Arbeit der französischen Regierung zur Richtschnur ihres Vorgehens diente. Kurz darauf wurden öfter unterbrochene Konferenzen in Bellagio über den neuen Vertrag eröffnet, die schliefslich zu der Pariser Konvention vom 6. Juli 1877 führten.

Italien liefert an Frankreich fast nur Roh- und Nahrungsstoffe. Es machte also gegen den französischen Fabrikattarif wenig Einwendungen. Dagegen erklärten sich seine Vertreter entschieden gegen Zölle auf Nahrungsmittel, namentlich Wein, Olivenöl, Tafelfrüchte; ferner gegen Abgaben von Geflechten aus Stroh, Bast u. s. w. und von Strohhüten. Die italienische Regierung gehorchte in letzterem Punkte politischen Erwägungen, da die Strohhutindustrie besonders in dem alten Grofsherzogtum Toskana, welches schwer an die allgemein italienischen Staatsgesetze zu gewöhnen war, blühte. Frankreich gab in allen diesen Punkten nach, da sie fiskalischer Natur waren. Es verzichtete dabei auf eine Einnahme von etwa 4—5 Mill. fr.

Italien bequemte sich seinerseits auch zu Bewilligungen. Der neue Tarif war gegen den Vertragstarif von 1863 allerdings erhöht. Fast alle Produkte waren jetzt vom Zolle getroffen. Aber von den Vorschlägen von 1875 war man doch zurückgekommen und sogar unter die Ziffern herabgegangen, denen der Herzog Decazes zustimmen wollte. Man hatte auch viele Ausfuhrzölle, die auf die meisten Bodenprodukte infolge der Finanzbedürfnisse gelegt waren, geopfert.

Ich kann hier nicht die italienische Handelspolitik eingehend kritisieren. Doch will ich einen Punkt berühren, der in den Verhandlungen Frankreichs mit Italien eine Hauptstreitfrage bildete, das Beibehalten und Erneuern der von den anderen Staaten bereits gröfstenteils über Bord geworfenen Ausfuhrzölle. Diese Erbschaft des physiokratischen Systems blühte in Italien noch üppig weiter. Man kann gegen Ausfuhrzölle wenig einwenden, wenn sie nur fiskalisch sind oder etwa wegen der Gefahr einer Hungersnot eingeführt werden. Aber die von Italien auf die Nahrungsmittel und Rohstoffe gelegten Ausgangsabgaben erreichten eine Höhe, die den Ausfuhrhandel direkt zu schädigen geeignet war. Dafs aber Italien auch nicht wegen der Gefahr, seiner nötigsten Lebensmittel durch das Ausland beraubt zu werden, auf dieser Steuer bestand, folgt daraus, dafs es nicht duldete, dafs Frankreich seine Einfuhrzölle auf dieselben Produkte erhöhte. Sollten Italiens Bodenprodukte im Inlande bleiben, so hätte es sich ruhig den französischen Forderungen anschliefsen können. —

Der Vertrag war von Decazes und de Meaux einerseits, andererseits durch den General Cialdini unterzeichnet. Er bedeutete für Frankreichs Ausfuhrhandel entschieden eine Verschlechterung der Verhältnisse. Die Regierung konnte ihn, als sie ihn am 12. November 1877 der Kammer unterbreitete, im wesentlichen nur damit verteidigen, dafs die Abweichungen von der Reciprocität, die sich die vertragschliefsenden Länder zugestehn wollten, durch die verschiedene wirtschaftliche Lage der beiden Völker erklärlich seien, dafs man durchschnittlich in Italien nicht mehr als 10 % Zoll zahle, und dafs die Anwendung der neuen Tarife sicherlich immer noch besser wäre als der Zollkrieg. —

Die lange Zwischenperiode der bewegten Zeit nach dem 16. Mai hatte die Einbringung des Vertrags verzögert. Nun war eine Beschleunigung geboten. Aber in den Bureaux der Kammer und in der Kommission fand die Vorlage wenig Liebe. Aufserdem waren die Unterhändler, die reaktionären Minister, der Mehrheit durchaus unbequem. Als dann nach ihrem Sturz die Arbeiten zur Errichtung eines neuen Generaltarifs wieder in den Vordergrund traten, sagte man sich, dafs dieses Projekt doch den Vorrang hätte und man sich nicht durch einen Vertrag festlegen dürfe.

Man dachte keineswegs an Zollerhöhungen, die eigens gegen Italien gerichtet waren. Aber der Herzog Decazes hatte die Vorlage damit begründet, dafs dieser auf 11 Jahre abzuschliefsende Vertrag den Verträgen mit den übrigen Mächten zum Muster dienen solle. Es bestand also die Absicht, ihn zum Ausgangspunkt des neuen Konventionalregimes werden zu lassen. Hinter Italien stand daher England, Belgien, die Schweiz und Deutschland.

Man sieht, wie programmlos die französischen Regierungen vorgingen. Sie brachten einen neuen Generaltarif ein, der die Grundlage für die neuen Verhandlungen bilden sollte, und zugleich verhandelten sie, um einen Vertrag den Ausgangspunkt bilden zu lassen. Das neue Ministerium, besonders Teisserenc de Bort, sahen diese Unmöglichkeit ein und suchten zuerst den Generaltarif durchzusetzen. Jedenfalls beschleunigten sie die Beratung des italienischen Vertrags durchaus nicht. Aber zuletzt war ein weiteres Zögern unmöglich. Der bereits mehrere Male durch Übereinkunft der Regierungen verlängerte italienische Vertrag lief am 1. April 1878 ab. Nur schwer gab Italien, dessen Kammern den Vertrag längst genehmigt hatten, jetzt nochmals seine Zustimmung zu einer Hinausschiebung der Verfallsfrist bis zum 30. Juni 1878. Durch die Vorstellungen des Botschafters General Cialdini gedrängt, sahen sich der Minister des Äufseren, Waddington, und der Handelsminister Teisserenc de Bort veranlafst, bei der Kammerkommission auf eine schnellere Erledigung zu dringen.

Die Kommission hatte freilich die Absicht, den Vertrag einfach fallen zu lassen. Aber man wollte auch nicht Italien mit einem derartigen Beschlufs ein Zeichen der Nichtachtung geben und beschritt deshalb einen Mittelweg. Der Berichterstatter der Kommission, Berlet (republik. Linke) unterbreitete deshalb am 28. Mai 1878 der Kammer eine Resolution, welche die Regierung aufforderte, mit Italien aufs neue zu verhandeln und eine veränderte Vorlage einzubringen. Nach der Ansicht der Kommission war es das beste für Frankreich, kurzer Hand den Vertrag von 1863 bis zur Durchberatung des neuen Generaltarifs zu verlängern. Man wies auch auf die aufserordentliche Ungleichheit der Behandlung hin, die sich beide Nationen gewährten. Als Beispiel führe ich hier nur an, dafs Rindvieh in Frankreich 3,60 fr. auf den Kopf, in Italien dagegen 18 fr. Zoll bezahlen sollte. Ähnlich war es mit Seidenzeugen.

Hinsichtlich der anderen Textilien sah man überhaupt nicht ein, warum Italien, das an Frankreich gar keine Garne und Gewebe lieferte, diese in den Vertrag aufgenommen wünschte. Man konnte sich auch kaum erklären, warum die Anzahl der Klassen in dieser Rubrik so aufserordentlich vermehrt und bis ins kleinste und genaueste geregelt war. Die Kommission witterte darin mit Recht sofort die Absicht der französischen Regierung, gegenüber den anderen Mächten einen vorbildlichen Tarif zu schaffen, und sträubte sich dagegen, vor der Ausarbeitung des Generaltarifs Frankreich nach dieser Richtung hin festzulegen.

„Kurz und gut," heifst es am Schlufs des Berichts, „unsere Unterhändler scheinen sich nicht genügend mit den Interessen der französischen Industrie und des Handels beschäftigt zu haben."

Natürlich war das Verlangen, neue Verhandlungen nach so langer Wartezeit einzufädeln, für die Regierung peinlich. Auch konnte sie Italien nicht gut noch einmal um eine Verlängerung der alten Bestimmungen angehn. Jedenfalls stand sie vor der Alternative, eine befreundete Macht zu beleidigen oder in der Kammer eine Schlappe zu erleiden. Daher versuchte sie, einen Zwischenweg einzuschlagen. In der Sitzung vom 3. Juni 1878 legte Waddington ein modifiziertes Projekt vor, dessen Artikel II gewisse Reserven festlegte, unter denen allein der Präsident der Repuklik den Vertrag ratifizieren durfte. Die Zustimmung wurde davon abhängig gemacht, dafs 1. Garne und Gewebe jeder Art von den Vertragstarifen verschwinden und nur der Bestimmung der Meistbegünstigung unterliegen sollten, und dafs 2. der Regierung die Möglichkeit gegeben wurde, den Vertrag nicht erst nach 10 Jahren, sondern schon nach einem Jahre für das darauffolgende zu kündigen. — Italien ging darauf ein.

Aber die Kammerkommission machte auch jetzt Einwände. Sie forderte, wiederum durch den Mund Berlets, am 4. Juni, dafs die Regierung jederzeit zu einer Kündigung berechtigt sein sollte. Sie handelte aus dem Bedenken heraus, dafs in Italien die Textileinfuhr nur durch Verträge mit der Schweiz und mit Österreich, welche am 30. Juni 1879 endigten, dem Konventionalregime unterlag. Nach diesem Zeitpunkte waren Garne und Gewebe dort nicht mehr durch die Meistbegünstigungsklausel gebunden. — Das Ministerium schlofs sich diesen Ausführungen an.

Am 6. und 7. Juni 1878 wurde das Vertragsprojekt in der Kammer beraten. Die Minister William Henry Waddington und Teisserenc de Bort beschränkten sich auf die Darlegung des Thatbestandes und suchten den Vertrag als Übergangsmafsregel zu rechtfertigen. Der Handelsminister betonte, dafs die gefährliche Konsequenz einer vielleicht eintretenden Ablehnung der Zollkrieg wäre, während die konkurrierenden Staaten, namentlich Österreich, in Italien dem französischen Export den Rang ablaufen würden.

Die meisten Redner liefsen sich indessen nicht von ihrer gegenteiligen Überzeugung zurückbringen.

Es war bereits kein günstiges Vorzeichen, dafs der Bruder des Ministers, der Abgeordnete Richard Waddington, welcher in der Kommission ein Verteidiger des Vertrages gewesen war, jetzt zu den Gegnern überging. Er fand, dafs die französische Ausfuhr nach Italien, die im Jahre 1863 noch 140 Mill. fr. betragen hatte, auf 100—110 Mill. fr. zurückgegangen war, während der allerdings niedrigere italienische Export sich um das Doppelte gehoben hatte. „Dieser Vertrag mit Italien“, so lautete der Grundgedanke seiner Rede, „legt den Freihandel mit Frankreich für die Einfuhr italienischer Produkte in unser

Land fest, und das Schutzzollsystem für die Ausfuhr unserer Produkte nach Italien".

Der Abgeordnete Peulevey (Republik. Union), Vertreter von Le Havre, verlas eine Depesche der dortigen Handelskammer, in der es heifst: „Die Kammer zieht, im Falle es unmöglich ist, eine neue Verlängerung zu erreichen, die Rückkehr zu den alten Generaltarifen einem neuen Vertrag vor, sogar einem solchen mit kurzer Verfallszeit, die noch vor der Errichtung des Generaltarifs eintritt. Bis heute hat sich die Kammer gegen die Klausel der meistbegünstigten Nation ausgesprochen".

Peulevey beschränkte sich indessen nicht auf sachliche Darlegungen, sondern liefs die Parteipolitik mitsprechen: „Ich habe die tiefe Überzeugung," sagte er, „dafs diejenigen, welche den Vertrag unterzeichnet haben (also die klerikalen Minister von 1877) ganz genau wufsten, dafs dieser ein unheilbarer Schaden für Frankreich wäre. Aber sie wollten damit den Sturm beschwören, der unvermeidlich aus einer klerikalen und ultramontanen Politik hervorbrechen sollte".

Dieser Parteistandpunkt wurde indessen nur von wenigen geteilt. Doch übte auch das von den Ministern heraufbeschworene Schreckbild eines Zollkriegs durchaus keine Wirkung aus.

Der Abgeordnete Méline (Republik. Union) meinte, die Italiener würden sich hüten, zu einem solchen Mittel zu greifen, weil der Vertrag von 1863 sehr vorteilhaft für sie gewesen wäre. Er fürchtete vor allem, dafs der Übergangsvertrag die Grundlage eines neuen, definitiven bilden würde. Sonst fand er recht herzliche Worte für die Freundschaft mit Italien, der Schwesternation.

Ähnlich drückte sich Labadié (Republik. Linke) aus: „Es giebt nichts, das so dem Temperament der Italiener widerstrebt, als zu extremen Mafsregeln zu greifen. Sie können wohl Lärm, Spektakel machen; das liegt in ihrem Charakter; aber sie schreiten niemals zum Äufsersten. Ich bin überzeugt, dafs gegen Frankreich die Anwendung des Generaltarifs unmöglich ist. Wie? Wir, die benachbarte Nation, die Schwesternation, wir sollten von Italien als Feinde behandelt werden?! Nein, das ist nicht möglich. Von dieser Seite ist nichts zu befürchten: Der Generaltarif wird nicht auf uns angewendet werden; ich versichere es".

Als Verteidiger des Vertrages traten neben den Ministern und dem Berichterstatter Berlet die Abgeordneten Rouvier (Republik. Union) und Laroche-Joubert (Rechte, Gruppe appel au peuple) auf. Für Rouvier war der provisorische Charakter des Projekts die Hauptsache. Er beleuchtete dann zwei wichtige Verbesserungen, die der Vertrag schaffe: 1. Weine zahlten bisher in Italien 8,20—40 fr., nach dem Vertrage hingegen nur 4,50 fr. auf das hl. Italienische Weine würden nach Frankreich zu 3,50 fr. kommen, infolge des portugiesischen Vertrages und der Meistbegünstigung sogar zu nur 30 cents. — 2. Gemischte Seidengewebe hatten in Italien vorher den Zoll von reiner Seide, also 12% bezahlt, während sie jetzt nur wie Baumwolle oder Wolle behandelt werden sollten, wenn sie weniger als 50% Seide enthielten.

Rouvier fand es aufserdem sonderbar, dafs die französischen Schutzzöllner an den specifischen Zöllen Italiens Anstofs nahmen, während sie doch selbst analoge Bestrebungen verfolgten.

Der Finanzminister Léon Say hatte das Schlufswort. Er wies darin nur die Auffassung Rouviers hinsichtlich des Weinzolls von 30 cents. infolge des Vertrags mit Portugal zurück. Der portugiesische Vertrag stünde aufserhalb des Meistbegünstigungssystems. Auch könne Italien gar nicht daran denken, diese Forderung zu erheben, weil der französische Unterhändler Amé die Auffassung der französischen Regierung in den Konferenzen mit Italien betont und zur Geltung gebracht hätte.

Aber jede Empfehlung des Vertrages war umsonst. Es war ein Gegenprojekt von Méline, Labadié und Genossen eingelaufen, nach welchem die Deputiertenkammer die Regierung einlud, mit Italien neue Unterhandlungen anzuknüpfen, um den Vertrag zu modifizieren. Das Gegenprojekt wurde mit 225 gegen 220 Stimmen angenommen.

Die Mehrheit hatte sich durch die Versicherung Labadiés bestimmen lassen. Aber seine Prophezeiung, dafs Italien nicht zu einem Zollkrieg schreiten würde, war doch ein wenig gewagt, besonders wenn man an den späteren, sehr heftigen Zollkrieg zwischen Italien und Frankreich am Ende der 80er Jahre denkt. Auch zu der jetzt behandelten Zeit liefsen sich die Schwierigkeiten nur mit Mühe beheben.

Es war für die Regierung natürlich unmöglich, in der kurzen Zeit bis zum 1. Juli neue Verhandlungen anzubahnen und zu einem Ergebnis zu gelangen. Auch hatte Italien schon am 30. Mai 1878 seinen neuen Generalzolltarif, der allein Frankreich treffen sollte, fertiggestellt. Seine Unterhändler führten demgemäfs eine sehr entschiedene Sprache.

Doch nach vielen Reklamationen von beiden Seiten gelangte man zu einem Arrangement, wonach sich beide Länder die Meistbegünstigung bis zum 31. Dezember 1879 zusagten. Dann sollte ein endgültiger Vertrag auf der Grundlage des neuen französischen Generaltarifs die handelspolitischen Beziehungen regeln. Das Provisorium wurde am 31. Januar 1879 von der Kammer und am 14. Februar vom Senat ohne weitere Debatte angenommen. Die Regierung hatte sich bei der Vertragschliefsung übrigens die Möglichkeit sofortiger Kündigung vorbehalten, wenn die handelspolitischen Bestimmungen zwischen Italien und Österreich, welche besonders hinsichtlich der Weine, Spirituosen,

Gewebe von kardierter Wolle, Garne und Gewebe von Hanf und Lein, Früchte, Olivenöl, Maschinen und Glaswaren infolge der Meistbegünstigung für den französischen Export wichtig waren, geändert würden. Man verlangte also, dafs entweder der alte Vertrag zwischen diesen beiden Mächten verlängert oder ein neuer, die gleichen Begünstigungen enthaltender, schon in Vorbereitung befindlicher Vertrag ratifiziert würde.

3. Das Handelsübereinkommen mit Spanien.

Die französische Regierung hatte nun endlich mit dem Grundsatze gebrochen, zu gleicher Zeit ein Vertragszollsystem und einen Generaltarif herzustellen. Ihre Sorge ging darauf, alle Verträge bis nach der Ausarbeitung des letzteren einfach zu verlängern, um dadurch zugleich, nach dem früher ausgesprochenen Wunsche der Handelskammern, eine gemeinsame Verfallsfrist sämtlicher Verträge zu erreichen. Als Termin war zunächst der 31. Dezember 1879 in Aussicht genommen.

Deshalb behandelte man auch einen Vertrag[1], den man mit Spanien abschlofs, nur als einen provisorischen. Diese Konvention vom 8. Dezember 1877 war ungemein wichtig für die französische Ausfuhr, nicht minder aber auch für die Einfuhr, zumal von Wein.

Im Laufe der 70er Jahre hatte sich in Frankreich ein Ereignis eingestellt, das von schwerwiegenden Folgen für seinen Export war. Einer der wichtigsten Ausfuhrartikel, der Wein, drohte zu verschwinden, weil die Reblaus die Hälfte bis drei Viertel der französischen Weinberge vernichtet hatte. Die französische Weinernte, welche 1875 ihren Höchstbetrag mit 83 Mill. hl geliefert hatte, sank schon im nächsten Jahre auf 41 Mill., und weiter in stetem Fallen bis 1881 auf 34 Mill. hl[2]. Die kommenden Jahre brachten ein noch weiteres Zurückgehen. Für die spanische Weinausfuhr bedeutete dies einen Glücksfall. In den 15 Jahren nach 1876 hat die Reblaus Spanien drei Milliarden Franken eingebracht. Die Konvention mit Frankreich vom 8. Dezember 1877 bahnte zu dieser gewaltigen Entwicklung den Weg.

Indessen war die Weinfrage nicht der einzige Anlafs zu der Übereinkunft. Am 11. Juli 1877 wurde in Spanien ein neuer Zolltarif, ein Werk der am Ruder befindlichen konservativen Hochschutzzöllner, eingeführt. Er hatte nicht eine Kolonne, wie der in Frankreich herrschende, sondern zwei; und zwar bildete die erstere den sogenannten Minimaltarif,

---

[1] v. Brandt und die Abhandlung über die franz. Handelspolitik im Verein f. Socialpolitik erwähnen diese Konvention gar nicht.

[2] Siehe Verein für Socialpolitik, Bd. 51. Gwinner, Spanische Handelspolitik, S. 78.

welcher den meistbegünstigten Nationen gewährt wurde, die andere den Maximaltarif für die übrigen Staaten. Aufserdem war „eine aufserordentliche und vorübergehende Steuer auf Artikel des Aufsenhandels[1]“ eingeführt, d. h. ein Zollzuschlag, der in vielen Fällen die bisherigen Abgaben verdoppelte, ja verdreifachte.

Für Frankreich, welches am spanischen Aufsenhandel am meisten beteiligt war, bildete dieses Gesetz eine grofse Gefahr. Denn Spanien stand aufserhalb des europäischen Meistbegünstigungssystems, und der französisch-spanische Vertrag vom 17. Juli 1865, der wenigstens für die Landeinfuhr die Differentialzuschläge auf alle nicht unter spanischer Flagge (also auch zu Lande) stattfindenden Importe beseitigte und für 14 Tarifpositionen — der wichtigste spanische Ausfuhrartikel, Wein, fand sich indessen nicht darunter — die volle Meistbegünstigung gewährte, war abgelaufen. Die französische Regierung knüpfte infolgedessen Verhandlungen an, die zu der Konvention vom 8. Dezember 1877 führten. Danach blieb der Vertrag von 1865 mit einigen wichtigen Änderungen bis Ende 1879 bestehen.

Spanien verpflichtete sich, nach der Ratifikation des französisch-italienischen Vertrags, (die, wie erwähnt, nicht eintrat), die dort festgesetzten specifischen Zölle statt der Wertabgaben einzuführen. Es erniedrigte die Abgaben von silbernen und unechten Bijouterieen und von Kupfer-, Messing- und Bronzewaren; vor allem aber ermäfsigte es den Weinzoll. Schaumweine, die vordem 147 fr. zu erlegen hatten, zahlten jetzt nur 20 fr. auf das hl, nicht moussierende Weine statt 56 fr. nur 6 fr. und zwar einschliefslich aller aufserordentlichen Additionalabgaben.

Frankreich setzte seinen Weinzoll, der für Spanien bisher 5 fr. betragen hatte, auf 3 fr. 50 cents. fest.

Die wichtigste Bestimmung der Übereinkunft war das Eintreten Spaniens in das Meistbegünstigungssystem für die Einfuhr, Ausfuhr und Durchfuhr, sowie für die Schiffahrt. Frankreich erhielt dadurch den spanischen Minimaltarif und hatte von diesem schon deshalb grofse Vorteile, weil es geraume Zeit, bis zum Jahre 1883, die einzige meistbegünstigte Nation in Spanien war, während gegen die übrigen der Maximaltarif angewendet wurde.

Spaniens Errungenschaft war indessen noch gröfser, weil die französische Handelspolitik immer unendlich viel liberaler, als die seine, war.

Dafür mufste es sich aber zum Aufgeben eines alten Vorrechtes bequemen, und zwar zu dem Verzicht auf die Bestimmungen des sogenannten Familienpaktes vom 15. August

---

[1] Gwinner, op. cit. S. 76.

1761, auf Grund deren sich beide Staaten hinsichtlich der Küstenschiffahrt und des Fischfangs die vollen Rechte der eigenen Seebevölkerung eingeräumt hatten.

Ferner sollten die Formalitäten in den Zollhäfen eine bessere und minder schroffe Regelung erfahren und schärfere Unterdrückungmafsregeln gegen den Schmuggel über die Pyrenäen eingeführt werden. —

Die Konvention wurde im Senat nach einem empfehlenden Bericht Pagézy (Gruppe: appel au peuple) am 16. Februar 1878 einstimmig angenommen.

In der Kammer trat aber eine starke Opposition hervor, obwohl die Kommission, wie der Bericht Tirards vom 12. März 1878 hervorhob, sich mit 8 gegen 3 Stimmen ganz der Überzeugung der Regierung angeschlossen hatte. Man erhoffte zumal grofse Vorteile für die Ausfuhr von Textilien, Metallwaren, Zucker und die Pariser Luxusindustrie.

Die Opposition beschäftigte sich fast nur mit dem Weinhandel. Der Weinproduzent de Valon (appel au peuple, Bonapartist) setzte in ausführlicher Weise die Lage des Weinhandels und die ihm von Spanien drohenden Gefahren auseinander.

Nur die besseren französischen Weine konnten danach noch in Spanien Absatz finden, gegen die geringeren Sorten hätte sich dieses geschützt, während es seine eigenen billigeren und alkoholreicheren Weine zum Verschneiden auf den französischen Markt brächte.

Valon unterschied zwei Arten von Verschneidung, deren eine als eine betrügerische Manipulation anzusehen wäre, während die andere geboten sei. Manche Weine, wie die von Languedoc, haben danach die Hinzufügung von Alkohol durchaus nötig, weil sie sonst verderben. Aber diese Verschneidung sollte gesetzmäfsig erfolgen, d. h. nach Zahlung der Alkoholabgaben. Diese könnte man nun deshalb umgehen, weil die Alkoholsteuer für den Export erlassen wurde. Die mit abgabefreiem Alkohol versetzten Weine würden einfach nach Genua exportiert und kämen dann als italienische Weine zurück. In Katalonien nun, das durch den neuen Vertrag die Konkurrenz noch verschärfen würde, gäbe es ähnliche, der Verschneidung bedürftige Weine. Auch sie zahlten keine Alkoholabgaben für den Export und kämen nach Frankreich, wo sie als Bordeaux oder Burgunder verkauft würden. Languedoc, das diese Steuerfreiheit nicht genösse oder nur durch betrügerische Manipulationen erreichen könne, fühle sich dadurch benachteiligt. Valon schätzte die zu erwartende Einfuhr aus Katalonien auf 5—6 Mill. hl und berechnete, wenn der Preis des hl durch den Wettbewerb auch nur um 1, 2, 3 fr. sänke, für den französischen, unter dem Wüten der Phylloxera darniederliegenden Weinbau den Verlust auf 30 Mill. fr. bis

90 Mill. fr. Dabei legte er die niedrigste Jahresproduktion von 30 Mill. hl zu Grunde. Bei den hohen Steuern von 200 Mill. fr., die der Weinbau zu tragen habe, könne der Standpunkt des Konsumenten nicht ausschlaggebend sein.

Granier de Cassagnac (Bonapartist), ebenfalls ein Weinbauer, schlofs sich Valon an. Er beleuchtete zunächst die Art und Weise der Weinvermischung: am meisten hätten die gewöhnlichen Rotweine zu fürchten. Die spanischen Rotweine hätten einen Überschufs von Farbe und Alkohol. Ein Fafs spanischen Rotweins könne deshalb mit zwei Fässern französischen Weifsweins vermengt werden, wodurch man drei Fässer Rotwein erhalte. Nun koste der Rotwein 30 fr. das hl, der Weifswein nur 15 fr. Der Färber hätte also an jedem Fafs Weifswein 15 fr. Reingewinn. Dadurch hätte auch der Konsument einen Nachteil, weil er für rot gefärbten Weifswein um 15 fr. mehr bezahlen müsse als für ungefärbten. Zudem sei der höhere Alkoholgehalt gesundheitsschädlich.

Man dürfe ferner nur nicht glauben, dafs die französische Weinausfuhr nach Spanien sich dafür vergröfsern würde; denn den Spaniern sage der Geschmack der französischen Weine, wie auch anderer Produkte, z. B. des Öles, nicht zu. Spanien aber, dessen Weine 4—5 % mehr Alkohol besäfsen, erhalte dadurch in Frankreich direkt eine Prämie.

Ähnliche Ausführungen machte der Graf von Bouville (Bonapartist). Aufserdem fand er die ganze Konvention „principlos“, weil sie, obschon nur Übergangsmafsregel, doch bestimmte Tarifpositionen festgelegt hätte. —

Laroche-Joubert (Bonapartist) sprach Befürchtungen für die Papierindustrie aus, die von dem Berichterstatter Tirard allerdings zurückgewiesen wurden, weil die in Spanien eingeführten Zollerhöhungen nur die nichtmeistbegünstigten Nationen beträfen.

Faye (republik. Linke) verlangte, den Vertrag bis nach der Ausarbeitung des Generaltarifes zu vertagen.

Für die Konvention trat mit Eifer der Berichterstatter Tirard ein. Er schilderte die Gefahren des spanischen Maximaltarifs und die Vorteile, welche fast sämtliche Industrieen von der Meistbegünstigung hätten. Er spielte auch geschickt darauf an, dafs die Weinproduzenten sich sonst immer freihändlerisch gebärdet hätten und zumal bei Verträgen mit nördlichen Ländern der napoleonischen Politik treu geblieben wären; jetzt aber träten sie dem Süden gegenüber als Schutzzöllner auf.

Der Handelsminister Teisserenc de Bort meinte, man dürfe wegen des Sonderinteresses des Weinbaues nicht den ganzen Handel opfern. Aufserdem sei im Schofse der Regierung ein neues Gesetz über die Weinverschneidung mit besonderen Bestimmungen gegen den Betrug in Vorbereitung begriffen. Im Süden Frankreichs gäbe es nicht allein eine Weinproduktion, sondern noch andere Gewerbe, wie die Wollerzeugung, welche von dem spanischen Export viel zu erwarten hätten. Auch der Fischfang und die Küstenfahrt erhielten einen notwendigen Schutz.

Die Kammer nahm die Übereinkunft am 19. März 1878 mit 242 gegen 146 Stimmen an. Am 21. März wurde sie ratifiziert.

4. Konvention mit Österreich.

Nun galt es, auch die Verträge mit den anderen Mächten bis zum 31. Dezember 1879 zu verlängern.

Mit Österreich-Ungarn schwebten schon seit geraumer Zeit Verhandlungen, die aber nicht zu einer Weiterhinausschiebung der alten Bestimmungen, sondern zu einer bloſsen Meistbegünstigungskonvention am 20. Januar 1879 führten. Diese Meistbegünstigung war, wie es in einer besonders aufgesetzten Erklärung hieſs, die weitestgehende, „wobei übrigens wohlverstanden" war, „daſs der allgemeine Grundsatz, nach dem von der Behandlung auf dem Fuſse der meistbegünstigten Nation die Begünstigungen, welche angrenzenden Staaten zur Erleichterung des Grenzverkehrs gewährt" wurden „oder künftig gewährt werden" sollten, „ausgeschlossen" waren, „keinen Eintrag" erlitt.

Die Berichte Berlets (republ. Linke) in der Kammer und Huguets (linkes Centrum) im Senat empfahlen beide die dringend notwendige Konvention, welche auch ohne Debatte angenommen und am 18. Februar 1879 ratifiziert wurde.

Die Bestimmung der Meistbegünstigung war für Frankreich besonders dadurch wichtig geworden, daſs in Österreich am 27. Juni 1878 ein Gesetz verkündigt worden war, welches für Nichtvertragsstaaten eine Zollerhöhung von 10% vorschrieb und sogar auf sonst abgabenfreie Produkte 5% Zoll legte. Eine weitere Gefahr drohte der französischen Ausfuhr durch den in Vorbereitung befindlichen italienisch-österreichischen Vertrag, nach welchem Italien hinsichtlich der Seidenwaren günstiger, als andere Länder gestellt wurde. Frankreich sicherte sich diesen Vorteil durch die Konvention.

Österreich ging natürlich nur unter der Bedingung auf das Übereinkommen ein, daſs in Frankreich die Produkte, welche vordem allein infolge des österreichischen Vertrages in den Meistbegünstigungstarif aufgenommen waren, bei der alten Tarifierung blieben. Auch andere Nationen und nicht zum mindesten der französische Handel selbst hatten ein bedeutendes Interesse daran.

Teisserenc de Bort legte also am Tage der Einbringung der Konvention, dem 28. Januar 1879, der Kammer zugleich einen Gesetzesentwurf vor, nach welchem diese Waren nicht dem alten Generaltarif, der sie zum Teil verbot, sondern dem bisherigen Konventionalregime unterliegen sollten. Meist waren dies Rohstoffe, wie Bettfedern, medizinische Kräuter, Hopfen, Stahl in Barren, Bändern und Draht, Maschinenteile, stählerne Werkzeuge, Glasprodukte, Rohstoffe für den Schiffsbau; aber auch Fabrikate, wie Schiefertafeln, Leinen- und Hanfgewebe, Wollteppiche, Möbel, Meerschaumwaren, Galanteriewaren und als das wichtigste: Seeschiffe.

Die französische Regierung hatte sich lange gegen die Freiheit der Rohstoffe für den Schiffsbau und die Zulassung der Seeschiffe zu der einfachen Bilanzabgabe von 2 fr. auf die Meſstonne gesträubt, aber sie konnte nur erreichen, daſs diese Bestimmung nicht auf neun Jahre, wie Österreich wollte, sondern nur noch auf ein Jahr Gesetzeskraft behielt.

Der Bericht Tirards in der Kammer befürwortete die Auffassung des Ministeriums. Man dürfe nicht plötzlich mit dem alten Regime brechen und könne im Interesse der Stetigkeit des Handels und eines gesunden Übergangs erst nach der Umarbeitung des Generaltarifs an Veränderungen denken.

Die Schutzzöllner stürmten heftig gegen das Projekt an. Der Agrarier de Kerjégu (Rechte) verlangte, daſs Hopfen, welcher selbst im englischen Vertrag 20 fr. auf 100 kg zahlte, nicht, wie es die Vorlage wollte, zu 12 fr. 50 cents. in das Land käme. Die Hopfenbauern hätten einen Schaden von 16 Mill. fr. durch den österreichischen Vertrag erlitten. Denn vor Abschluſs desselben habe die Hopfeneinfuhr nur 4 Mill. fr., dann aber 20 Mill. fr. betragen. — Ebenso beklagte er das Schicksal der Handelsmarine. — Er schloſs seine Rede mit den bitteren Worten: „Bei dem Zuge, mit dem der Freihandel unsere Landwirtschaft und unsere Hauptindustrieen fortreiſst, wird es bald innerhalb unserer Grenzen nur noch eine Brache von 50 Mill. ha geben“.

Des Rotours (Monarchist) aus dem Departement des Nordens wandte sich vor allem gegen die Einfuhr von Wollteppichen zu 10 %; die Abgaben von 15 %, welche im belgischen Vertrage ständen, wären die Mindestgrenze, auf die sich die Industrie einlassen könne.

Der Berichterstatter Tirard hob dagegen hervor, daſs das Projekt doch nur eine Folge der österreichischen Konvention wäre; und der neue Landwirtschafts- und Handelsminister Lepère tadelte die agrarischen Übertreibungen. Der Artikel Hopfen könne unmöglich die ganze Landwirtschaft vernichten.

Das Projekt gelangte zur Annahme und wurde auch am 14. März 1879 infolge des Berichtes Dauphinot (linkes Centrum) vom Senat gutgeheiſsen.

5. Verlängerung aller Verträge.

Die Verträge mit den übrigen Ländern waren bisher stillschweigend verlängert worden. Selbst die Übereinkunft mit der Schweiz, die Frankreich selbst gekündigt hatte, bestand noch zu Recht. Wie die übrigen, sollte auch sie am 31. Dezember 1879 ablaufen.

Aber die Regierung hatte sich darin getäuscht, dafs sie zu diesem Zeitpunkt die Waffe des neuen Generaltarifs in die Hand bekommen würde, und sie hatte die Arbeitsschnelligkeit der Kammerkommission erheblich überschätzt. Es stellte sich bald heraus, dafs ein weiteres Hinausschieben der Verfallszeit für die Konventionen nötig war.

Deshalb legte der Handelsminister Lepère am 5. Juni 1879 der Kammer ein Projekt vor, welches die Regierung zur Verlängerung sämtlicher Konventionen mit der Mafsgabe ermächtigte, dafs die Dauer der Hinausschiebung nicht sechs Monate nach der Verkündigung des neuen Generaltarifs überschreiten dürfe.

Am 21. Juli erstattete Berlet Bericht. Noch an demselben Tage hiefs die Kammer die Vorlage gut und lehnte einen Gegenantrag Keller (klerikal), welcher die Verlängerung nur bis zu einem bestimmten Termin, dem 1. März 1880, genehmigen wollte, ab.

Der Senat verzögerte die Verhandlung um einige Zeit. Denn er hatte erst eine Enquete vorgenommen und die Interessenten befragt. Nach dem Berichte Feray (konserv. Republik.) vom 31. Juli 1879 hatten sich von 80 Handelskammern 35 für die Vorlage ausgesprochen, 42 waren für ein bestimmtes Datum der Vertragsdauer (spätestens der 30. Juni 1880), 3 unentschieden. — Von 77 beratenden Kammern für Künste und Gewerbe hatten nur 29 die Regierung unterstützt, 39 waren für einen festen Termin, 9 unentschieden. Die Kommission beschlofs auf Grund dieser Umfrage mit 5 gegen 4 Stimmen als Endtermin den 30. Juni 1880 festzusetzen.

„Das wird“, heifst es im Bericht, „für das Parlament ein gebieterischer Beweggrund sein, sich zu beeilen, um die Industrie aus einer Lage zu ziehen, die auf sie seit so langer Zeit drückt, und die, wenn sie sich fortsetzte, die traurigsten Folgen für sie und die zahlreichen Arbeiter, denen sie Lebensunterhalt giebt, haben würde . . . . . , ein Grund mehr, die Diskussion abzukürzen und die Abstimmung über den definitiven Tarif zu beschleunigen.“

Der Antrag erfüllte die Schutzzöllner mit Zufriedenheit. Pouyer-Quertier an der Spitze verlangten siedringend Schutz für Industrie und Landwirtschaft und gingen scharf gegen das liberale Ministerium Waddington vor. Aber der Ministerpräsident blieb fest. Nicht einmal ein Vermittlungsantrag

Testelin (republ. Union), statt des 30. Juni den 31. Oktober 1880 zu setzen, fand daher eine Mehrheit. Der Artikel der Senatskommission wurde mit 159 gegen 120 Stimmen verworfen und dann das ursprüngliche Regierungsprojekt mit 227 gegen 51 Stimmen angenommen. —

Die fremden Mächte liefsen sich nicht allzuschwer zur Zustimmung bewegen, einige indessen erst nach einigem Zögern, wie Italien[1].

Auch der aufserhalb des Meistbegünstigungssystems stehende Vertrag mit Portugal vom 11. Juli 1866 erhielt durch Übereinkunft der Regierungen erst den 31. Dezember 1879, dann den Endtermin der anderen Verträge zur Verfallszeit. Eine Änderung der bisherigen Bestimmungen trat nur insofern ein, als Portugal vom 16. Juli 1879 an zugestand, dafs seine Weine statt der bisher bezahlten Abgabe von nur 30 cents. den Zoll des Meistbegünstigungstarifs von 3,50 fr. auf das hl entrichteten.

IV. Kapitel.

Der Tarifentwurf der Kammerkommission.

1. Enqueten des Senats und der Kammer.

Nach der Schilderung dieses Vorspiels für die Beratung des Generaltarifs, der provisorischen Sicherstellung der auswärtigen Handelspolitik, komme ich nun zu dem Generaltarif selbst, dem volkswirtschaftlich wichtigsten Werk seit der napoleonischen Zollreform.

Die Vorarbeiten dazu waren bereits ins Riesenhafte angeschwollen.

Bald nach dem Versuch eines klerikalen Staatsstreichs im Jahre 1877 und noch vor der Erörterung über die italienische Konvention hatte der Senat am 29. November 1877 einem Antrag Feray zufolge eine Kommission von 18 Mitgliedern eingesetzt, welche den Auftrag erhielt, den Ursachen für das Darniederliegen von Handel und Industrie auf den Grund zu gehen und sich nach Heilmitteln umzusehen. Der Antrag war nicht allein die Folge der in der That aufgetretenen wirtschaftlichen Krisis, sondern aus politischen Erwägungen heraus gestellt.

---

[1] v. Brandt, op. cit. S. 155, schreibt: „Nach nochmaliger Verlängerung des bisherigen Vertrages fand vom 1. Juli 1880 während 7 Monaten die Anwendung der beiderseitigen Generaltarife statt, ein Vorspiel des Zollkriegs, der 8 Jahre später entbrennen sollte“. Diese Angabe ist irrig. Italien hat damals der Vertragsverlängerung zugestimmt.

Man wollte den Ministern des 16. Mai die Verantwortlichkeit für die Notstände in Industrie und Handel zuschieben[1]. Bei der Eröffnung der Sitzungen sprach dies der Senator der Gironde, Fourcand (republ. Linke), ganz rückhaltlos aus: „Der Akt vom 16. Mai hat einen beträchtlichen Einflufs auf die Geschäfte gehabt. . . . Die Kommission sollte einige ihrer Mitglieder zum Marschall (Mac Mahon) senden, um ihn zu bitten, die Krisis aus der Welt zu schaffen, indem er sich dem durch das Land in den letzten Wahlen ausgedrückten Willen fügt."

Die Mehrheit der Kommission lehnte indessen diesen Parteistandpunkt ab und beschränkte sich auf die Untersuchung der wirtschaftlichen Lage. Wie erwähnt, fügte sich der Präsident der Republik auch bald darauf dem Verlangen der Kammermehrheit und ernannte ein neues Ministerium, welches auf Betreiben Teisserenc de Borts der Kammer den schon mitgeteilten Generaltarifentwurf unterbreitete. —

Seit einigen Jahren lähmte eine allgemeine Krisis, die sich im steten Fallen sämtlicher Preise äufserte, die Volkswirtschaft aller Länder und brachte, wie in den anderen Staaten, so auch in Frankreich eine ungeheure Erregung in die Geschäftswelt, zumal in den Kreisen der Schutzzöllner.

Man kann es als erwiesen annehmen, dafs die damalige Krisis durchaus nicht dem Vorherrschen freihändlerischer Tarife in Europa zuzuschreiben ist, sondern der Umwandlung des alten Werkzeuges, mit dem die Industrie unserer Väter arbeitete, in die billiger, schneller und besser produzierenden Maschinen der Neuzeit, und zugleich der ungeahnten Entwicklung der Verkehrsverhältnisse durch das Emporblühen der Eisenbahnen und der Dampfschiffahrt. Dies hatte eine Überproduktion zur Folge, die sich am schwersten in den Ländern äufserte, welche mit der industriellen Entwicklung nicht Schritt gehalten hatten. Einige Nationalökonomen leiten das allgemeine Sinken der Preise aus der durch den Übergang Deutschlands zur Goldwährung verursachten Knappheit des Goldes her. Indessen kommt man auch ohne eine solche nicht recht zu beweisende Theorie aus, und die von der Senatskommission Frankreichs eingeleitete Enquete wirft lehrreiche Schlaglichter auf die wahren Ursachen[2].

Ein Sachverständiger, Jullien, sprach sich über die Lage der Metallindustrie folgendermafsen aus: „Im Jahre 1872 und 1873 zeigte sich für die Metallindustrie infolge des Krieges eine grofse Entwicklung in den Geschäften. Die Verkaufspreise gingen stark in die Höhe, und recht beträchtliche Ge-

---

[1] Siehe Journ. des Econom. Dezember 1880, S. 348 (Amé).
[2] Siehe Journ. des Econom. Dezember 1880 (Amé, cap. III).

winne wurden von allen bestehenden Eisenhütten realisiert. Diese Gewinne hatten überall in Europa die Schaffung oder Ausdehnung neuer Metallfabriken zur Folge, und zwar in einem Augenblicke, wo die Vereinigten Staaten, ihre eigene Produktion entwickelnd, vollständig den ungeheuren Markt, welchen sie bis dahin den Engländern geboten hatten, verschlossen. Es gehört nicht viel dazu, um daraus das Anschwellen aller Stocks und die Baisse aller Preise zu erklären."

Für die Wollindustrie war nach einer Note der Handelskammer von Reims eine Überproduktion der ganzen Welt nach 1870 eingetreten.

Hinsichtlich der Garne und Gewebe von Jute sagte man, dafs die Fabriken in Kalkutta die Erzeugnisse von Dundee zurückdrängten, die dann ihrerseits zu jedem Preis einen Markt suchten. Es sprechen hier sicher Währungsdifferenzen und nicht allein die billigere Produktion mit.

Die Lohgerber äufserten sich über die amerikanische Konkurrenz besorgt.

Im Interesse der Fabrikanten von Stoffen aus gekämmter Wolle gab Léon Legrand noch ein anderes Moment an: Je mehr die Handarbeit der mechanischen Platz gemacht hat, desto schwerer kann man die Fabrikation einschränken, weil in das Material ein bedeutendes Kapital hineingesteckt ist, das verzinst werden mufs. Eine Gruppe mechanischer Arbeiter kann sich in einer toten Saison nicht mit anderen Arbeiten beschäftigen, weil sie nichts gelernt hat.

Sehr viele der gehörten Sachverständigen leugneten jeden in der industriellen Entwicklung liegenden Grund. Sie setzten allein der napoleonischen Zollreform die Schuld für ihre Not auf Rechnung. Am lautesten erhob die Baumwollen- und Leinindustrie ihre Stimme. Man rief nach dem Schutzzoll, ohne ihn indessen mit diesem Namen zu belegen. „Kompensatorischer Zoll" hiefs die Parole.

Der Senator aus dem Departement der Vogesen, Claude (linkes Centrum), äufserte sich demgemäfs: „Wir verlangen die Erhöhung der Zölle nicht als eine Begünstigung, sondern im Namen des grofsen Princips der modernen Civilisation, das sich die Gleichheit vor der Steuer nennt, und das nicht zuläfst, auf uns Taxen ruhen zu lassen, die das Ausland nicht zu tragen hat. . . . Ihr habt uns neue Steuern aufgebürdet; ihr habt nicht das Recht, uns im Zustand der Inferiorität gegenüber dem Ausland in dieser Hinsicht zu lassen."

Ähnliche Stimmen kamen von den Vertretern des Schiffsbaus und der Handelsmarine. —

Ancel (rechtes Centrum), ein alter Anhänger der Schutzzolltheorie, verfafste den Kommissionsbericht und überreichte ihn am 21. Mai 1878 dem Senat.

Er faſste nach der Zergliederung der Zeugenaussagen die Ansicht der Kommission dahin zusammen, daſs die Hauptgefahr für Frankreich in der Entwicklung der groſsbritannischen Produktion liege. England könne die ganze Welt versorgen, aber seine Konkurrenten Deutschland, Amerika und die eigenen Unterthanen in Indien lieſsen dies nicht zu. Daher häuften sich seine Fabrikate an und überschwemmten die Welt.

Eine weitere Ursache des Notstandes, speciell für die französische Ausfuhr, liege darin, daſs die meisten Staaten Europas Zollerhöhungen planten und Nordamerika seinen eigenen Markt verschlossen hätte, während es in Südamerika von Tag zu Tag mehr an Boden gewänne.

Die Kommission forderte also dringend zur Änderung des französischen Zollsystems im Sinne mäſsiger Zollerhöhungen für die bedrohten Industrieen auf und bat die Regierung, ihr Augenmerk besonders auf die Handelsmarine zu richten. —

Der Bericht kam nicht zur Erörterung. Denn die Deputiertenkammer war von Teisserenc de Bort bereits mit der neuen Tarifvorlage betraut worden. Ihre am 19. März 1878 gewählte Kommission von 33 Mitgliedern benutzte natürlich die schätzbaren Ergebnisse der Senatsenquete, ebenso wie die früheren amtlichen Untersuchungen des Oberhandelsrats, als Material für ihre eigenen Beratungen. Aber sie hielt dieses Material nicht für ausreichend und eröffnete ihrerseits gleichfalls eine umfangreiche Enquete, die fast ein Jahr, vom 3. April 1878 bis zum 5. März 1879 dauerte.

Ein Fragebogen wurde an alle Handelskammern und die übrigen Interessenvertretungen versandt, der über die Zollhöhe, über die Umwandlung der Wertzölle in specifische, über die Entrepotzuschläge, über die Handelsverträge, über die Klausel der Meistbegünstigung und über die zeitweilige Zulassung Auskunft verlangte.

Gleichzeitig wurden vor die Kommission zahlreiche Industrielle, Kaufleute und Landwirte zur mündlichen Aussage vorgeladen und schlieſslich jedem, der es verlangte, die Möglichkeit gegeben, vor der Kommission seine Meinung zu äuſsern. Man lieſs nach einem gleich anfangs zum Beschluſs erhobenen Antrag jedoch jegliche rein theoretische Erörterung aus dem Spiel. Als Grundlage der Untersuchung diente ein Vergleich der allgemeinen Produktionsbedingungen Frankreichs mit denen des Auslands.

Die Protektionisten verlangten auf dieser Basis einen kompensatorischen und fiskalischen Tarif, um mit dem Ausland unter gleichen Bedingungen zu kämpfen und zugleich durch die ihrer Meinung nach nicht allzu hoch berechneten Zölle die Staatseinnahmen zu verbessern. Die direkte Forderung eines Schutzzolls wurde anfänglich nicht erhoben.

Bei Beginn der Enquete beherrschte zweierlei die Situation, der Mifserfolg von 1871, welcher Frankreich Elsafs-Lothringen mit seiner hochentwickelten Textilindustrie genommen hatte, und der bedrohliche Aufschwung der amerikanischen Industrie. Beide Thatsachen wurden vornehmlich von den gehörten Sachverständigen als Ursachen eines von den Hauptschreiern in den düstersten Farben gezeichneten wirtschaftlichen Niedergangs angegeben. Es war selbstverständlich, dafs eine Körperschaft, die jedem Interessenten freistellte, vor ihr zu erscheinen, sich natürlich im wesentlichen Leuten gegenüber sah, die ihre Not am lautesten zu predigen wufsten.

In dieser Hinsicht standen die Textilindustriellen in erster Reihe. Man hatte deshalb für die Textilindustrie eine besondere Unterkommission von 15 Mitgliedern eingesetzt, während die übrigen 18 sich mit sämtlichen anderen Zweigen des Tarifs befassen mufsten und dabei schliefslich ein verhältnismäfsig geringeres Material in ihren Berichten der Kammer vorlegten, als allein der Bericht über die Baumwollenindustrie enthielt.

Die Delegierten der Normandie, Flanderns und der Vogesen, wo die Baumwollenfabriken hauptsächlich ihren Sitz hatten, forderten für ihre Garne und Gewebe Zollerhöhungen von nicht weniger als 50 % mit der ausdrücklichen Bestimmung, dafs dieser Zoll das Minimum vorstellte, welches durch keinen Vertrag geändert werden dürfe. Der Abgeordnete Feray, welcher im Oberhandelsrat im allgemeinen den Konventionaltarif gebilligt hatte, trat jetzt energisch für die Erhöhungen ein. Er hielt für die Baumwollengarne aufserdem eine Verdoppelung der Kategorieen nötig, natürlich, um dadurch eine weitere Steigerung des Zollschutzes zu erreichen.

Die Juteindustrie und die Industrie von Lein und Hanf ging mit der Baumwollenfabrikation Hand in Hand, obwohl in Lein und Hanf die französische Ausfuhr die Einfuhr bei weitem überstieg.

In der Frage der Wolle war man geteilter Meinung. Reims und Fourmies wollten für ihre Kammwolle einen gröfseren Markt im Ausland zu erobern suchen, da sie über das Bedürfnis des französischen Konsums hinaus produzierten. Sie verlangten daher die Zollfreiheit. Die Fabrikanten von kardierter Wolle führten eine andere Sprache. Constant Flavigny, der Vertreter der Handelskammer von Elboeuf, hielt es für Resignation, sich mit den von der Regierung vorgeschlagenen 24 % zu begnügen. Jedenfalls dürfte kein Zollvertrag diese Minimalhöhe ändern. Ebenso lautete der Bericht der Handelskammer von Sédan. Poitevin von Louviers trat für 50 % Erhöhung ein.

Bei dem Kapitel „Seide“ beschränkte man sich auf die Spinnerei der Seidenabfälle. Sonst hing diese Industrie, zumal die Lyoneser Handelskammer, der vollen Zollfreiheit an. Für die Spinnerei der Abfälle wurde ein Schutz von 30 % gefordert.

Die Metallindustrie, die sich vor der Senatskommission beschieden hatte, weil man ihr vorrechnete, dafs sie bereits mehr als jede andere Industrie geschützt sei, erhob jetzt, in einer Zeit der gröfseren Schutzzollagitation, wieder um so lauter ihre Stimme. Der Ausschufs der Eisenhütten in der Champagne verlangte für Roheisen und Barren von geringem Umfang statt der bisherigen 6 fr. eine Abgabe von 8, 10 und 12 fr. auf 100 kg. Die Fabrikanten von fertigen Metallwaren traten zum mindesten jeder etwa geplanten Reduktion entgegen.

Und so war es in allen Industrieen; überall traten die Notleidenden vor die Kommission und zählten ihre Wünsche auf, die Zufriedenen blieben zu Hause.

Auch die Agrarier liefsen sich hören. Du Douet, de Monicault, Estancelin und andere ihrer Führer sprachen sich voll Bitterkeit über das Unrecht aus, dafs man im Gegensatz zu allen anderen Produktionen nicht auch die Lebensmittel schützte. Die Ausfuhr der Vereinigten Staaten nach Europa wüchse zusehends. Amerikanisches Getreide sei in Havre billiger zu haben, als das französische. Ebenso wäre die Viehzucht bedroht. Specifische Zölle für alle landwirtschaftlichen Erzeugnisse in der Höhe von 10 % würden dem abhelfen.

Den gröfsten Einflufs auf die abgegebenen Antworten hatte sicherlich die gewaltig angeschwollene Schutzzollagitation in allen Gegenden Frankreichs. Wie in Deutschland traten zu dieser Zeit auch in Frankreich die agrarischen und industriellen Schutzzöllner zusammen, um durch ihre Koalition zum Siege zu gelangen. Die „Genossenschaft der französischen Industrie für die Verteidigung der Arbeit“ hielt mit dem „Bund der Landwirte Frankreichs“ eine gemeinsame Versammlung ab, in der man sich über ein gemeinschaftliches Programm verständigte. Gegen dieses Vorgehen bildete sich eine freihändlerische Liga, die „Genossenschaft für die Verteidigung der Handels- und Industriefreiheit und für die Aufrechterhaltung und Entwicklung der Handelsverträge“.

Beide Richtungen suchten natürlich die Kommission, in der sich zwei fast gleiche Parteien gegenüberstanden, zu beeinflussen, doch kam die freihändlerische Auffassung weniger zur Geltung, weil ihre Anhänger das Schwergewicht auf theoretische Fragen legten, deren Erörterung in der Kommission verpönt war.

Neben der Hauptenquete fanden noch zwei Sonderuntersuchungen statt 1. durch den Präsidenten und die beiden Vicepräsidenten und 2. durch die für jedes Kapitel des Tarifs eingesetzten Berichterstatter. Diese reisten in die Industriemittelpunkte, um sich persönlich mit allen Einzelheiten vertraut zu machen, sich in die Leiden der verschiedenen Gewerbe hineinzuleben und dann gewissermaſsen für ihr eigenes Leid zu kämpfen.

Jedenfalls durfte Malézieux, der Generalberichterstatter, mit vollem Rechte am Schlusse seiner Arbeit sagen: „Man kann von der Enquete von 1878 versichern, daſs sie die vollständigste, die praktischste, die am besten kontrollierte, mit einem Wort die ernsteste gewesen ist, die jemals stattgefunden hat.“

2. Die Kommissionsberichte.

Ein wenig beeinträchtigt war die Arbeit der Kommission vielleicht durch den mehrmaligen Wechsel im Vorsitz, während zugleich die Leitung des Handelsministeriums in andere Hände überging.

Zuerst bekleidete der Schutzzöllner Jules Ferry (republ. Linke) das Amt des Präsidenten der Kommission. Zu Vicepräsidenten waren der Freihändler Tirard (Linke) und der gemäſsigte Protektionist Malézieux (linkes Centrum) erwählt worden. Bald darauf übernahm Jules Ferry ein Ministerportefeuille. Der an seine Stelle tretende Tirard legte nach einiger Zeit gleichfalls sein Amt nieder, um der Nachfolger Teisserenc de Borts und Lepères im Ministerium für Landwirtschaft und Handel zu werden. An die Spitze der Kommission wurde nun Malézieux gerufen. Auch andere Mitglieder der Kommission sahen sich im Laufe der politischen Ereignisse zum Ausscheiden genötigt und muſsten durch neu gewählte Deputierte ersetzt werden.

Das verzögerte die Arbeiten bedeutend. Die Regierung und der Kammerpräsident muſsten des öfteren die Kommission zur schnelleren Förderung ihrer Aufgabe mahnen. Man war obendrein, wie oben geschildert, durch die Verfallszeit der Handelsverträge in eine schwierige Lage gekommen und hatte doch die Absicht, erst nach der Annahme des Generaltarifs an neue Verträge heranzugehen.

Endlich, am 20. Dezember 1879, lagen der Kammer an 50 Sonderberichte der einzelnen Kommissionsmitglieder vor. Einige Zusatzberichte erfolgten noch im Laufe des Januar 1880.

Die gesamte Textilindustrie mit Ausnahme der Seidenfabrikation beherrschte der Führer der Schutzzöllner, der Abgeordnete Méline (republik. Union), als seine Domäne. Aber auch für Garne aus Seidenabfällen hatte er einen Specialbericht verfaſst.

Getränke jeder Art behandelte Maurice Rouvier (republ. Union); sonst sind noch als Verfasser einer ganzen Reihe von

Berichten Jametel (Linke) und Garrigat (gemäfs. Republikaner) zu nennen.

Der Vorsitzende, Malézieux, schrieb dazu einen Generalbericht, welcher die Arbeit der Kommission in grofsen Zügen schilderte. Die leitende Anschauung gab Malézieux in folgenden Worten wieder: „Der Generalbericht würde nicht das getreue Echo dessen, was im Busen der Kommission gesagt ist, sein, wenn er eine Darlegung ökonomischer Lehrmeinungen unternähme, wenn er die Domäne der Theorie und spekulativer Gedankengänge beträte, während die Kommission es doch beabsichtigte, sich auf den Boden der Thatsachen und Erfahrungen zu stellen und sich in Wahrheit darauf gehalten hat.“

Nach der öffentlichen Enquete hatte sich die Kommission zunächst die Frage vorgelegt: Soll der neue Tarif autonom sein oder durch Handelsverträge geändert werden können?

Gegen die Verträge führte man folgende Argumente ins Feld: Der Staat wird durch Verträge in seiner Freiheit beeinträchtigt. Schwerwiegende Irrtümer im Tarif können nicht berichtigt werden. Krisen, die im Ausland durch Überproduktion eintreten, wirken auch auf Frankreich, weil die im Preis gesunkenen Waren über die offenen Grenzen ins Land strömen. Die Stabilität des Handels kann durch einen autonomen Tarif ebenso gut garantiert werden. Gerade durch die Verträge ist die Stetigkeit der Handelsbeziehungen bedroht, weil jeder neue Vertrag den Zolltarif ändert. Durch die Verträge ist auch die Thätigkeit des Parlaments lahmgelegt; es kann die Regierungsvorlagen nur im ganzen annehmen oder verwerfen.

Für die Verträge äufserte man: Frankreich kann sich nicht isolieren. Es mufs sogar neue Beziehungen anknüpfen, um seinen Export zu entwickeln. Auch unter der Herrschaft der ausgesprochensten Anhänger des Schutzzolls hätte bisher das Land niemals die Verträge verworfen.

Das gab den Ausschlag. Man lehnte gegen Ende der Diskussion, weil die Frage der Entwicklung des Aufsenhandels sich nicht umgehen liefs, einen Antrag Waddington, zwei Tarife herzustellen, einen Minimaltarif für die meistbegünstigten Nationen und einen Maximaltarif für die übrigen, ab. Es sprach auch der Grund mit, dafs sich dieses Tarifsystem in anderen Ländern nicht bewährt hatte. Man blieb also bei den Verträgen. „Aber,“ heifst es im Generalbericht, „damit eine Regierung unter guten Bedingungen verhandeln kann, braucht sie einen Ausgangspunkt und eine Grundlage, die beide sehr fest sind; sie braucht eine Stütze und Verteidigungswaffe in einem weise zusammengestellten Generaltarif. Deshalb ist es nach aller Logik des gesunden Menschenverstandes dringend notwendig, dafs der Tarif den Verträgen vorangeht und nicht aus ihnen folgt".

Darin war die Kommission in Übereinstimmung mit der neuen Regierung.

Es handelte sich nun darum: Sollte man ein Minimum festsetzen, unter das die Verträge nicht gehen können, oder ein Maximum, das Konzessionen gestattet, oder alles beides? Ein Minimum war jedenfalls gefährlich, weil die fremden Staaten dann sofort dies Minimum verlangt haben würden oder, falls es ihnen zu hoch war, Einspruch erhoben hätten. Man beschlofs schliefslich weder ein Maximum, noch ein Minimum, sondern einen Generaltarif, nicht zu tief, damit die Industrie bestehen könne, nicht zu hoch, damit auch der fremde Wettbewerb wirke und die Konsumenten, wie der Staat, sich dabei gut ständen.

In Wahrheit war das Werk der Kommission natürlich doch ein Maximaltarif; man benannte ihn nur anders, weil einige Industrieen ihre Schutzzölle für Minima und demgemäfs den Tarif als Minimaltarif ansahen.

Für die Beibehaltung des alten Generaltarifes erhob sich keine Stimme. Auch die Protektionisten verlangten zumeist die Festlegung des herrschenden Vertragstarifes, oft ohne Erhöhung, oft mit den 24 % der Regierung, oft mit einem höheren Zuschlag.

Man rechtfertigte die Zollerhöhungen durch allgemeine Erwägungen. Von dem Zeitalter der allgemeinen Weltverbrüderung wäre man noch weit entfernt. Daher müsse man die Gewerbe gegen den Einfall der fremden Erzeugnisse verteidigen. Die genauesten Untersuchungen hatte man denjenigen Industrieen zu teil werden lassen, welche die meisten Arbeiter beschäftigen. Der Grundsatz der Berücksichtigung der nationalen Arbeit war überhaupt ausschlaggebend. Deshalb fafste man besonders den Standpunkt des Produzenten ins Auge. Malézieux begründete das damit, dafs die wenigsten Konsumenten nicht zugleich Produzenten wären. Man kann gewifs mit gleichem Recht sagen: Kein Produzent ist nicht zugleich Konsument.

Im einzelnen hatte man sich durch folgende Beweggründe leiten lassen:

Die Landwirtschaft liefert die Rohstoffe für die Industrie und die Lebensmittel, beides aber nicht in so ausreichender Menge, dafs Frankreich den Import entbehren kann. Ihre Produkte erhielten deshalb die niedrigsten Zölle. Die Agrarier hatten allerdings gehofft, mehr durchzusetzen, und auch die industriellen Schutzzöllner gedachten, ihnen zum Teil nachzugeben, um so die Stimmen der Landwirte wieder für ihre Forderungen zu gewinnen. Aber die Regierung trat diesem Handel energisch entgegen. Sie drohte sogar, an dieser Frage den ganzen Tarif scheitern zu lassen. Andererseits konnte man in der That auch nicht die von der Landwirtschaft erzeugten Rohstoffe, wie Wolle, Seide, Lein und Hanf, treffen, ohne das berüchtigte drawback wieder einzuführen. Während die Kommission hierin also nachgeben mufste und auch für Getreide nur eine einfache Bilanzabgabe festsetzte, konnte sie für einige wenige Agrarprodukte doch noch stärkere Zölle beschliefsen. Dazu gehören rohe Felle, Fette und Talg, welche die Regierung zollfrei gelassen hatte und die jetzt 10 % entrichten sollten. Man erhöhte ferner die Abgaben von Kühen, Widdern und Schafen, von Käse, Bauholz, Daubenholz, Hopfenstangen. Viel war das nicht. Dafür speiste aber Malézieux die Landwirtschaft mit dem schönen Titel: „Die erste der nationalen Industrieen“ ab.

Bei allen Gewerben (einschliefslich der Landwirtschaft) hatte man einen genauen Vergleich mit dem Ausland, namentlich England, angestellt. Als Grundlage der Vergleichung dienten dabei folgende Gesichtspunkte:

1. stellte man die Transportkosten einander gegenüber; England war dabei durch seine billigeren Wasserstrafsen im Vorteil. — Weiter stellte man in Rechnung:

2. die Kosten der Kohle, dieses „Brotes der Industrie“;

3. den Nachteil, welchen der Militärdienst mit seiner Inanspruchnahme der tüchtigsten Arbeiter und mit seinem störenden Eingreifen in die Ausbildung mit sich bringt;

4. die leichtere und schnellere Beschaffung von Kapitalien im Ausland;

5. die stabilere Entwicklung des Handels, der sich in England zwei Jahrhunderte hindurch ohne Störung emporschwingen konnte;

6. die Steuern, welche den Lebensunterhalt verteuern;

7. das Alter der Industrieen; die Baumwollenweberei und -spinnerei in England hat eine bedeutend ältere Geschichte als die des Festlands, und daher eine gröfsere Ausdehnung;

8. das Alter der Handelsbeziehungen Englands mit der ganzen Welt;

9. etwa eingetretene Änderungen in der Konkurrenz; früher war Schweden der drohendste Wettbewerber in Eisen, nach dem Aufkommen des stärkeren Kohlenverbrauchs traten an seine Stelle England, Belgien und Deutschland;

10. zog man die veränderte Handelspolitik Amerikas in die Betrachtung. Amerika war vordem Frankreichs bester Kunde, jetzt ein scharfer Konkurrent: durch die Billigkeit seiner Gerbstoffe für die Gerberei, durch seine Massenproduktionen für die Baumwollen-, Wollen- und Metallindustrie und für die Landwirtschaft.

Natürlich dachte die Kommission durchaus nicht daran, dem ultraprotektionistischen Amerika mit gleich hohen Zöllen zu begegnen, sondern blieb ihm gegenüber noch möglichst liberal. —

Diese 10 Vergleichungspunkte führten dazu, Kompensationen für die Nachteile zu suchen, welche der Industrie durch die Überlegenheit des Auslands erwuchsen. Die höheren Kostenpreise sollten durch den Zolltarif ausgeglichen werden.

So hatte man für die Baumwollenindustrie zunächst die Zahl der Klassen vergröfsert und dann die Zölle bedeutend erhöht: für die einfachen, von der Weberei zumeist gebrauchten, ungebleichten Garne um 78 %, die anderen Kategorieen um 30, 40, 50, 60 %. Entsprechend ging man bei gebleichten und gefärbten Garnen vor.

Für die Gewebe schuf man ebenfalls eine genaue Klassifizierung. Gewöhnliche Stoffe sollten 50 %, feine 100, 150, 175 % mehr Abgaben bezahlen. Der alte Tarif war übrigens in dieser Hinsicht äufserst mangelhaft. Die dort festgesetzten unverhältnismäfsig berechneten Abgaben rechtfertigen die starke Erhöhung einigermafsen.

Für Lein, Hanf und Jute beschlofs die Kommission fast das Gleiche.

Für Wolle nahm sie gröfstenteils die Regierungsvorlage, also die Erhöhung von 24 %, an.

Die Zölle für Seidenabfallfabrikate sollten statt 75 cents und 1,20 fr. auf 1 kg jetzt 93 cents, 1,48 fr. und 2,48 fr. betragen.

Bei den Metallwaren steigerte man den Zollschutz für Draht; die von der Regierung angeordnete Gleichsetzung der Räder aus Stahl und Schmiedeeisen verwarf man. Stahlräder wurden mit 7,50 fr. statt mit 6 fr. belegt. Man erhöhte ferner die Zölle von Artikeln aus Gufseisen, von Hausgeräten, Nähmaschinen, Nägeln, Plättbolzen, Schraubenmuttern und anderen Geräten.

Unter den übrigen Industrieen sind noch von Wichtigkeit die Erhöhungen der Zölle von Papier, präparierte Häute, Uhren, Flaschen, gereinigte Mineralöle, Stärkemehl. Man beschlofs ferner einen Zuschlag von 10 cents. auf die Tonne von Kohlen; aber nur, um damit anzudeuten, dafs der Kohlenzoll durch einen neuen Handelsvertrag keinesfalls erniedrigt werden dürfe.

Von den Ausfuhrzöllen hatte man nur die Abgabe von 6 fr. für Hunde starker Rasse stehen lassen, weil diese nur dem Schmuggel dienten. Die Forderung der Regierung von Lumpen und Papierhalbzeug lehnte man ab.

Die weiteren Tarifbestimmungen, welche die zeitweiligen Zulassungen, die drawbacks, Entrepotzuschläge und das den Kolonieen gegenüber zu beobachtende Zollverfahren betrafen, nahm man zumeist nach dem Regierungsentwurf an.

Ein anschauliches Bild von der Arbeit der Kommission giebt eine von Fournier de Flaix im Februar 1880 im Journal des Économistes unternommene vergleichende Zusammenstellung der wichtigten Zölle des alten Konventionaltarifs, des Regierungsentwurfes und des Kommissionstarifes mit den Zöllen des konkurrierenden Auslands. Ich entnehme diesem Aufsatz[1] folgende Tabellen, denen ich zum weiteren Vergleich noch die Angaben des alten französischen Generaltarifs hinzufüge. Die Tabellen berücksichtigen besonders die Textilindustrie, die ja in dem ganzen Kampf die erste Stelle einnahm und die höchsten Schutzzölle zu erstreiten hoffte.

1. Baumwollengarne, einfach, roh; Zölle auf 100 kg.

Österreich	3 Kategorieen	12 fr.; 20 fr.; 30 fr.		
Deutschland	2 „	15—45 fr.; 18,75—48,75.		
Spanien	2 „	135 fr.; 189 fr. (von Nr. 35 an).		
Belgien	6 „	von 15 bis 40 fr.		
Rufsland	1 „	79,36 fr.		
Schweiz	1 „	4 fr.		
Italien	4 „	20—28 fr.		
Vereinigte Staaten	4 „	114 fr.; 229 fr.; 343 fr.; 457 fr.		
England	0 „	frei.		
Frankreich	15 „			
	Alter Generaltarif.	Konventionstarif.	Regier.-Tarif.	Kommissionstarif.
	Verboten	15 bis 300 fr.	18,60 bis 372 fr.	18 und 24 bis 450 fr.

Die Zölle der Vereinigten Staaten erreichen hiernach allein eine gröfsere Höhe, als die in Frankreich geplanten. Für billigere und mittlere Sorten sind auch die Abgaben Rufslands und Spaniens höher. Zu den Tarifen der Vereinigten Staaten ist aber noch zu bemerken, dafs diese zugleich für gefärbte und gezwirnte Garne gelten, während die anderen Staaten einen Zuschlag darauf erheben; Frankreich von 35 %.

2. Gewebe aus reiner Baumwolle, ungefärbt; auf 100 kg.

Österreich	4 Kategorieen	80 fr.; 100 fr.; 125 fr.; 150 fr.
Deutschland	4 „	100 fr.; 125 fr.; 150 fr.; 237,50 fr.
Spanien	2 „	200 fr.; 225 fr.;
Italien	6 „	57 fr.; 64 fr.; 66 fr.; 75 fr.; 80 fr.; 100 fr.
Schweiz	1 „	4 fr.
Rufsland	4 „	274 fr.; 371 fr.; 488 fr.; 1074 fr.
Vereinigt. Staat.	6 „	30—50 %

[1] Fournier de Flaix, L'enquête industrielle et le projet du tarif général, Journ. d. Écon., Februar 1880, S. 224—258.

Frankreich	8 Klassen zu je vier Kategorieen			
	Alt. Generaltarif	Konvent.-Tarif	Regierungs-Tarif	Kommissions-Tarif
1. u. 2. Klasse	verboten	50— 80 fr.	62— 90 fr.	65—150 fr.
3. u. 4. „	„	60—200 fr.	74—248 fr.	95—265 fr.
5. u. 6. „	„	80—300 fr.	90—372 fr.	120—360—520 fr.
7. „	„	80—300 fr.	90—372 fr.	220—740 fr.
8. „	„	15 %	682 fr.	360—750—900 fr.

Also abgesehen vom alten französischen Generaltarif hat nur Rufsland höhere Zölle, als Frankreich.

3. Andere Baumwollengewebe, auf 100 kg (nur Durchschnittszahlen).

Vier bekanntere Typen von den 32 aufgestellten:

	Frankreich				Deutschland	Österreich	Rufsland	Italien	Spanien	Schweiz
	Alter Generaltarif	Konventionstarif	Regierungstarif	Kommissionstarif						
		%	fr.	fr.	fr.	fr.	fr.	fr.	fr.	fr.
Posamentierwaren	verbot.	15	235	235	150	175	440	—	—	16
Spitzen	„	5	495	495	312,50	375	391—1954	300	625	16
Stickereien . .	„	10	620	1000	312,50	375	391—1954	300	300	16
„ m. Seide	„	15	620	2000	—	375	586	500	300	16

Nur Rufsland hat meistens höhere Tarife, Spanien in Spitzen.

4. Wolle und Lein (auf 100 kg).

	Wolle (fr. oder %)				Lein (fr. oder %)				
	Garne		Gewebe		Garne		Gewebe		Spitzen
	Maxim.	Minim.	Maxim.	Minim.	Maxim.	Minim.	Maxim.	Minim.	Maxim.
Frankreich:									
General-T. .	verbot.	verboten	verboten	verboten	205,92	47,42	582,82	74,88	—
Konvent.-T.	215	10	10 %	10 %	100	15	300	5-28	—
Regier.-T. . .	270	12,40	620	124	248	18	390	6-34	—
Komm.-T. . .	270	31	620	124	200	20	400	45	500
Deutschland	30	2,50	562	3,75	45	3,75	150	7,50	750
Österreich .	30	3,75	375	22	30	3,75	300	30	375
Rufsland . .	100	100	2930	215	97	97	625	147	2930
Spanien . . .	210	120	500	125	122,50	27,40	1250	100	—
Italien. . . .	75	50	300	150	34	11,50	130	23	250
Belgien . . .	30	20	260 (10 %)	260 (10 %)	frei	frei	5 %	5 %	10 %
Schweiz. . .	7	4	30	7	7	0,60	16	1	50
Ver. Staaten	572	229	50 %	50 %	40 %	25 %	40 %	30 %	—

In Garnen von Wolle und Lein haben nur die Vereinigten Staaten höhere Abgaben als Frankreich; die Minimalzölle in diesen Rubriken werden auch noch von Rufsland und Spanien übertroffen. In Wollgeweben folgt Frankreich hinter Rufsland und den Vereinigten Staaten. In Leingeweben hat vor diesen Ländern Spanien die höchsten Zölle. In Spitzen wird Frankreich von Rufsland und Deutschland übertroffen.

5. Kohle und Metalle (fr. auf die Tonne).

	Kohle	Gufseisen	Schmiedeeis. (Räder)	Stahl (Räder)	Blech
Österreich	frei	12,50	62,50	87,50	100
Deutschland	„	12,50	18,75	18,75	37,50
Belgien	„	10	5	10	8
Spanien	„	23,10	75	75	75
Italien	„	frei	30	30	30
Rufsland	„	12,20	48,80	48,80	122
Schweiz	„	6	20	20	20
Vereinigte Staaten	„	36	41	41	125
Frankreich:					
Alter General-T.	1,25	49,90-87,40 od. verboten	124,80-174,70	374,40	249,60
Konventional-T.	1,20	20	60	90	100
Regierungs-Entw.	1,20	20	60	90	100
Kommissions-T.	1,30	20	60	90	100

Kohle wird allein in Frankreich verzollt.

Für Gufseisen haben höhere Zölle: Spanien und die Vereinigten Staaten; für Schmiedeeisen haben höhere Zölle: Spanien und Österreich. In Stahl ist Frankreich am höchsten, in Eisenblech folgt Frankreich hinter Rufsland und Nordamerika.

6. Nahrungsmittel (fr. auf 100 kg)

	Weizen	Hafer	Mais	Ochsen (Kopf)	Hammel (Kopf)	frisch. Fleisch	gesalz. Fleisch	Wein (hl)	Trock. Früchte	Käse
Österreich	frei	frei	frei	10	0,75	—	—	30	15	11
Deutschland	1,25	1,25	0,62	25	1,25	15	25	30	30	25
Spanien	4,32	3,20	3,20	9	0,96	—	—	6	2,50	36
Italien	14	11,50	11.50	7,50	0,20	—	—	5,77	10	8
Rufsland	frei	frei	frei	frei	frei	—	—	56	24	16
Schweiz	0,30	0,30	0,30	0,50	0,10	—	—	3	1,50	4
Belgien	frei	frei	frei	5,40	0,54	—	—	25	15	frei
Vereinigte Staaten	3,53	1,75	1,75	20 %	20 %	—	—	55	29	46
Frankreich:										
Alter General-T.	0,62	frei	frei	3,74	0,31	0,62	4,62	5,20	frei od. 0,31	7,49 od. 18,72
Konventional-T.	0,62	„	„	3,60	0,31	frei	4,60	3,50	frei od. 0,30	3
RegierungsEntw.	0,60	„	„	6	0,50	1,50	4	4,50	6	5
Kommiss.-Entw-	0,60	2	2	6	1.50	1,50	4	4,50	6	6

7. Verschiedene Produkte (fr. auf 100 kg).

	Lokomotiven	Werkzeuge	Messerwaren	Kunsttischlerwaren	Spielwaren	Flaschen	rohe Häute	verarb. Felle	Nadeln	Nähmaschinen	Porzellan	Schuhmacherwaren	Kleider	Möbel	Schreibpapier	Parfümerieen	Seifen	Schwefelsäure
Frankreich:																		
Alter General-Tarif	49,92	62,40	verbot.	verboten od. 499,20	99,84	—	frei	verbot.	998,40	—	204,67	verboten	frei	18,72 %	99,84	36,40	ver-bot.	51,17
Konventional-Tarif	10	10	15 %	10 %	10 %	1,30	frei	60	200	6	10 %	10 %	frei	10 %	8	10	6	5 %
Regier.-Entwurf	10	10	124—620	180—1240	37—74	1,60	frei	74,40	248	6	12,40	0,62—1,24	frei	7	9,72	10	6	0,74
Kommissions-Tarif	10	10	124—620	190—1250	60	3	12	80	350	20	12,40	0,80—1,75	frei	10	11	12	6,25	0,75
Österreich	10	5	20—30	30—125	7—125	3,75	frei	20	75	10	30	65	20 % zu den Gewebezöllen	7,50	7,50	60	6,25	1,25
Deutschland	10	12,50	12,50	250	12,50	3,75	frei	22,50	75	10	17,50	62,50	187—1125	12,50	12,50	125	12,50	frei
Rufsland	18,30	24,40	126—293	320—1074	320	12,30	frei	107—195	480	frei	97	53	35 %	6,10	48	100-700	24	7,30
Italien	8	12	25	120	9—120	3	frei	25—60	—	6	12	70—110	10 % zu den Gewebezöllen	7,50	10	60	6	0,50
Spanien	2	24	25	75	75	7,50	12,60	125	—	—	52	87,50	50 % zu den Gewebezöllen	20	30	20	17,50	2,20
Schweiz	4	2	16	16	16	1,50	0,60	4	16	4	16	16	16—30	4	7	30	1,50	1,60
Belgien	4	4	10 %	10 %	10 %	10 %	8,10	30	10 %	4	10 %	10 %	10 %	10 %	4	10 %	6	frei
Verein. Staaten	35 %	35 %	35 %	35 %	35 %	30 %	frei	10—35%	35 %	35 %	45 %	35 %	30—60 %	10 %	25 %	50 %	25 %	frei

Frankreich ist nach Tabelle 6 (S. 122) in seinen Agrarprodukten auch nach den Kommissionsbeschlüssen im allgemeinen liberal.

(Tabelle 7; siehe vorige Seite.)

Abgesehen von dem amerikanischen Tarif ist Frankreich in den Zöllen für Messerwaren, Kunsttischlerwaren, Spielwaren, verarbeiteten Fellen und Nadeln nur von Rufsland teilweise erreicht oder überholt. Sonst hat es gegenüber dem Ausland gröfstenteils gleiche oder gar geringere Zölle. —

Ich kehre nun wieder zu der Arbeit der Tarifkommission zurück, um noch einige wenige Abänderungen des Regierungsentwurfes zu besprechen.

In den Gesetzestext hatte die Kommission insofern eine Änderung gebracht, als sie den Artikel IV der Regierung, welcher die 24 % Zuschlag für die meisten Produkte enthielt, fortliefs, weil dieser dem Tarif leicht den Charakter eines Maximal- und Minimaltarifs (mit und ohne 24 %) geben konnte. Man schrieb die 24 % direkt in die einzelnen Positionen hinein.

Das Verlangen der Regierung, Länder, deren Zolltarif Frankreich mit mehr als 20 % traf, mit 50 % statt mit 24 % zu belasten, ging der Kommission zu weit. Sie änderte den betreffenden Artikel dahin, dafs die Regierung die Vollmacht erhalten sollte, in einem solchen Falle die Zölle nach ihrem Belieben bis zu 20 % zu erhöhen.

Die Kommission nahm schliefslich noch eine vereinfachte Zählung vor. Statt der 1200 Positionen des Regierungstarifs gab sie nur etwa 650, wobei einige Nummern mehrere Artikel derselben Art umfafsten.

V. Kapitel.

Der Tarifentwurf in der Kammer.

1. Generaldiskussion.

Die Beratung der Kommissionsvorschläge begann am 31. Januar 1880 mit der Rede des Ministers für Handel und Landwirtschaft, Tirard, des Mannes, welcher das eigentliche Verdienst um das Zustandekommen des Generaltarifs hatte. Die Generaldiskussion dauerte bis zum 23. Februar.

Der Minister betonte in seinen einleitenden Worten die Wichtigkeit des Werkes und brachte sofort die entschiedene Ansicht der Regierung zur Geltung, dafs sie den Anträgen der Kommission zu allermeist nicht zustimmen könne, sondern eine liberalere Gestaltung der Zollpolitik wünsche.

Tirard gab in grofsen Zügen einen Rückblick auf die Handelspolitik seit 1791, dem Jahre der Zollvereinigung sämtlicher französischer Landesteile. Der Tarif von 1791 war verhältnismäfsig liberal. Erst die Verstimmungen mit England, welche zur Kontinentalblockade des Jahres V führten, brachten dann die Prohibitionen, welche zum Teil noch bis in die jüngste Zeit im Generaltarif vorhanden waren. Die Folge des Schutzzollsystems des ersten Kaiserreichs war der Niedergang der französischen Industrie. Die Restauration konnte die eingeschlagene Bahn nicht wieder verlassen, weil die öffentliche Meinung durchgehends protektionistisch war. So heifst es in einem Bescheid der Kammer von Rouen: „Die Prohibition ist ein politisches und sociales Gebot. Vom Fabrikanten, der alle Geldmittel angewandt hat, um ein Etablissement zu errichten, bis zum Arbeiter, welcher darin ein Existenzmittel für sich und seine Familie findet, nimmt jeder, und unzweifelhaft aus gutem Grunde, das Recht für sich in Anspruch, ausschliefslich für die Konsumtion des Landes, welches er bewohnt, die Lieferungen zu übernehmen.“

Die Revolution von 1830 machte jedem Versuch einer Zollermäfsigung, zumal für die Rohstoffe, ein Ende. Auch die Julimonarchie war nicht mächtig genug, um den Interessentenring, der sich zur Aufrechterhaltung des Tarifs gebildet hatte, zu durchbrechen, und zwar trotz der gröfsten Anstrengungen des Handelsministers Duchâtel im Jahre 1832 und des gewifs wirtschaftlich nicht liberalen Thiers. Der damals schon ins Feld geführte sociale Gesichtspunkt, dafs die unteren Klassen ihren Lebensunterhalt möglichst billig erwerben müfsten, schlug nicht durch, weil die Grofsindustriellen die politische Macht in den Händen hatten. Die Revolution von 1848 aber hatte keine Zeit, sich mit volkswirtschaftlichen Fragen zu beschäftigen.

Erst Napoleon III. gelang es, mit Umsicht und Willenskraft die nötig gewordene Zollreform zum Abschlufs zu bringen. Dieses für die französische Volkswirtschaft überaus heilsame Werk galt es jetzt zu verteidigen.

Tirard führte als wichtigste Konsequenz der liberalen Tarife das Anschwellen des auswärtigen Handels seit 1860 an. Warum gäbe man denn so gewaltige Summen aus, um die einzelnen Staaten miteinander in Verbindung zu setzen, für Tunnelbauten, Brücken und dergleichen? Doch nicht, um den Warenverkehr an der Grenze wieder durch Zollschranken aufzuhalten.

„Sie haben,“ meinte der Minister, „ein viel einfacheres Mittel, als Zölle zu schaffen; das ist, den Mont-Cenis-Tunnel zu schliefsen und so die Waren zu zwingen, über den Berg hinüber zu wandern.“

Er ging dann die Einzelforderungen der Industrieen durch. — Die Baumwollenindustrie glaube im Kampf mit England zu unterliegen. Der Tarif könne aber nicht erhöht werden. Der Regierungsentwurf hätte schon 15 Nummern bei den Baumwollgarnen unterschieden; Italien besäfse nur 7, Deutschland 6, Belgien 5, England gar keine. Die Kommission hätte nun aber 19 vorgeschlagen. Méline behaupte in seinem Bericht die Abhängigkeit der Baumwollenfabrikate vom englischen Markte. Das träfe nicht zu. Frankreich bezöge jährlich für 50 Mill. fr. Baumwolle mehr, als es überhaupt gebrauche. Es arbeite für den Export. Die Zunahme des Imports sei durch den Verlust Elsafs-Lothringens mit 1 700 000 Spindeln zu erklären. Die Fabrikate dieser Provinz drängen jetzt in Frankreich ein.

Natürlich könne er die Arbeit der Kommission nicht flüchtig nennen; aber das Werk des Oberhandelsrats sei gewifs auch mit gröfster Sorgfalt angefertigt. Die von diesem beschlossenen Erhöhungen von 24 % brächten eine genügende Kompensation. Vor 1876 hätten die Vertreter der Baumwollenindustrie gesagt: „Wenn Sie die gegenwärtigen Tarife aufrechterhalten, wenn Sie daraus die Grundlage der internationalen Verträge machen, so glauben wir, dafs Sie ein ausgezeichnetes Werk schaffen werden.“

Méline meine nun, die Situation hätte sich geändert, die Einfuhr wäre gestiegen. Tirard bestritt dies. Nach anfänglichem Steigen: 1875 für 42½ Mill. fr. Baumwollgarne,
1876 „ 46 „ „ „
wäre sie 1879 auf 33 Mill. fr. gesunken. Aber die Einfuhr sei überhaupt kein Zeichen von Inferiorität. Nur die Steuern, welche aber bereits ermäfsigt wären, drückten noch auf die Industrie. Im grofsen und ganzen wäre ihre Lage besser geworden. Tirard bat also, es bei den Vorschlägen Teisserenc de Borts mit den 24 % Erhöhungen zu belassen.

Hinsichtlich der Metallindustrie, die schon immer mit etwa 40 % geschützt war, konnte er sich eine Mehrforderung überhaupt nicht erklären. Eine Abgabe von 60 fr. für die Tonne Schmiedeeisen wäre hoch genug. Der Antrag auf 70 fr. sei ihm unverständlich. Man sehe sich doch die Millionäre an, welche die Hochöfen betrieben! Vor dem Oberhandelsrat hätten diese sogar einer Erniedrigung zugestimmt, besonders auf Bessemerstahl für Räder. Warum sollte man royalistischer sein als der König und den Interessenten mehr geben, als sie verlangen?

Eher könne die Landwirtschaft sich beklagen. Sie sei sicher aller Sympathieen würdig. Aber auch ihre Lage hätte sich seit 1860 nicht verschlechtert, da die Konsumtion sich um 30 %, die Produktion aber nur um 25 % vermehrt habe. Zur Zeit der gleitenden Skala (échelle mobile [Einteilung des Landes in Zonen; alljährliche Festsetzung der Getreidezölle in diesen nach den Marktpreisen bestimmter in denselben gelegener Städte]), also in der gepriesenen Zeit vor Napoleon III., wären die Getreidepreise viel tiefer gewesen. Heute betrügen sie 21—25 fr., während sie damals nur 14 fr. erzielt hätten. Doch wären zu jener Zeit auch plötzliche Steigerungen auf 35 und 38 fr. (1846 und 47) eingetreten. Das sei glücklicherweise nicht mehr möglich, weil die Produktionsländer sich vermehrt hätten. — Auch die Viehzölle könnten keine Erhöhung erfahren, weil nur der Zwischenhändler Vorteil davon hätte.

Für Wolle fürchte man die Konkurrenz Südamerikas und Australiens. Aber eine Arbeit der Handelskammer in Reims bewiese, dafs stets bei einem Nachlassen der Einfuhr ein Sinken der Wollpreise, dagegen bei steigender Einfuhr auch ein steigender Export von Geweben und eine Erhöhung der Preise eingetreten seien. Die fremde Wolle mache also der nationalen keine Konkurrenz, sondern helfe nur der nationalen Arbeit, sich zu entwickeln.

Die Hammelzucht, behaupte man, sei zurückgegangen. Für die Kopfzahl gab Tirard dies zu, und zwar für 7—8 oder gar 11 Mill. Köpfe. Dafür lieferten diese Hammel aber fast eine Million Kilogramm Fleisch mehr als früher. Es gäbe also weniger, aber besser genährte Tiere. Statt der Wollschafe züchte man Fleischschafe, und zwar letzteres trotz der amerikanischen Konkurrenz. Für den amerikanischen Export nach Europa, gäbe man an, sollten 300 Schiffe unterwegs sein, die sich besonders nach England wandten. Eine Gefahr für die Fleischeinfuhr sei aber nicht vorhanden. Diese hätte sich im Gegenteil verringert. In jedes Land käme nur soviel, als seinem Bedürfnis entspräche. Die Einfuhr von Grofsvieh hätte in Frankreich 1878 305 792 Köpfe, 1879 nur 253 407 Köpfe betragen. Die ausländische Konkurrenz könne also schwerlich die Preise drücken.

Der Hauptgrund für die Leiden der Landwirtschaft liege in den schlechten Ernten seit zwei Jahren, die eine gröfsere Einfuhr natürlich unausbleiblich machten. Pouyer-Quertier habe aber Unrecht, wenn er durch seine Agitationsreden im Lande verbreite, dafs die Landwirtschaft von Grund aus ruiniert sei. Die Regierung würde selbstverständlich für ihre zeitweilige Notlage mit Linderungsmitteln eintreten, sie dächte aber an andere Abhilfen. Es würde z. B. ein Projekt vorbereitet, 7000 ha Landes in Hérault und La Haute-Garonne zu berieseln. Kanäle sollten angelegt, der landwirtschaftliche Unterricht gehoben werden, und anderes. Die Viehzucht sei dadurch etwas eingeschränkt worden, dafs viele grofse Latifundien aufgeteilt seien. Auf den kleinen Parzellen könne man nicht eine so ausgedehnte Viehzucht betreiben. Dafür werde aber die algerische Viehzucht binnen kurzem aufblühen. —

Der Minister ging nun zur Frage der Handelsverträge über. Er entrollte zunächst ein Bild des französischen Aufsenhandels. Die Einfuhr betrug im Jahre 1878:

	$2259\frac{1}{2}$	Mill. fr.	Industrierohstoffe
	$1492\frac{1}{2}$	„ „	Verzehrungsmittel
	394	„ „	Fabrikate
Summa	4146	Mill. fr.	

Die Ausfuhr betrug in demselben Jahre:

	1560,7	Mill. fr.	Verzehrungsmittel
	1674,9	„ „	Fabrikate
Summa	3235,6	Mill. fr.	

Davon zeigte der Handel mit England folgende Zahlen:

Ausfuhr nach England	1000 Mill. fr.,	davon	491 Mill. fr.	Fabrikate;
Einfuhr von „	576 „ „	„	243 „ „	„

Der Handel mit England sei also für Frankreich nur vorteilhaft gewesen, und es wäre durchaus verkehrt, auf Verträge überhaupt zu verzichten.

Das lehre das Verhältnis zu Amerika, mit dem Frankreich keinen Vertrag besäfse; nach dem Secessionskriege hätte sich die französische Ausfuhr dorthin wegen der hohen Tarife vermindert.

Man sage nun, eine Nation, die Selbstachtung besäfse, müsse Herrin ihrer Tarife und nicht vom Ausland abhängig sein. Aber man erwäge doch die Vorteile dieser Bindung der auswärtigen Politik! Die Handelsverträge gäben den Unternehmungen der Kaufleute erst die notwendige Stetigkeit, weil die Kontrakte ihnen für eine feste Zeit gewisse Absatzmärkte sicherten. Gerade die Klausel der Meistbegünstigung sei das wesentliche am Handelsvertrag. Was nütze ein Vertrag mit einem anderen Land, wenn man wisse, dafs ein drittes Land günstiger gestellt sei? Alle civilisierten Länder suchten solche Bande zu knüpfen. Die Regierung verfolge das Ziel, Frankreich vorwärts schreiten zu lassen, ohne gewagte Sprünge nach der Seite des Freihandels oder des Schutzzolls, sondern unter der Aufrechterhaltung des status quo. Die Kommission wäre ja auch zum grofsen Teil liberal gesinnt. Eine Verständigung mit der Regierung dürfte also leicht sein.

Die wirtschaftliche Lage des Landes hätte sich seit 30 Jahren durchaus gehoben. Mit Entrüstung wies Tirard die Verbreitung der gegnerischen Auffassung zurück. Warum kaufe denn England so viel von Frankreich? — Weil es seinen Vorteil dabei finde. Dem Gewicht des fremden Wettbewerbs würde Frankreich noch lange nicht unterliegen. Der Minister schlofs seine sehr beifällig aufgenommene Rede mit den Worten: „Ich bin überzeugt, wenn Sie die Vorschläge der Regierung annehmen, die auf die Erhaltung des status quo hinzielen, so wird dieses Land ihnen unaufhörlich dankbar sein; und es würde auf Sie erbittert werden, wenn Sie es zu einem Rückschritt verleiten würden.“

Der Führer der schutzzöllnerischen Gruppe in der Kommission, Méline (republ. Union), war dazu ausersehen, dem Handelsminister im Namen der Kommission zu antworten.

Er stellte dem ökonomischen System der Regierung das der Kommission gegenüber. Einen principiellen Gegensatz gäbe es nicht. Der Minister wäre wohl Freihändler, stelle sich aber auf den Boden der Thatsachen. Ebenso vertrete die Kommission zwar meist schutzzöllnerische Gedanken, scheue aber nicht vor dem Wahren in den Ideen der Handelsfreiheit zurück. Sie wollte „das ökonomische Regime suchen, welches am wirksamsten zu der Gröfse und dem Wohlstande Frankreichs beiträgt". Danach sei eine Unterstützung der Arbeit sowohl, wie des Kapitals notwendig.

Die Regierung wolle einfach die Politik von 1860 weiterführen. Die Kommission bliebe auch noch auf dem Boden der Handelsverträge stehen; sie gehe nur einen Schritt weiter, ohne sich aber allzuweit von der alten Grundlage zu entfernen und ohne das Ideal der Schutzzöllner, die Schaffung eines Maximal- und eines Minimaltarifs autonomer Natur, zu verwirklichen.

Im Interesse der Industrie und des Exports hätten sie sogar die Rohstoffe zollfrei gelassen. Das schädige natürlich die Landwirtschaft, deren Lage sie mit ganz anderen Augen, als die Regierung, ansähen. Die kleinen Mittel Tirards, dem agrarischen Notstand abzuhelfen, wären ihm viel zu geringfügig. Sie hätten deshalb Zölle, aber nur mäfsige, eingeführt.

Ebenso nähmen sie einen anderen Standpunkt gegenüber der Industrie ein. Die alten Verbote des Generaltarifs und die Ausfuhrzölle hätten sie ja abgeschafft und auch das System des reinen Schutzes fallen lassen. Aber sie wollten der Industrie die Möglichkeit geben, den Wettbewerb des Auslands ertragen zu können; deswegen hätten sie sich von dem Gedanken der Kompensation der Preisdifferenzen durch den Zoll leiten lassen.

Man sollte sich nur die Baumwollindustrie ansehen. Ihre Leiter wären alles andere, als Millionäre. Manche hätten alles verloren und fristeten jetzt als Verwaltungsbeamte der Stadt Paris mit einem Gehalt von 1800 fr. jährlich ihr Leben. Überall hätten die Etablissements fünf- bis sechsmal den Besitzer gewechselt, und täglich wären Liquidationen zu verzeichnen.

Die Regierung hätte für kardierte Wollgarne den Zoll um 75 % erhöht, ihn für Baumwollgarne dagegen auf nur 46 % festgesetzt. Warum? —

Natürlich leugnete Méline nicht den Einflufs des Verlustes der Reichslande mit seinen 1,7 Millionen Spindeln und 30000 Webstühlen und deren damalige Konkurrenz. Aber diese Konkurrenz träfe doch nicht so sehr die Garne, als die

Gewebe. Ein Brief des Generalzolldirektors Amé an den ersten Vorsitzenden der Kommission Jules Ferry bewiese, dafs über das Elsafs und Belgien auch englische Ware eingeführt werde. England habe das Elsafs überflügelt. Die Kommission hätte darüber genaue Untersuchungen angestellt und sogar die Arbeiter gehört.

Tirard sage nun, Frankreichs Zölle wären höher als die jedes anderen Landes. Diese Ansicht sei nicht haltbar. Italien hätte höhere Abgaben, zum Teil auch Deutschland. Die vorgeschlagenen Zölle seien aufserdem doch nur Generaltarifzölle, die als Kampfmittel für die Vertragsverhandlungen dienen sollten.

Méline besprach sodann die Wirkungen der Politik von 1860. Seit 1870 wäre die französische Steuerlast um 750 Mill. fr. gewachsen, wenn auch in letzter Zeit Erleichterungen eintraten. Die französische Schuld wäre auf 26 Milliarden gestiegen. England habe während derselben Zeit seine Steuern, welche Arbeit und Produktion träfen, um 750 Millionen herabgesetzt. Also wäre Frankreichs Lage England gegenüber zu beklagen. Ebenso sei es mit den anderen Staaten. Die Konsumtionssteuern betrügen pro Kopf: in der Schweiz 0,35 fr., in Deutschland 6 fr., in Österreich-Ungarn 9 fr., in Belgien 9 fr., aber in Frankreich 26 fr. (Die Aufzählung der direkten Steuern unterliefs Méline.)

Méline warf vorübergehend einen Blick auf die Eisenbahnpolitik. Die Entwicklung der Industrie durch die Verbesserung der Kommunikationsmittel sei ja nicht zu leugnen. Aber das Monopol der grofsen Gesellschaften mache den Vorteil wieder zu nichte.

Dann gab der Redner eine Kritik der Verhältnisse des Aufsenhandels. Von der Freihandelspolitik hätte nur England einen Vorteil gehabt; sein Ausfuhrhandel hätte sich enorm gesteigert. Ebenso sei es mit Amerika. Dieses liefere den Beweis, dafs der Satz: „Ein protektionistisches Volk befindet sich in der Unmöglichkeit zu exportieren,“ grundfalsch ist. Auch Spanien, Italien, Österreich und Deutschland hätten ihre Tarife erhöht; Frankreich müsse sich dem anpassen, weil sonst die gesamte Ausfuhr Englands nach Frankreich ströme. Und das sei in der Zeit der Krisis gefährlich. Der Produktionsüberschufs der Baumwollenindustrie rühre vom Ausland her. Ebenso wäre die Juteeinfuhr von 305 000 kg im Jahre 1875 auf 2 696 000 kg im Jahre 1879 gestiegen. Repressalien habe die Ausfuhrindustrie durch Zollerhöhungen nicht zu befürchten, weil die übrigen Staaten doch selbst zur Schutzzollpolitik zurückgekehrt seien und Frankreich einen gleichen Schritt unmöglich übelnehmen könnten, während das dem Freihandel treue England an solche Mafsregeln gar nicht denke. Im übrigen dürfe man den Aufsenhandel auch nicht gegenüber dem Verbrauch des Inlandes überschätzen. Den inneren Markt dem Absatz im Auslande zu opfern, wäre eine grofse Thorheit.

Die Politik Napoleons hätte ja auch mit der Öffnung des englischen Marktes unbestreitbare Vorteile gebracht; aber nur der persönliche Wille des Monarchen und der Einflufs weniger Leute hätten das Vertragssystem und den Konventionaltarif geschaffen. Eine Kontrolle durch die öffentliche Meinung hätte nicht stattgefunden. Welche Irrtümer wären dadurch ermöglicht worden! So wäre es gekommen, dafs einzelnen Industrieen das Lebenslicht ausgeblasen wäre, um dafür andere aufblühen zu lassen. Die Art des Vertragschliefsens allein begründe schon eine eingehende Revision. Durch die Erniedrigung der Zollschranken hätte sich ja im allgemeinen die Produktion gehoben. Aber die steigende Fabrikateinfuhr bedrohe sie wieder. Die Arbeitsgelegenheit vermindere sich mehr und mehr. Man sähe die Gefahr deutlich, wenn man das Verhältnis der Einfuhr zur Ausfuhr vor und nach 1860 betrachte. Damals sei die Handelsbilanz mit dem Überragen der Ausfuhr günstig gewesen, jetzt sei sie ungünstig. Besonders träte dies in der Textilindustrie hervor. Solche Überschüsse der Einfuhr hielt Méline für direkte Verluste, und nicht, wie die Freihändler lehrten, für einen Gewinn. Wenn das Verhältnis sich so weiter entwickelte, könnte der im Konkurrenzkampf stehende Fabrikant nur noch zu einem Mittel seine Zuflucht nehmen, zur Herabsetzung der Löhne. Was nützte dem Arbeiter dann die Billigkeit des Lebensunterhalts, wenn er auch seine Einnahmen vermindert sähe?

Wie man Frankreich vor einiger Zeit vorgespiegelt hätte, es wäre die erste Militärmacht der Welt, so wolle man jetzt das wirtschaftliche Wohlergehen durch Reden beweisen. Die Kommission aber halte es für ihre Pflicht, diesem Bestreben gegenüber alle Schwierigkeiten der wirtschaftlichen Lage ans Licht zu ziehen. —

Dem nachfolgenden Redner, Guyot (republik. Union), wollte das düstere Bild, welches Méline von dem Niedergang der Industrie gezeichnet hatte, nicht recht einleuchten, zumal die Kommission sich für die Beibehaltung der Handelsverträge ausgesprochen hatte. Guyots Besorgnis, dafs die Schutzzöllner aus dem neuen Tarif doch einen autonomen machen wollten, war jedenfalls nicht unberechtigt. Er betonte: „Das Regime des autonomen Tarifs würde ein tötlicher Streich für unsere Ausfuhrindustrie sein, welche wir doch um jeden Preis gegen ihre Feinde retten wollen“. Er spottete dann über das Verfahren, welches in Frankreich seit längerer Zeit im Punkte der Handelspolitik beobachtet würde. Die Industrieen schrieen systematisch und unaufhörlich nach Schutzzöllen. Enquete auf Enquete werde unternommen: „Die Protektionisten lieben die Enqueten sehr, zumal die parlamentarischen; sie finden darin die Gelegenheit, ihre ewigen Schmerzen zu verbreiten". Die Kommission hätte sich mit einer Erhöhung des Konventionaltarifs für den Generaltarif im ganzen, wie es die Regierung wollte, begnügen können. Sie hätte auch nicht bloſs die lautesten Schreier, die Groſsindustriellen, berücksichtigen sollen. — Und was sollte sie nicht alles in ihr systematisches Gebäude hineinziehen! „Die Spinnereien, die Kohlengruben, die Metallfabriken erklären jedem, der es hören will, daſs sie ohne Schutz nicht leben können, und leihen sich wechselseitig und brüderlich Unterstützung in ihren Forderungen; das ist ein Pakt für die Verteuerung des Lebens!" rief Guyot inmitten seiner Scherze zornig aus.

Die Kommission wolle vor allem die Baumwollenindustrie schützen. Aber der heutige Schutz genüge. Sonst werden wiederum die Rohstoffe für die Weberei, Färberei, Druckerei verteuert. Daſs die Kommission und zumal Herr Méline überhaupt alle Elemente des Kostenpreises erkennen können, sei unmöglich: „Wieviel sind die Bauten wert? Die Ziegel, das Holz, das Eisen? wieviel das Gas? die Arbeitskraft? Wie hoch die Steuern? Welches ist der Wert der Maschinen? u. s. w. Wieviel kosten Bauten in Frankreich und jenseits des Ärmelkanals? Als wenn es möglich wäre, auch nur einen mittleren Anschlag bei einer solchen Materie zu finden".

Die Not der Hauptschreier rücke für ihn durch ein hübsches Ereignis in ein besonderes Licht: „In Essones hat Herr Feray, welcher die Spinnerei im Tode liegen sieht, soeben eine Fabrik bauen lassen, welche ein wahrer Palast ist".

„Die Nationen, welche, wie die Schweiz, Deutschland, Belgien, Tarife im allgemeinen Interesse der Baumwollindustrie und nicht allein in dem der Spinnerei geschaffen haben, haben Sorge getragen, die Weberei, weil sie dreimal mehr Arbeiter, als die Spinnerei beschäftigt, zu begünstigen und sie dieser nicht aufzuopfern . . . . . Daſs der Zoll proportional ist, will ich gern zulassen; aber daſs er progressiv ist! Das ist ein wenig — — radikal! Sie ruinieren die Exportwebereien zum Vorteil der Spinnereien! Das ist die Wahrheit!" — Die Weberei hätte die Einfuhr von Garnen unbedingt nötig. Eine Überschwemmung durch ausländische Fabrikate sei aber nicht zu befürchten.

Die eingetretene Krisis leugnete Guyot durchaus nicht: „Das ist das Würfelspiel des Handels. Alle Industrieen leiden in diesem Augenblick, und die Baumwolle hat noch die wenigsten auſser Thätigkeit gesetzten Spindeln. Die Wolle hat deren 9 %, Hanf und Lein 6 %, Seidenabfälle 27 % und Baumwolle 5 ½ %". Frankreich leide auſserdem nicht allein, sondern alle Nationen ständen unter dem Druck der Krisis.

In Bezug auf die Lebensmittel sei die Kommission liberaler gewesen. Warum aber einen Zoll auf Hafer und Mais? Wenn man die Sendungen Amerikas in Hafer und Mais fürchte, so gäbe es als Gegenmittel nur die rationellere, auf grösserer Grundlage betriebene Bewirtschaftung des Landes. Ebenso sei es mit der Viehzucht. Ausserdem hätten sich die Fleischpreise im allgemeinen seit 18 Jahren um 25 % gehoben, weil das reicher gewordene Land mehr Fleisch verzehrte. — Der Schutzzoll für eine Industrie schädige immer die andere. So benachteilige die Maschinenverteuerung zumal die Landwirtschaft, obwohl man sie zu ködern suche: „Tretet ein in das grosse Komplott für die Verteuerung des Lebens!“

Sehr scharf geisselte Guyot das System der Ausgleichsabgaben: „Was diese moderne Erfindung anbetrifft, die man kompensatorische Zölle nennt, so möchte ich nicht davon reden, sie sind nur der versteckte Schutzzoll, es ist unnötig, über sie eine besondere Geschichte zu schreiben“.

Wie Méline, wies auch er auf die sociale Seite der Frage hin, kam aber zu dem entgegengesetzten Schluss. Das Schutzzollsystem verringere die Produktion, verringere die Ausfuhr und durch die Verteuerung aller Waren auch die innere Konsumtion. Dadurch leide der Arbeiter und sähe bei dem Massenangebot von Händen zugleich noch seinen Lohn verkürzt.

Die Arbeiter von Lyon hätten das wohl begriffen und in einer von 8000 Menschen besuchten Versammlung gegen das Schutzzollsystem Verwahrung eingelegt. Man suche aber gerade die Arbeiter in das protektionistische Lager zu ziehen. „Zu versprechen“, rief Guyot aus, „wenn man fast sicher ist, seine Versprechungen nicht ausführen zu können, ist im Punkte der Arbeitslöhne ein furchtbar gefährliches Spiel, das man nicht spielt, wenn man sich nicht dem aussetzen will, sein Land aufs tiefste zu beunruhigen“.

Der leitende Grundsatz im Steuersystem müsse das Wort J. B. Says bleiben: „Die Steuer zahle man nur dem Staate!“ Frankreich habe zudem bereits die höchsten Zölle. Man zahle auf den Kopf:

in England	nichts;
in Italien	3,14 fr.
in Deutschland . .	3,24 fr.
in Belgien	3,33 fr.
in Russland . . .	2,50 fr.
in Österreich . . .	0,70 fr.
in Frankreich . . .	5,66 fr.

Guyot flehte deshalb die Kammer an, „nicht eine unverständige Hand über diesem komplizierten, schlecht gekannten Organismus, der das ökonomische Leben eines Volkes hervorruft, walten zu lassen und sich nicht der Gefahr auszusetzen, darin unter dem Vorwand problematischer Verbesserungen eine vielleicht unheilbare, sicher aber furchtbare Verwirrung anzurichten. Fürchten Sie, später zu lernen, dann zu spät, dafs Sie in dem Glauben, den allgemeinen Interessen des Landes zu dienen, nur Sonderinteressen gedient haben!" —

Welches aber waren diese Interessen? Guyot hatte auch die Forderungen und die durch die Kommission erfüllten Wünsche der Landwirtschaft bei seiner Anklage im Auge. Aber er täuschte sich darin, dafs er diese zufriedengestellt glaubte. Wie ihm der Tarif zu schutzzöllnerisch, so war er dem folgenden Redner, dem Agrarier de Kerjégu (Rechte), zu liberal.

Schon die ersten Worte: „Die Alten bekränzten ihr Opfer bevor sie es schlachteten, mit Blumen, um es der Gottheit wohlgefälliger zu machen", deuteten auf den Grundton seiner Ausführungen. Er hielt die Landwirtschaft durch die Vertragstarife trotz aller schönen Reden für aufgeopfert. „Was giebt es schlagenderes gegen die Verträge, und welche Beredsamkeit könnte die der statistischen Zahlen umstürzen, welche mit der Brutalität der Thatsachen die ruchlose, verderbliche Lehre von den Handelsverträgen verdammen?"

Die zwei schlechten Ernten bedeuten dem gegenüber gar nichts. Die Verarmung des Landes wachse proportional mit dem Anwachsen der Einfuhr von Rohstoffen und Fabrikaten, welche die Landwirtschaft und die ihre Produkte verarbeitenden Industrieen zu Grunde richtete. Das bewiese auch die steigende Auswanderung. Besonders gefährlich seien die amerikanischen Importe: diese „Einfuhren von bearbeiteten, ländlichen und anderen Produkten werden eine unermefsliche Lava, welche uns ersticken wird, wenn wir ihr nicht den Weg versperren". Im Jahre 1869 hätten die Sendungen Amerikas 174 Mill. fr., 1878 schon 487 Mill. fr. betragen. Ebenso wüchse die Einfuhr von Belgien, Deutschland, Italien und Spanien. Am bedrohlichsten für die Landwirtschaft seien aber Amerika, Rufsland, Indien und Ungarn.

Méline und der Minister Tirard kamen in de Kerjégus Rede schlecht weg. Méline mufste es sich gefallen lassen, ein „freihändlerisches Halbblut" genannt zu werden.

De Kerjégu verlangte die volle Aufgabe der Vertragspolitik. Ein autonomer Generaltarif mit einem recht hohen Minimum war ihm das zu erstrebende Ziel. „Der Freihandel ist kein Grundgesetz, sondern ein Hilfsmittel einiger bis zum Cynismus verwegenen Spekulanten".

Die Kriegskosten des deutschen Krieges könne Frankreich nur dann wieder einbringen, wenn es beständig „verkaufe". Die englische Regierung handle stets nach den Interessen ihres Landes, die französische nach Doktrinen. England, dem jetzt der Freihandel vorteilhaft sei, würde auch einmal zum Schutzzoll übergehen. „Ja, Industrielle," rief de Kerjégu diesen zum

Schlufs zu, „wir wollen, dafs ihr geschützt seid, wir wünschen es, weil wir euch brauchen: aber auch ihr könnt nichts ohne uns thun, und nun bezahlt uns die Reciprocität!“ —

Der extreme Freihändler Sourigues (republik. Union) folgte dem extremen Schutzzöllner. Er entwickelte in durchaus lehrhafter Weise mit Beispielen von Peter und Paul und A und B die Ideen des Freihandels und seinem Dienst für den Nationalreichtum. Ein zeitweiliger Schutz sei höchstens ein modus vivendi; das Ziel sei die Freiheit.

Ebenfalls in mehr theoretisierender Weise, doch im Sinne Mélines, legte der Schutzzöllner Gaudin (Bonapartist, appel au peuple) die Lehre von den droits compensateurs dar und kritisierte einzelne, seiner Meinung nach sich widersprechende Aussprüche von Freihändlern in der Kammer und sonst in der Öffentlichkeit. Seine Rede fand nur wegen der humoristischen Art seines Vortrags einige Aufmerksamkeit. So begann er seine Angriffe auf Tirard unter der Heiterkeit der Kammer mit den Worten: „Wir kommen auf unsere Hammel zurück, oder vielmehr die des Herrn Ministers“. Gegenüber der Auffassung Guyots in der Arbeiterfrage verlas er eine Petition von anderen Arbeitern Lyons, die sich für den Schutzzoll ausgesprochen hatten. Und wenn auch die Not wirklich noch nicht so grofs wäre, schlofs er, die Anzeichen des Sturmes seien vorhanden. „Regieren heifst vorhersehen.“

Von gröfserer Wichtigkeit waren die Ausführungen von Pascal Duprat (Linke). Es handle sich um zwei Projekte, von denen das erstere, die Vorlage Teisserenc de Borts ihn zwar nicht ganz befriedige, das aber doch durch seine ausgesprochene Stellungnahme gegen jede ökonomische Reaktion den Vorzug verdiene. In dem anderen Projekte treten die schutzzöllnerischen Bestrebungen allzu deutlich hervor, wenn dies auch Malézieux zu verschleiern suche. Méline sei die Citadelle des Protektionismus in der Kammer; er sei kein freihändlerisches Halbblut, sondern ein Schutzzöllner reinster Rasse. Pascal Duprat ging dann auf die Ursprünge des Protektionismus ein, für den vor allem Thiers sein Leben lang gekämpft habe. Schon im Anfang habe man versucht, die Arbeiter auf seine Seite zu ziehen, aber die kaiserliche Politik hätte den Treibereien ein Ende gemacht. Die Form dieses Eingreifens Napoleons wäre ja zu tadeln, aber die Folgen wären höchst segensreich gewesen. Das bewiese die Höhe der Löhne, die Entwicklungsstufe der Industrie.

Über den Ruin klagten jetzt besonders die Baumwollenindustrie, ferner die Metall- und die Kohlenindustrie. Aber bei allem seien doch nur vorübergehende Leiden infolge der Krisis zu konstatieren. Das ginge aus der Höhe der verteilten Dividenden hervor. Die Arbeiterbevölkerung liege jeder Partei am Herzen; aber die Höhe ihrer Löhne hänge gar nicht vom Zoll ab. Angebot und Nachfrage der Arbeiter selbst bestimmten diese.

Die Resultate der geplanten Tariferhöhungen lassen sich nach Pascal Duprat dahin zusammenfassen: 1. Verträge sind nach der Annahme derselben kaum oder gar nicht mehr möglich; 2. die Ausfuhr wird geopfert; 3. alle Lebensmittel und in der Folge alle Produkte werden verteuert. Damit würde die Produktion und die Konsumtion zugleich getroffen. Das schlimmste aber sei der Charakter des neuen Tarifs als eines Klassenprivilegs. Damit würde die Republik untergraben. „Man darf niemals Vorrechte in den Gesetzen einer Republik bestehen lassen, wenn man sich in der Zukunft nicht schrecklichen Versehen aussetzen will.“

Die Kommissionsbeschlüsse würden ferner doch ein seltsames Schauspiel für Europa abgeben. Man hätte im vergangenen Jahr 3500 Mill. fr. für Eisenbahnen, 1000 Mill. fr. für Kanäle, 500 Mill. fr. für Hafenbauten bewilligt. Überall würden die Transportmittel verbessert und vermehrt, die Berge durchstochen; die Meere näherten sich. Und nun wolle Frankreich wieder „Hindernisse, Barrieren, Dämme errichten . . . gegen diese wunderbare Bewegung, welche die modernen Gesellschaften zum zukünftigen Glücke fortreifst . . . . . Das ist unmöglich! Die Intelligenz und die Vaterlandsliebe der Versammlung werden es nicht zulassen!“ —

Gegen die Dupratsche Rede traten nach einander drei Agrarier auf die Tribüne, um die Notlage der Landwirtschaft eindringlich zu betonen.

Guichard (Linke) entwickelte, dafs es sich vor allem darum handle, die Arbeit des Teiles der Bevölkerung zu schützen, der Frankreich verteidige und nähre, der den Hauptbestandteil der Nation bilde: „Es ist unmöglich, dafs Sie die Bauern verdammen, teuer zu kaufen und billig zu verkaufen“. Durch die Kolonisation Algiers würde ihnen persönlich doch nicht geholfen, sondern nur noch eine neue Konkurrenz geschaffen.

In etwas gemäfsigterem Sinne äufserte sich der Graf de Roys (Linke). Méline wolle die nationale Arbeit schützen, thue dies aber nicht vollkommen. Der Staat hätte absolut ein Recht, die fremden Produkte zu belasten, weil er durch Hafenbauten, Eisenbahnen und andere Dienste den Importen eine wichtige Gegenleistung biete.

De Roys war im Gegensatz zu seinen Standesgenossen der Meinung, dafs in der Zukunft der Freihandel vielleicht siegen werde. Vor der Hand sei er aber nicht möglich. Wenn man jetzt nun die Industrie schütze, dürfe man die 20 Millionen Hände der Landwirtschaft nicht vernachlässigen. Die Forderungen des Bundes der Landwirte, welcher in seiner Mehrheit aus kleinen Besitzern bestände, wären sehr mäfsig.

Der Wert des Getreidelandes hätte sich vermindert; der Getreidehandel sei in den Händen der Spekulation, die zu unterdrücken besser als jeder Zolltarif wäre. Zu empfehlen sei statt dessen auch eine Erhöhung der Eisenbahntarife für das Ausland. Vor allem müfsten die Privilegien verschwinden. Entweder Schutz für Alle oder Handelsfreiheit! Aber nur eine Produktion zu schützen, sei unstatthaft.

Schärfer für die Schutzzollbewegung trat der Abgeordnete des Rotours (Monarchist) ein. Er verlangte einen autonomen Tarif, wie ihn Amerika habe, das mit seinen hohen Zöllen sehr zufrieden lebe. Man dürfe nicht durch die Meistbegünstigungsklausel dasselbe wirtschaftlich stärkeren Staaten gewähren, was man schwächeren vielleicht einräume, und dürfe nicht dadurch den Generaltarif zu einem platonischen machen. —

Hierauf vertagte der Kammerpräsident die Verhandlungen auf einige Zeit. Während der Pause übergab der Handels- und Landwirtschaftsminister Tirard dem Bureau einen neuen Tarif, welcher im wesentlichen mit dem Werke Teisserenc de Borts übereinstimmte. Er deutete damit an, dafs die Regierung auf ihrem Willen bestände und sich der Arbeit der Kommission energisch entgegenstellte. Nur in Äufserlichkeiten, wie der Numerierung der Tarifpositionen und der Zusammenrechnung der Zollbeträge mit den 24 % Erhöhungen, gab die Regierung nach. Am 14. Februar 1880 begannen wiederum die Beratungen.

Der Abgeordnete Keller (klerikal, Rechte) fand an dem Kommissionstarif, den er im übrigen verteidigte, zweierlei auszusetzen: 1. den unsicheren Charakter desselben, da er zwei Bestimmungen erfüllen sollte, nämlich als Generaltarif für nichtmeistbegünstigte Staaten zu dienen und der Ausgangspunkt für neue Vertragsverhandlungen zu werden; 2. die Aufopferung der ländlichen Produzenten, welche doch die Hälfte der Bevölkerung ausmachten, das ganze Land ernährten und bei einer Gesamtproduktion des Landes von 20—24 Milliarden deren 12 lieferten.

Man müsse in jedem Falle eine Verständigung zwischen Industrie und Landwirtschaft herstellen, „um eine parlamentarische Mehrheit zu bilden, die in Wahrheit die grofse Mehrheit der Interessen des Landes vertreten wird.“

Der Luxushandel allein verursache nicht den Reichtum der Nation, wenn er auch zu schätzen sei: „Durch seine Intelligenz, seinen Geschmack, seine besondere Veranlagung hat sich Frankreich in der ganzen Welt eine Klientel für seine Seidenwaren, seine Möbel, seine Schmucksachen, seine Moden geschaffen, welche den Luxus aller civilisierten Länder bilden“.

Man müfste jetzt zwei Thatsachen Rechnung tragen: 1. „der Auflehnung der ganzen Welt gegen das ökonomische System von 1860“, durch das auch andere Nationen, „welche sich durch das Beispiel Frankreichs haben beeinflussen lassen", gelitten hätten. Der Grund liege in folgendem: „Es ist ein elementarer Grundsatz in der politischen Ökonomie, dafs, wenn ein Land aufserhalb mehr Produkte kauft, als es verkauft, dieses Land verpflichtet ist, die Differenz in Edelmetallen, in Geld zu bezahlen; es erschöpft so seine metallischen Hilfsquellen, und im Verlauf kurzer Zeit sieht es sich zum Papiergeld verurteilt, welches für Handel und Industrie das Lästigste ist, was man sich vorstellen kann". Deutschland, Österreich-Ungarn, Italien und die Vereinigten Staaten hätten deshalb den Freihandel verlassen. Selbst die englischen Kolonieen Kanada und Indien, auch China folgten diesem Beispiel. Die Produkte dieser Länder bildeten eine furchtbare Konkurrenz. Die grofsen Gewinne der Baumwollenindustrie, wie sie Pascal Duprat schildere, beständen nicht; bald würden statt der Gewinne überhaupt nur Verluste zu verzeichnen sein. Ebenso sei es mit der Metallindustrie und besonders der Landwirtschaft.

2. Für diese sei, wie schon angedeutet, zweitens zu berücksichtigen die grofse Konkurrenz Amerikas und Kanadas bezüglich des Getreidebaues und der Viehzucht. Zumal der Rückgang des Silberwerts seit den australisch-kalifornischen Goldfunden hätte dies bewirkt.

Der Redner bekämpfte zum Schlufs die Handelsverträge, die die Lage noch verschlimmerten. Dem Bauer müsse sein Vaterland erhalten bleiben. „Jetzt, wo ich die Deutschen, die Irländer ihr Vaterland verlassen sehe, um ihr Glück in Amerika zu suchen, bin ich stolz darauf, die Franzosen trotz der wirtschaftlichen Gesetze, die so schlecht ihre Industrieen schützen, dem heimischen Boden treu bleiben und ihn weiter bebauen zu sehen, wie ihn ihre Väter bebaut haben ..... Wir wollen Franzosen bleiben, und deswegen wollen wir eine Regierung, die eine französische Wirtschaftspolitik betreibt".

Der Vollblutfranzose Keller aus dem Elsafs erzielte mit diesen seinen Schlufsworten lebhaften Beifall. —

Der folgende Redner, Richard W a d d i n g t o n (linkes Centrum) ging die einzelnen Produktionszweige durch. Die Agrarkrisis sei eine westeuropäische. Auch England sei davon bedroht. Seine ländlichen Arbeiter wären zur Auswanderung nach Australien, Kanada oder der Kapkolonie gezwungen. Aber diese Leute blieben doch Engländer und entwickelten den englischen Handel. Der französische Bauer könne nur nach Algier auswandern. Die Landwirtschaft hätte von den Handelsverträgen bisher nur den Vorteil gehabt, dafs ihre Produkte n i c h t in die Konventionaltarife aufgenommen wären, also doch immer auf einen Zollschutz hoffen konnten.

Die Industrie leide durch England und Amerika. Beide Länder hätten ihre Maschinen verbessert; beide Länder hätten billigere und bessere Rohstoffe, teils Kohle und Eisen, teils Naturprodukte; in beiden Ländern seien Kapitalien leichter zu haben, als in Frankreich.

Auf die Handelsbilanz ging Waddington nicht ein, weil ihm die Zahlen des Zollamtes wegen der durch die drawbacks, die Prämien und anderes geschaffenen Lücken kein richtiges Bild gaben.

Es käme auf die Lage der Produktion an. Frankreich müsse durchaus sein Handwerkszeug, seine Maschinen, auf die Höhe des Auslands bringen. Zumal die Seidenindustrie benütze in zu hohem Grade veraltete Apparate.

Auch der Arbeiter sei am Schutzzoll interessiert. Er sei nicht blofs der Konsument, welcher billige Nahrung und Kleidung beanspruche, er brauche Arbeit.

„Wir haben," schlofs Waddington, „zahlreiche Reformen zu erfüllen; wir haben zahlreiche fortschrittliche Mafsregeln zu treffen; wir haben unser Werkzeug zu verbessern, zu vervollständigen, unsere Kommunikationswege, unsere Kanäle, unsere Häfen und unsere Flüsse auszubauen; wir haben endlich die grofse Reform unserer Eisenbahntarife zu unternehmen und zum Ziele zu führen. — Wir haben in gewissem Mafse die Steuern zu verringern, die . . . . schwerer auf den französischen Steuerzahlern lasten, als auf den anderen Steuerzahlern der Welt. Wir haben . . . . die Octrois zu unterdrücken oder wenigstens zu vermindern." Wenn Frankreich dann für den internationalen Kampf gewappnet wäre, könne es auch einen Schritt weiter auf dem Wege des Freihandels thun. Aber in diesem Augenblicke „den Generaltarif in den Verhältnissen, wie es die Regierung will, zu ermäfsigen, unter die durch die Kommission festgesteckten Grenzen herabzusteigen", wäre sehr verhängnisvoll. —

In ganz ähnlichem Sinne äufserte sich der Abgeordnete Allain-Targé (republ. Union). Einen Pakt zwischen Industrie und Landwirtschaft zu schliefsen, sei verkehrt, man müsse alle Punkte des Zolltarifs einzeln betrachten und jeder Produktion das ihrige geben. Erst nach den grofsen, geplanten Reformen im Eisenbahnwesen könne man an eine freiere Behandlung denken. Es sei doch sonderbar, dafs die grofsen Compagnien die Fracht von den Seehäfen aus nach abgestufter Entfernung billiger stellten, als die kürzeren Reisen im Lande. Das mache die Zölle illusorisch. Auch die staatliche Unterstützung der Schifffahrtslinie Bordeaux-Amerika raube einen Teil des Zollschutzes. Jetzt müsse die Devise nicht ‚Freiheit des Handels!' sondern: ‚Freiheit der Arbeit, aber auch Sicherheit der Arbeit!' heifsen. —

Nach einer ganzen Reihe von Schutzzöllnern kam mit Maurice Rouvier (republ. Union) wieder ein überzeugter Freihändler zum Wort, der die Meinung der Minderheit in der Kommission entwickelte. Er setzte dem sehr bestreitbaren

Grundsatz Mélines: ‚Schutz der nationalen Arbeit!‘ den vor allem in einer Demokratie unbestreitbaren: „Man soll die Steuer nur dem Staate bezahlen!“ entgegen. Dann griff er die gewaltige Agitation der Grofsindustriellen an, die der Landwirtschaft das Phantom des Einfalls der amerikanischen Produkte vorgemalt hätten, was ihnen auch angesichts der schlechten Ernten der letzten zwei Jahre gelungen sei. Tausende von Petitionen, alle mit derselben Forderung von 3 Fr. Zoll für Getreide hätten sie veranlafst. Sonderbar berühre ihn nur, dafs Pouyer-Quertier trotz seiner Agitationsreisen und seiner Schilderung der amerikanischen Gefahr für die Ziehung eines Kabels zwischen Frankreich und Amerika wirkte, wodurch doch die Spekulation noch erleichtert werde.

Die Einfuhr sei überhaupt kein Unglück: „Wenn man Produkte aus dem Auslande bezieht, so leistet man sich einen Dienst dadurch, dafs man die Produkte, die auf dem eigenen Boden teurer sind, billiger bezahlt.“

Als einen Generaltarif, der durch Verträge noch geändert werden könne, liefs sich Rouvier den Tarif noch gefallen. Aber man beweise ja zahlenmäfsig, dafs Verträge überhaupt vom Übel seien; man wolle also einen autonomen Tarif; dieser müsse bekämpft werden. Schon die Abschaffung der Wertzölle sei ungerecht, weil die specifischen Abgaben zu hoch berechnet wären.

Die Anhänger Mélines stützten sich auf die Kostenpreise. Die Produktionskosten aller Fabrikate zu berechnen, sei aber die Suche nach dem Stein der Weisen.

Rouvier kritisierte dann die agrarischen Vorschläge. Weizen und Fleisch habe man nicht erhöht, dagegen das Brot der Armen, Hafer und Mais, getroffen. Ferner hätte man Felle, Talg und Tierabfälle stärker belastet. Dadurch stiegen die Vieh- und weiter auch die Fleischpreise.

Die Gegner der Handelsverträge wendeten sich besonders gegen die Meistbegünstigung, darunter auch 71 gegen 10 Handelskammern. Aber unter den 10 freihändlerischen befänden sich doch die wichtigsten: Bordeaux, Marseille, Lyon, Reims, Saint-Etienne, Nancy. Jetzt, wo das Parlament über die Verträge und nicht mehr der Wille eines Einzelnen zu entscheiden habe, sei von der Meistbegünstigungsklausel nichts zu fürchten. Das Parlament werde schon über die Wahrung der Reciprocität wachen.

Die Tabelle der Aus- und Einfuhr, welche allerdings für eine stärkere Entwicklung der Einfuhr zur Zeit der Verträge zeuge, müsse man durch die Zahlen von der Bewegung der Edelmetalle ergänzen. Von 1862—77 seien 4857 Mill. Fr. an Edelmetallen nach Frankreich gewandert. Von einer ungünstigen Bilanz sei also nicht die Rede. Aufserdem müsse man nicht allein die Werte betrachten, sondern auch das Gewicht vergleichen. Die Warenpreise seien seit 1860 bedeutend und zum Glück für den Konsumenten gesunken. Die Steigerung des Aufsenhandels, die Méline leugnete, lasse sich aus dem Gewicht erkennen. Danach betrüge die Ein- und Ausfuhr:

1862	fast	3	Mill. Tonnen
1869	über	4	- -
1877	. .	5,8	- -

Die Angaben über die Leiden der Kohlen-, Metall- und Textilindustrieen seien mafslos übertrieben, wenn auch nicht ganz zu leugnen. Einzelne Fabriken machten fabelhafte Gewinne.

Die Not der Landwirtschaft hätten die schlechte Ernte und die Phylloxera verursacht. Da hätte doch die Einfuhr Amerikas zum Wohle des Landes eingreifen müssen. Die Schutzzollbewegung in Deutschland brauche sich Frankreich noch lange nicht zum Muster zu nehmen oder gar zu übertrumpfen. Es gäbe gar keine Analogie zwischen den ökonomischen Einrichtungen eines militärischen Kaiserreichs und denen einer freien und friedlichen Republik.

Die Zölle für Baumwollgarne betrügen aber für Frankreich sogar schon nach dem Regierungsprojekt: 15—300 fr.

für Deutschland nur . .	15—45	fr.
„ Österreich.	15—50	fr.
„ Belgien.	15—25	fr.
„ Italien	18—60	fr.
„ die Schweiz	4 u. 7	fr.

Für Kohlen verlangte Frankreich 12 cents auf 100 kg., Spanien 2 fr. 50 cents, aber auf 1000 kg. Die anderen Staaten, Deutschland, England, Österreich, Italien und Rufsland liefsen die Kohle frei.

Die Theorie der Handelsbilanz sollte doch endlich einmal verschwinden. Ein gutes Beispiel, welches ihre Unhaltbarkeit nachweise, fand Rouvier in einem Bericht der Handelskammer von Bordeaux:

„Ein Kaufmann kauft in Bordeaux für 100000 fr. Wein. Er expediert ihn nach La Plata. Was macht das Zollamt? Es schreibt in das Kapitel der Ausfuhr 100000 fr. Dieser Wein wird nach La Plata hinübergeschafft, mit einem Gewinn von 40000 fr. verkauft, und der Händler, der nicht die Ideen der Schutzzöllner über die Regelung der Ausfuhr des Geldes teilt, . . . was macht er? Da er 140000 fr. von La Plata nach Bordeaux zurükkehren lassen kann, so sucht er die Ware, die ihn bezahlen kann, indem sie ihm einen neuen Gewinn verschafft: La Plata produziert Leder, er kauft davon für 140000 fr.; dann läfst er es nach Bordeaux kommen. Er hat eine schlaue Operation gemacht; nachdem er die Kurse in Bordeaux befragt hat, verkauft er es für 180000 fr. Was wird man in die Tabelle des Zollamts einschreiben? In der

Kolonne „Ausfuhr“ 100 000 fr., und in der Kolonne „Einfuhr“ 180 000 fr. Und dann werden Herr Keller, Herr Méline, Herr Waddington und alle Schüler der protektionistischen Schule schreien: Wir haben 80 000 fr. verloren.“

Die Handelsbilanz aller Länder sei ungünstig. Man müsse die Totalität der Ein- uud Ausfuhr betrachten. Danach sei die Entwicklung des französischen Aufsenhandels auf dem besten Wege. Zur vollen Beurteilung der Lage müsse man auch noch anderes zu Rate ziehen, wie den Stand der Sparkassen, den Wert von Erbschaften, die Rentenkurse und dergleichen.

Der Schutzzoll würde gar nichts bewirken. Er habe nicht einmal Einflufs auf die Lohnhöhe. In Amerika z. B. seien die Löhne gesunken. Der Zoll sei eine Steuer, die sich von andereren dadurch unterscheide, dafs nicht alles in die Staatskasse fliefse, sondern manches in die Taschen der Produzenten und Fabrikanten. „Es handelt sich darum, zu wissen, ob unter der Republik, in einem demokratischen Regime, es einen Teil der Bevölkerung geben soll, der Abgaben von dem anderen erhebt.“ „In einer republikanischen Demokratie ist kein Raum für eine andere Aristokratie, als die des Verdienstes, des Talentes und der sittlichen Kraft; aber die des Namens und des Reichtums giebt es nicht.“ Die Zölle seien nicht nur antidemokratisch, sondern ein wahrer Anachronismus, sie seien eine Steuer auf die Endeckungen der Wissenschaft und die Entwicklung der Transporttechnik. Man könne sie leider aus fiskalischen Rücksichten nicht ganz abschaffen. Daher sei es das beste, für die Regierungsvorlage zu stimmen, um nicht „einer wirtschaftlichen Reaktion die Hand zu leihen.“ —

Der grofsen Rede Rouviers folgten an diesem Tage nur noch kürzere Ausführungen de Tillancourts (linkes Centrum), der den Mélineschen Standpunkt vertrat. Nicht die Agitation hätte die Landwirte erregt, sondern ihre allzu fühlbaren Wunden. Die monarchistische Reaktion nehme sich jezt fast allein der Landbevölkerung an. „Lassen Sie nicht den Feinden unserer Einrichtungen das Privileg, das Interesse unserer Ländereien zu verteidigen, ein wahrhaft demokratisches Interesse; und unterwerfen Sie alle Industrieen Frankreichs einer einheitlichen Regel!“ —

Der frühere Vorsitzende der Liga der Handelsfreiheit Menier (radikal), obwohl Industrieller und Landwirt, trug am nächsten Tage noch einmal die freihändlerische Lehre vor: „Geben wir acht, meine Herren, alle Freiheiten sind mit einander verknüpft: Die Handelsfreiheit ist an die politischen Freiheiten gebunden. Wenn Sie das Einschreiten des Staates in die Organisation der Arbeit verlangen, so wissen Sie nicht, wo der Staat Halt machen wird!“ „Die Protektion ist eine Form des Kommunismus.“ —

Darauf hielt es M é l i n e, der, wenn auch nicht dem Namen nach, so doch thatsächlich als Haupt der Kommission auftrat, noch einmal für nötig, zur Verteidigung des Tarifs das Wort zu ergreifen. Dic hochbedeutsame Rede Rouviers hätte nur noch seine Überzeugung gefestigt; doch weise er die Auffassung zurück, dafs die Kommissionsmehrheit den Hintergedanken gehabt hätte, einen definitiven Tarif zu schaffen. Er erklärte feierlich: „Die Kommission . . . hat . . . in Wirklichkeit einen Maximaltarif, d. h. einen der Reduktion fähigen Tarif machen wollen.“ Dieser Tarif sei dem der Regierung vorzuziehen. „Er läfst einen Spielraum, um Verträge abzuschliefsen, er gestattet Zollerniedrigungen; der Regierungstarif gestattet dies nicht, weil er zu niedrig ist.“

Die Zölle Amerikas, Rufslands, Spaniens und Portugals seien in Baumwollgarnen viel höher, als die des Entwurfs; die der anderen Länder, Österreichs, Deutschlands, der Schweiz und Italiens in den mittleren und geringeren Nummern den französischen entsprechend. Diese Länder seien aber noch durch die gröfsere Entfernung von England und die Mehrkosten des Transports vor der britischen Fabrikation geschützt. Die feineren Nummern nun müfsten deshalb in Frankreich besondere Berücksichtigung erfahren, weil aufser der Schweiz England allein Frankreich darin Konkurrenz bereite.

Man werfe der Kommission vor, die Landwirtschaft zurückgesetzt zu haben. Das hätte nur die Opposition, namentlich Rouvier, verursacht. Sollte sich nach besseren Ernten die Lage nicht heben, so sei auch hier eine Zolländerung unausbleiblich.

Méline kam dann auf die Zahlen der Aus- und Einfuhr zurück. Nach Rouvier wäre die Ausfuhr dem Gewichte nach gestiegen. Das sei seit 1860 in der That der Fall; damals hätte sie nur 2 Millionen Tonnen betragen; aber seit 1875 wäre wieder ein Rückgang von $5^1/_2$ Mill. Tonnen auf $4^1/_2$ Mill. im Jahre 1878 zu verzeichnen. Dem gegenüber wäre die Einfuhr in ganz anderen Dimensionen gewachsen und zwar von 8 Millionen Tonnen im Jahre 1860 auf 16 Millionen im Jahre 1879. Das System Rouviers, nach der Summe von Aus- und Einfuhr den Wohlstand zu bemessen, überstiege seinen Verstand. Auch die Edelmetalleinfuhr hätte Rouvier nur in ihrer Summe betrachet. In Wirklichkeit nehme auch die Edelmetalleinfuhr ab.

1874	hätte sie	972	Mill. fr.	betragen,
1875	. . . .	875	„	„
1876	. . . .	804	„	„
1877	. . . .	683	„	„
1878	. . . .	544	„	„
1879	. . nur	339	„	„

Man führe immer England als Beispiel für den Irrtum des Protektionismus an. Dort aber habe doch die Ausfuhr sich proportional der Einfuhr entwickelt. Wer wisse zudem, wie lange noch?

Die Zölle seien durchaus kein Anachronismus: eine falsche Ansicht sei es, dafs man dieselben einem anderen, als dem Staat entrichte. Der Produzent nehme nur das wieder ein, was er vorher dem Staat an Steuern zu viel gezahlt habe. Aufserdem werde durch den Schutz die Industrie erhalten und damit für die Hauptmasse der Bevölkerung, den Arbeiterstand, gesorgt.

In England habe man wegen der Konkurrenz die Löhne um 30—50 % herabsetzen müssen. In Amerika aber seien sie gestiegen. Dort zahle man die höchsten Löhne der Welt und habe die billigsten Lebensmittel.

Wirtschaftliche Fragen dürfe man nicht mit politischen vermengen. Für eine Demokratie und das allgemeine Stimmrecht sei der Freihandel in keinem Falle eine Notwendigkeit, zumal umgekehrt das feudale und aristokratische England das gelobte Land des Freihandels sei. Aber *eine* politische Seite der Frage gäbe es doch: eine Demokratie habe die Pflicht, „im Bereiche des Möglichen die Löhne, die Arbeit und das Wohlergehen der arbeitenden Klassen sicher zu stellen.“

Der Minister *Tirard* übernahm es persönlich, dem Führer der Kommission zu erwidern. Die Regierung hätte gewifs die Pflicht, die nationale Arbeit zu schützen. Eine Systemfrage, ob Freihandel oder Schutzzoll dies besser vermöchte, zu entscheiden, sei aber sehr schwer. Man müsse sich durchaus auf dem Boden der Thatsachen halten.

Tirard ging zunächst auf die agrarischen Wünsche und die Drohung ein, bei ihrer Nichtberücksichtigung auch gegen den Industrieschutz stimmen zu wollen. Die Landwirtschaft wolle die fremde Konkurrenz ausschalten. „Aber“, rief er den Agrariern zu, „sind Sie auch sicher, dafs die Produktion Frankreichs genügend sein wird, um die ganze Bevölkerung des Landes zu ernähren?“ Mit der Zollforderung übernehme die Landwirtschaft die Verpflichtung, für das Volk in jeder Weise ausreichend zu sorgen. Durch die Erhöhung der Brot- und Fleischpreise aber würden die Konsumenten gewifs nicht besser gestellt.

Ebenso dürfe man die übrigen Agrarprodukte, welche die Rohstoffe für die Industrie darstellten, nicht mit höheren Abgaben belegen, „ohne die nationale Industrie zu Tode zu treffen.“ Dann müfste man wieder zu den zeitweiligen Zulassungen und drawbacks greifen und dem Betruge Thor und Thür offen lassen. Dieses System sei schon 1872/73 von der Nationalversammlung verworfen worden. Wenn aber der Staat der heimischen Landwirtschaft die Alleinversorgung des inneren

Marktes verschaffe, so hätte er auch gegebenen Falles das Recht, im Interesse der Ernährung und Versicherung des Volkes gegen Notstände mit Zwangsmitteln einzuschreiten.

Des weiteren ging der Minister auf die Industrieforderungen ein. Welche Industrie solle man schützen? Die eine hänge immer mit der anderen zusammen. Der Schutzzoll für die Spinnerei bedeute die Verteuerung der Rohstoffe für die Weberei. Man könne für die Ausfuhr den Webern jedenfalls als Ersatz nicht Rückzölle oder ähnliches gewähren. Die Zulassung auf Zeit bewirke nur, dafs der gröfste Teil des Zolls in die Tasche der Industriellen wandere. Alles Heil überhaupt vom Zoll zu erwarten, sei thöricht. Die Baumwollindustrie z. B. leide auch unter dem Wechsel der Mode. Früher hätten Landleute und Arbeiter Druckkattun (indienne) getragen, heute verschmähten sie dieses. „Es giebt unaufhörliche Variationen; die Erfindungen, Umformungen, Entdeckungen folgen einander mit einer solchen Eile, dafs, welches auch die Mafsregeln sind, die die Kommission ergreifen kann, um die Kategorieen ihres Tarifs zu vervielfältigen, sie niemals — niemals dazu kommen wird, alle Varietäten der Fabrikation zu treffen."

Wenn man aber die Industrie vor jeder Änderung schützen wolle, so müsse man die Patentgesetzgebung ändern, „statt die Erfinder zu ermutigen, sie verbannen, für sie die Bastille wieder errichten, sie einkerkern."

Man hätte die Steuerlast der einzelnen Staaten in Bezug auf die Industrie verglichen und namentlich Englands Vorrang hervorgehoben. Aber England habe doch dafür andere Steuern zu zahlen. Es sei ganz unmöglich, die so sehr verschiedenartigen Lasten der verschiedenen Länder zu vergleichen.

Die Regierung befolge den Grundgedanken, keinesfalls für eine Theorie, sondern nur für das Thatsächliche und Bestehende einzutreten. Angesichts der Agrarkrise in Frankreich und der Industriekrise in der ganzen Welt wäre es verwegen, sich auf neue Versuche in freihändlerischer Richtung einzulassen. Andrerseits könne die Regierung auch nicht die künstlichen Mittel des Zollschutzes anwenden. Frankreich sei trotz alles schreis und aller Gefahren unter der bisherigen Handelspolitik reicher geworden. Das erprobte System müsse man bewahren. —

Nach der ministeriellen Erklärung folgte eine kurze Anklagerede Martin Nadaud's (radikal. Socialist) gegen die Behauptung der Kommissionsberichte, dafs der Wert des französischen Arbeiters geringer sei, als der des fremden. „Ich sage, dafs das eine Schande für Franzosen ist, ich sage, dafs man kein Patriot ist . . . . , wenn man im Interesse des Geschäftsgewinnes so die französischen Arbeiter verleumdet." —

Für das Kommissionsprojekt trat dann noch Viette (Linke) ein. Er warf den Freihändlern Interessenpolitik vor. Wenn es um ihr Vermögen ginge, wären Freihändler sehr häufig ins Lager der Schutzzöllner übergegangen. Das neue Projekt des Ministers sähe dem alten verzweifelt ähnlich und wäre kaum als ein Entgegenkommen zu bezeichen.

Die Schlufsrede der Generaldiskussion hielt der berufenste Verteidiger der napoleonischen Politik von 1860, der ehemalige Minister des Kaiserreichs Rouher (Bonapartist), welcher selbst einen hervorragenden Anteil an den Verträgen und der Errichtung des herrschenden Konventionaltarifs gehabt hatte. Von Freund und Feind gleich aufmerksam angehört, gab er zunächst einen geschichtlichen Rückblick. Die Regierung Napoleons hätte keineswegs eine überstürzt angefertigte Arbeit geliefert, sondern für alle Zweige der Volkswirtschaft Autoritäten zu Rate gezogen. Sie mufste aber die höchst notwendige Reform aus eigener Kraft vollführen, weil sie im Parlament nicht die nötige Mehrheit dafür finden konnte. Jetzt wolle man wieder um Frankreich eine chinesische Mauer ziehen. Er halte sogar den Regierungsentwurf für viel zu hoch, wenn er auch, um das Mögliche zu erreichen, dafür eintreten wolle.

Die Regierung und die Kommission hätten beide unter dem Drucke der mafslosen Agitation im Lande, namentlich der Reden Pouyer-Quertiers, welcher die Krisis geschickt auszubeuten gewufst hätte, gestanden. Wie übertrieben Pouyer-Quertier schildere, gehe aus einer seiner Ansprachen deutlich hervor. Darin hiefse es: „England? oh! ich wünsche nicht das Los Englands; es ist verloren, ruiniert; der Pauperismus verschlingt es; die Besteuerung der Armen vernichtet es: sein ganzes Ackerland liegt in unfruchtbaren Brachen u. s. w.“

Um die Notwendigkeit der Zollerhöhungen zu beweisen, müfste man ein Inventar ganz Frankreichs machen und dann die Bilanz ziehen. Das sei unmöglich.

Rouher beleuchtete dann die einzelnen Teile der Volkswirtschaft und schilderte den allgemeinen Aufschwung seit 1860.

Die Landwirtschaft leide nur vorübergehend. Die Aufhebung der alten Zollgesetze hätte eine steigende Entwicklung der Transporte im In- und Ausland zu Gunsten der Volksernährung hervorgerufen. Hungersnöte wären ganz verschwunden; der allgemeine Reichtum hätte sich gehoben. Ein Vorteil wäre auch die Nivellierung der Getreidepreise durch den Weltmarkt. Die Landwirtschaft sei damit zufrieden gewesen und bis 1868 und noch darüber für den Freihandel eingetreten. Aber auch später wäre ein Emporsteigen zu verzeichnen. In den letzten Jahren sei die bebaute Fläche von 5800000 ha auf 6800000 ha ausgedehnt worden. Die Erträge wären von 5 auf $7^{1}/_{2}$ Milliarde gestiegen.

In der Viehzucht hätte sich nur die Zahl der Rinder vermindert. Aber früher hätte ein Rind durchschnittlich sechs Jahre gelebt. Heute erreiche es nur ein Alter von vier Jahren. Die Fleischproduktion betrage demgemäfs jetzt 13 Millionen Centner, die Einfuhr nur $1^1/_4$ Millionen, also 10%. Das sei doch noch keine Notlage. Natürlich könnten die schlechten Ernten nicht geleugnet werden. Aber das Heilmittel liege nimmermehr in der Allianz mit der Industrie. „Die Konsumtion des Volkes darf man nicht belasten.“ Die furchtbare Konkurrenz von Rufsland, Ungarn und Kalifornien sei übertrieben. Bei besseren Ernten und einer rationelleren Bewirtschaftung werde die Einfuhr wieder zurückgehen. Jeder Landwirt müsse sich selbst helfen.

Für die Industrie sei der wohlthätige Einflufs der Handelsverträge auch nicht zu verkennen. Die niedrigen Zölle hätten keineswegs die Überlegenheit des Auslands hervorgerufen. „Jeder Tarif“, führte Rouher aus, „welcher zum Zweck hat, den ausländischen Erzeugnissen eine bevorzugte Stellung über die einheimischen zu geben, ist für mich ein verdammenswerter Tarif, und ich stofse ihn mit aller Energie zurück. Aber jeder Tarif, der zum Objekt hat, die Lasten des französischen Konsumenten zu verringern, die Summe, die dieser zu zahlen hat, dadurch zu vermindern, dafs er die Transportabgaben herabsetzt, scheint mir ein gutes und nützliches Ding zu sein.“

Er prüfte dann die Lage der verschiedenen Gewerbe und fand überall ein Steigen der Umsätze, zumal eine gewaltige Entwicklung des Börsengeschäfts.

Die steigende Einfuhr sei allein auf den gröfseren Bedarf von Rohstoffen zurückzuführen. Die Ausfuhr Frankreichs nach England hätte vor der Krisis dauernd zugenommen und 700 Mill. fr. mehr, als die englische Ausfuhr nach Europa betragen. Die englische Handelsdomäne sei nicht Europa, sondern die übrigen Erdteile. Um die wirtschaftliche Lage eines Landes zu prüfen, müsse man dreierlei im Auge behalten: 1) die Bewegung der Rohstoffe; 2) die Fabrikatausfuhr; 3) die Einfuhr von Fabrikaten. Die Rohstoffimporte für die Industrie haben sich von 1856 bis 76 von 727 Mill. fr. auf über 2000 Mill. fr. abzüglich der Wiederausfuhr gesteigert. Das bedeute einen enormen Aufschwung der Industrie.

Die Fabrikationsausfuhr im Specialhandel sei demgemäfs von 1869—77 von 1750 Mill. fr. auf 2028 Mill. fr. angewachsen.

Die Fabrikateinfuhr habe von 1869 bis 77 im Mittel 373, nach 1877: 450 Mill. fr. betragen. Jedenfalls übersteige die Fabrikatausfuhr die Einfuhr ganz wesentlich, um das Fünffache.

Doch die Handelsbilanz allein bewiese nichts, es müsse eine Bilanz der Zahlungen und eine Bilanz der erzielten Gewinne hinzutreten. Eine solche sei aber sehr schwer zu konstatieren. Man dürfe auch nicht unberücksichtigt lassen, dafs jährlich an 200000 Fremde ins Land strömen, die etwa 300 Mill. fr. verzehren, ohne dafs das Zollamt dies verzeichne.

Wenn die Ausfuhr teilweise zurückgegangen sei, so liege das nicht am Tarif, sondern an der Mode, an den schlechten Ernten, an der Reblaus und anderen Faktoren. Die gestiegene Einfuhr sei also nicht die Ursache der Notlage, sondern umgekehrt, die Notlage hätte die Importe ins Land gerufen.

Rouher beschrieb dann das System der internationalen Kompensationen: „Man hat uns gesagt, dafs die Tarife moralische Kompensationen vorstellten . . . . . Nein, der Zoll ist eine Abgabe, welche sich mit der Ware verkörpert; wenn er sich an eine Materie wendet, die im Lande nicht ihresgleichen hat, so nützt der Zoll ganz und gar allein dem Staat.“ Solche völlig gerechtfertigten Zölle habe England. „Aber wenn Sie Zölle auf Fabrikate errichten, welche ihresgleichen im Inlande haben, so inkorporieren Sie diesen heimischen Erzeugnissen, diesen inneren Produkten, den ganzen Betrag des Zolls.“ Auch die Steuerlast, welche auf der Industrie ruhe, könne nicht kompensiert werden. Wollen denn die Grofsindustriellen ihre Steuern auf die andern französischen Bürger abwälzen? — Ein Hinweis auf Englands niedrigere Abgaben sei ungerechtfertigt. Das englische Budget sei nur scheinbar niedriger, da die Grafschaften für ihre Einnahmen und Ausgaben besondere Budgets hätten, die fast $^1/_2$ mal so grofs seien, wie das des Staats. Die Ausgaben der französischen Departements verschwänden dagegen. Auch der Vergleich mit anderen Staaten sei schwer. Rouher ging dann an die Prüfung der autonomen Tarife anderer Länder Europas. Der Grund für deren Zollerhöhungen sei neben der Finanznot — Österreichs und Italiens — in der Furcht vor den Schritten Frankreichs zu suchen. In Frankreich sei die Schutzzollbewegung zuerst in Gang gekommen und hätte Einflufs auf die Politik errungen. Deutschland, welches Frankreich die Meistbegünstigung geben müsse, wolle gegen Zollerhöhungen gerüstet dastehn.

Die Kommissionsanträge machten die europäischen Verträge schwierig. Und doch seien Verträge nötig, weil sie den Frieden und die Kultur- und Wirtschaftsentwicklung aller Länder förderten. Es handle sich aufserdem um ein grofses sociales Interesse. „Wir haben sehr gelitten . . . . andere Völker nahmen zu an Ausdehnung; wenn wir den Mut zum Fortschritt haben, können wir wachsen in der Höhe der Kultur.“ —

Nach der Rede Rouhers vom 22. und 23. Februar wurde trotz des Einspruchs von schutzzöllnerischer Seite die Generaldiskussion geschlossen.

2. Diskussion der Artikel.

Die Schlufsannahme liefs bereits erkennen, dafs die Kammermehrheit im grofsen und ganzen für die Regierung gewonnen war. Erst am 4. März kam der Tarif wieder auf die Tagesordnung der Kammer zur Beratung der Artikel. Um Zeit zu ersparen, schlug der Abgeordnete Lebaudy (linkes Centrum) vor, 1) die Dringlichkeit der Beratung zu erklären und 2) den Gesetzentwurf in 4 Sondergesetze nach den 4 Abschnitten des Tarifs einzuteilen, um diese gesondert dem Senat schicken zu können und so die Lesung zu beschleunigen. Beide Anträge wurden angenommen, obwohl die Gefahr vorlag, dafs der Senat Zollvorschläge der Kammer, z. B. bezüglich der Rohstoffe, zurückweisen oder umändern konnte, auf Grund deren die Kammer die Zölle in einem anderen Teil des Tarifs — bei Fabrikaten — noch erhöhen wollte.

Man begann mit der Abteilung der ländlichen Produkte. Artikel nach Artikel wurde verlesen und diskutiert. Ein heftiger Kampf erhob sich um die agrarischen Forderungen. De Kerjégu bot den Industriellen noch einmal die Allianz an, aber die Verständigung war so kurz vor der Abstimmung nicht mehr herbeizuführen. Fast sämtliche Wünsche der Landwirte wurden abgelehnt; Wolle, Lein, Hanf, rohes Holz, ölhaltige Samen, Rohseide blieben zollfrei. Ebenso wurden die Kommissionsbeschlüsse auf rohe Felle, Talg, Fett, Korn und Salzfische verworfen. Überhaupt folgte die Kammer der Kommission nur in den Punkten, in denen sie mit der Regierung im Einverständnis war. Die Agrarier erhielten schliefslich nur 4 fr. auf Kühe und 1,50 fr. auf Widder und Schafe. Angesichts dieser Thatsache konnte sich de Kerjégu nicht enthalten, vor Zorn und Schmerz auszurufen: „Gegenüber dem wahren Delirium der Unterdrückungen, welches die Kammer hinsichtlich der Schutzzölle ergriffen hat, braucht man schon einigen Mut, um gegen den freihändlerischen Kurs anzukämpfen“.

Die Debatte über die Textilrohstoffe nahm natürlich den gröfsten Raum ein. Die Deputierten der Seidenproduktionsgebiete forderten einem Wunsch des Bundes der Landwirte entsprechend einen Zoll von 10 % statt der Freiheit der Rohseide. Aber die Hauptseidenindustrie von Lyon war dagegen. Da sie grofsenteils für den Export arbeitete, war sie stets freihändlerisch gewesen. Ein Zoll in Verbindung mit Rückzöllen war ihr aber unannehmbar; da man kein Mittel besafs, den Stoff bei der Ausfuhr zu erkennen. Die Antragsteller brachten hauptsächlich die Klagen der Seidenzüchter und Maulbeerbaumpflanzer über die zu dieser Zeit in grofsem Mafsstabe aufgetretene Krankheit der Seidenwürmer zum Ausdruck. Energische Verteidiger ihrer Ansprüche waren de Valfons (rechtes Centrum), Loubet (gemäfs. Republ.) und Madier de Montjau (radikal). Für die Lyoneser Industrie sprach Eduard Millaud (republ. Union), für Saint-Pierre-lès-Calais Ribot (linkes Centrum). Mit 338 gegen 88 Stimmen wurde das Amendement abgelehnt.

Ähnlich ging es mit den Vorschlägen für Baumwolle, Wolle und Lein. M é l i n e hatte trotz der gröfsten rednerischen Anstrengungen einen Mifserfolg zu verzeichnen. Unter seinen Anhängern protestierte D o u t r e s m e (gemäfs. Republ.) von Elbeuf im Namen der demokratischen Interessen gegen das Princip der Konkurrenz, welches durch die mechanischen Webereien errichtet sei. Das sei eine Gefahr für die Handwerker. Nun trat wiederum R o u h e r in die Schranken, um sich in schlagender Weise gegen diese Ausführungen zu erklären: die Maschinenarbeit sei eine der gebieterischen Notwendigkeiten der modernen Industrie; sie hätte dem Arbeiter genützt durch Schonung seiner Kraft und Gesundheit, durch Erzielung höherer und stabilerer Löhne. „Ich leugne es nicht,“ sagte er zum Schlufs, „dafs sittliche Vorzüge für die Familienwerkstätte sprechen; aber können Sie diese denn in e i n e m Lande wieder errichten, während sie aus allen anderen Industrieländern verschwunden ist? Suchen Sie nicht die fortschreitende Bewegung der mechanischen Webstühle aufzuhalten; denken Sie daran, dafs dies eine siegreiche Eroberung ist, und dafs niemand den Anspruch machen kann, sie zu vernichten, ohne weit in die Zustände der Vergangenheit zurückzukehren.“ — Rouher drang mit seiner Auffassung durch, und der Minister Tirard gewann Schritt für Schritt. —

Auch in der Metallindustrie zeigte sich der Unterschied der Auffassung der Regierung von der der Kommission. Die Ideen des Monopols des heimischen Marktes waren lebendig geworden, fanden aber bei dem Minister keinen Anklang. Im einzelnen verwandte sich T i r a r d mit Erfolg besonders für die Wiedergleichsetzung der Stahlräder mit den Eisenrädern. Stahlräder brauchten dieselben Produktionsbedingungen, wie Räder aus Schmiedeeisen. Im Zollamt könne man beide Arten aufserdem nicht unterscheiden. Zwischen dem gemeinsten Stahl und den besten Fabrikaten aus Eisen läge eine unendliche Reihe von Zwischenprodukten, bei denen man nicht sagen könne, wo der Stahl aufhöre und das Eisen anfange.

Bei landwirtschaftlichen Maschinen ging die Kammer sogar über Tirard, der hier die gewöhnlichen Eisenzölle anwenden wollte, hinaus. Auf einen Antrag Frank C h a u v e a u (gemäfs. Linke) hin machte sie diese gänzlich zollfrei und erfüllte damit zugleich einen lange gehegten Wunsch der Agrarier, den sie nur den Industriellen zuliebe zurückgestellt hatten.

Ich kann an dieser Stelle natürlich nicht alle Tarifnummern einzeln aufzählen, und führe nur noch weniges aus der bis zum 4. Juni dauernden Specialdebatte an.

Der Minister Tirard wandte sich vor allem gegen das Princip der Staatseinmischung, das die schutzzöllnerische Partei beseelte: „Den Staat zu dem grofsen Regulator der Produktion zu machen, heifst ihn dahin treiben, sich in Dinge zu mischen, die ihn nichts angehen. Zu wollen, dafs die Zolltarife der Spekulation zu Hilfe kommen, dafs sie jedes Privatunglück vorhersehen, ist vollständig unmöglich".

Andere Redner fanden die Garantie des Preises durch den Staat direkt socialistisch. —

Im allgemeinen verwarf die Kammer alle Zollerhöhungen der Kommission und hielt sich an den Regierungstarif oder ermäfsigte diesen sogar. Die Freihändler schmerzte es nur, dafs Kohle nicht vom Zoll befreit und die Abgabe von Petroleum nur herabgesetzt, aber nicht beseitigt würde. Wichtig ist noch, dafs ein schutzzöllnerischer Antrag, den Alkoholgehalt beim Wein von 15 Grad auf 12 Grad herabzusetzen, abgelehnt wurde.

Das Princip der Regierung, die Erhaltung des status quo mit der Zollerhöhung von 24 % für nichtmeistbegünstigte Nationen gab den Ausschlag.

Die übrigen Artikel des Gesetzes, welche von den Entrepotzuschlägen für gewisse Produkte, von dem Kolonialregime und anderem handeln, wurden ebenfalls nach der Regierungsvorlage genehmigt. Die Entrepotzuschläge trafen Erzeugnisse aufsereuropäischen Ursprungs, welche aus europäischen Ländern zur Einfuhr kamen, meist Kolonialwaren, in der Höhe von 3—12 fr. auf 100 kg (aufser dem Zoll). Höhere Abgaben sollten nur Gewürze (40 fr.), Thee (60 fr.), Indigo (25 fr.), Seidengewebe (100 fr.), Porzellan von China und Japan (30 fr.), Zellenschmelz, émail claisonné (50 fr.), Broncen (40 fr.), Möbel (30 fr.) und Muskatnüsse (40 und 50 fr.) entrichten.

Daneben gab es noch etwa 20, meist landwirtschaftliche Produkte aus europäischen Ländern, die mit Zuschlagsabgaben von 75 cents. bis 5 fr. bedacht waren, wenn sie nicht direkt aus den Erzeugungsländern kamen.

Die französischen Kolonieen wurden dem Generaltarif unterworfen. Nur verschiedene wohlriechende Hölzer und Seesalz vom Senegal und aus anderen Kolonieen blieben zollfrei. Algier wurde handelspolitisch im allgemeinen dem Mutterlande gleichgestellt.

Zum Schlufs erwähne ich noch die wichtige Abstimmung über den ursprünglich von der Regierung vorgeschlagenen und von der Kommission in etwas geänderter Form beibehaltenen Kampfzoll von 20 % für Länder, welche französische Waren über Gebühr hoch belasteten. Tirard verlangte jetzt energisch die Ablehnung dieser Regierungsvollmacht, weil die Zolldrohung von 20 % zu Repressalien führen würde und aufserdem die Schutzzöllner bei jeder Änderung der ausländischen Tarife nach den 20 % rufen würden. — Die Kammer verwarf die 20 % nach dem Wunsche der Regierung. —

Die freihändlerische Presse folgte dem Gange der Ereignisse mit sichtlichem Behagen. Fournier de Flaix konnte sogar im Journal des Économistes sagen: „Die prohibitionistische Partei und das Schutzzollsystem haben eine Niederlage erlitten, von der sie sich nicht so bald erholen werden“.

VI. Kapitel.

Der Tarifentwurf im Senat.

1. Kommissionsbericht.

Aber es blieb noch die Lesung des Tarifs im Senat übrig, und in dieser Körperschaft besafs die Schutzzollpartei eine gröfsere Gefolgschaft, als in der Kammer.

Präsident der zur Prüfung der Vorlage eingesetzten Senatskommission wurde der Grofsindustrielle Feray (konserv. Republ.) aus Essonnes, Generalberichterstatter der Mann, gegen welchen sich schon in der Kammer der Hauptansturm der wirtschaftlich Liberalen gerichtet hatte, Pouyer-Quertier (Rechte).

Die einzelnen Teile des Tarifs, wie sie als Sondergesetze von der Kammer dem Senat überwiesen waren, hatte die Kommission vernünftiger Weise wieder in ein Gesetz verwandelt. 16 Sonderberichte besprechen die verschiedenen Abschnitte des Tarifs. Aber das Jahr 1880 ging vorüber, ohne dafs die Kommission an das Ende ihrer Beratungen gelangt war. Erst am 3. Februar 1881 legte Pouyer-Quertier seinen Generalbericht dem Senate vor.

Pouyer-Quertier hob als leitenden Grundsatz für die Tarifberatung hervor, dafs man die künftigen Verträge im Auge behalten müsse. Ein zu schwacher Tarif würde Frankreich der Gefahr aussetzen, von seiten der fremden Mächte keine Konzessionen zu erhalten. Diese würden dann vorziehen, auf sich den niedrigen Generaltarif angewendet zu sehen, ohne dafs sie ihrerseits zu Zollverringerungen verpflichtet wären.

Zollerhöhungen seien ferner durch die Ergebnisse der Handelsbilanz, durch das Vorgehen Spaniens, Italiens, Österreich-Ungarns und Deutschlands in schutzzöllnerischem Sinne und durch die Konkurrenz Rufslands, Kanadas, Indiens und besonders der Vereinigten Staaten von Nordamerika, denen Pouyer-Quertier allein einen ganzen Abschnitt seines Berichtes widmete, gerechtfertigt.

Der Berichterstatter führte dann im einzelnen die Beschlüsse der Kommission an und hob dabei namentlich die Punkte hervor, in denen sie eine abweichende Stellung gegenüber der Deputiertenkammer einnahm.

Bei den animalischen und vegetabilischen Stoffen, also den Produkten der Landwirtschaft, empfahl die Minorität die Beibehaltung der Kammerbeschlüsse, die Majorität nahm aber Erhöhungen vor. „Es handelt sich darum, die erste und nationalste unserer Industrieen zu retten.“ An eine Weizenzollerhöhung wagte sich die Senatskommission aber nicht heran. Weizen behielt den Zoll von 60 cents. auf 100 kg. Dagegen wurde Roggen, Mais und Hafer, welche die Kammer zollfrei gelassen hatte, ebenfalls mit der Abgabe von 60 cents belegt. „Das ist eine erste der Landwirtschaft gegebene Genugthuung.“ Man sprach sich auch darüber befriedigt aus, dafs der Minister Tirard vor der Deputiertenkammer die Verpflichtung übernommen hatte, die ländlichen Produkte nicht in die Vertragstarife mit aufzunehmen, sodafs das Land im Notfall zu geeigneten Mafsregeln noch immer schreiten konnte. — Die Rohstoffe blieben frei. — Die Viehzölle und die Abgaben von Fleisch hingegen mufsten sich eine Steigerung gefallen lassen. — Einen leichten Zoll erhielten die vordem freien, ölhaltigen Samen. — Im allgemeinen sind die Gaben für die Landwirtschaft höchst mager zu nennen. Die wichtigste agrarische Forderung ‚Zölle auf Weizen und Rohstoffe!‘ blieb jedenfalls unerfüllt. —

Unter den Metallwaren erhöhte man den Zoll für Eisendraht, Stahlräder und Reifen. Ferner nahm man wieder die von der Kammer fallen gelassenen Zölle von 6 fr. auf landwirtschaftliche Maschinen, von 20 fr. auf Nähmaschinen, von 175 und 350 fr. auf Nadeln auf. Man steigerte die Abgaben von Gitterwerk aus Eisen oder Stahl und von Schrauben. —

Bei den chemischen Produkten wich die Kommission in entgegengesetztem Sinne von der Kammer ab. Sie schuf einige Ermäfsigungen, und zwar für Weinsteinsäure, Schwefelammoniak, Chromat von Pottasche und Farben von Anilin und Toluidin. Es macht aber einen des komischen Beigeschmacks nicht ganz entbehrenden Eindruck, wenn Pouyer-Quertier im Hinblick auf diese Erniedrigungen — die einzigen im ganzen Zolltarif — schreibt: „Damit hat die Kommission den Beweis der Unparteilichkeit geliefert, mit der sie alle Punkte des Generaltarifs geprüft hat“. Übrigens machte die Kommission ihr Abweichen vom Wege des Schutzzolls damit wieder gut, dafs sie für zahlreiche andere Säuren und Chemikalien, ferner für Seifen und Parfümerieen die Zölle erhöhte. —

Bei dem Kapitel ‚Getränke‘ führte man lebhafte Klage über Phylloxera und Oïdium, die dem Weinbau so sehr geschadet hätten, dafs Frankreich aus einer exportierenden eine importierende Nation geworden wäre. Man fühlte sich auch durch die Alkoholeinfuhr Deutschlands beunruhigt. Doch änderte man nichts an den Zöllen. Nur für Wein und Weinessig schuf man eine Erhöhung von 4,50 auf 6 fr.

Die Abgaben von Topfwaren, Gläsern und Krystallen erlitten keine Veränderung; das Gleiche gilt für Papier, Felle, Waffen und Munition, Holz- und Musikwaren, und die unter der Rubrik ‚Verschiedenes‘ stehenden Fabrikate. —

Seile und Bindfäden in dem Kapitel ‚Sparterie‘ behandelte man wie Garne von Hanf und Flachs. —

Den gröſsten Teil des Berichtes nahmen Garne und Gewebe ein. Im Punkt der Seide schloſs man sich der Kammer an, nur daſs man gezwirnte Garne aus Flockseidenabfall den gezwirnten Garnen aus Lein, Hanf, Wolle und Baumwolle gleichsetzte, also statt der Erhöhung von 15% über die einfachen Garne in den Tarif 30% schrieb.

Pouyer-Quertier beklagte für alle Textilien das Fallen der Ausfuhr und das Wachsen der Konkurrenz. Die Seidenfabrikate von Krefeld und Zürich machten Lyon erfolgreichen Wettbewerb. Lein und Hanf hätten gegen England, Belgien, Österreich, Italien und Ruſsland zu kämpfen. Am meisten leide die Baumwollenindustrie. Das liege aber nicht am Verlust Elsaſs-Lothringens, weil dort auch, und zwar schon vor 1870, die Not groſs gewesen sei. Für Baumwollengarne hatte die Kommission deshalb die Kategorieenzahl vermehrt, bis auf Garne, die in 1 kg 100 000 Meter maſsen. Neben diesen feinsten Garnen gab man den beiden untersten Klassen einen erhöhten Zoll, um damit der Spinnerei der Normandie aufzuhelfen, deren gröbere Produkte sich kaum mehr halten konnten. In den anderen Klassen erneuerte man alle Beschlüsse der Kammerkommission.

Für die Baumwollengewebe belieſs man es bei der Vorlage, nur für Gewebe aus gefärbtem Garn vertrat man sehr energisch die in der Kammer abgelehnten Forderungen Mélines.

Unter den Wollgeweben erhöhte man nur drei Nummern im Sinne der Kammerkommission.

Bei Jute blieb alles bei den bisherigen Bestimmungen. —

Die übrigen Artikel des Gesetzes lieſs man gleichfalls unberührt bestehen. Unter die Vorzüge des ganzen Tarifs rechnete Pouyer-Quertier besonders die Umwandlung der Wertzölle in specifische: „Das ist eine ausgezeichnete Maſsregel, der Eure Kommission sich ohne Besinnen angeschlossen hat“.

Im ganzen hatte die Senatskommission von 647 Kapiteln nur 67, meist im Sinne von Erhöhungen geändert. Sie verzichtete auch, um ihre verhältnismäſsig liberale Gesinnung zu zeigen, auf die wieder vorgeschlagene Kampfzollerhöhung von 20%, und hoffte bestimmt auf Annahme ihrer Anträge im Plenum.

2. Generaldiskussion.

Vom 14. bis 18. Februar 1881 beschäftigte die Generaldiskussion der Vorlage den Senat. Ich kann mich bei der Schilderung derselben kürzer fassen, weil die Vertreter der einzelnen Gruppen im wesentlichen dieselben Gedankengänge, wie ihre Freunde im Hause der Abgeordneten vorbrachten. Der Vorsitzende der Kommission, Feray, leitete die Debatte mit einem kurzen Hinweis auf die Arbeit derselben ein. Die Grundlage des Tarifs sei das Zollsystem von 1860, mit dem man nur einige Verbesserungen als Kompensation der Kriegslasten von 1870/71 und der günstigeren Produktionsbedingungen des Auslands vorgenommen habe. Man mufste auch die protektionistischen Tendenzen in den anderen Staaten Europas und Amerikas berücksichtigen. So sei in Deutschland für Eisen in Barren, das vorher frei war, ein Zoll von 3 fr. eingeführt werden.

Der folgende Redner, Fresneau (klerikal, Legitimist) beklagte Frankreichs Inferiorität in der Industrie. Der Hauptgrund der teueren Produktion sei die geringere Leistung des französischen Arbeiters bei höheren Löhnen. „Die Arbeitskraft (la main d'œuvre), um ein Drittel in Frankreich teurer, als in den anderen Staaten des Kontinents, ist das wahre Hindernis für unsere Ausfuhr.“ Fresneau schilderte dann zahlenmäfsig das Wachsen der Einfuhr und das Zurückbleiben der Ausfuhr.

Für die Landwirtschaft bedeutete ihm der Weltgetreidemarkt ein grofse Gefahr: „Das einzige Gerücht eines Krieges zwischen Rufsland und der Türkei hatte genügt, um England, aus Furcht vor einem gröfseren Übel, in die Lage zu versetzen, das Nahrungsmittel des Arbeiters, das Nahrungsmittel des Armen, in 48 Stunden um 40% steigen zu sehen.“

Auch die Konkurrenz Amerikas sei für Europa bedeutsam. In 6 Monaten wären 80000 Rinder nach Liverpool eingeschifft worden, sodafs England die Peripneumonie hätte erfinden müssen, um die Tiere aus gesundheitlichen Gründen zurückzuweisen.

Fresneau wies zum Schlufs auf die hohe Steuerlast hin, unter der die Landwirtschaft seufze, und beklagte das Fallenlassen der Rohstoffzölle. Die Industrie denke nur an sich und den Ausfuhrhandel. —

Diesen Klagen trat am folgenden Tage der Senator Foucher de Careil (link. Centrum) entgegen. Die Landwirte sprächen immer: Es gäbe in Frankreich eine doppelte Gesetzgebung, 1) für die Industrie; 2) gegen den Ackerbau. Das sei übertrieben, wenn man auch eine etwas ungleiche Behandlung zugeben müsse. Die Landwirtschaft müsse sich allein helfen: „Der Kaiser hat die Landwirtschaft durch die Handelsfreiheit in das Wasser geworfen, aber nicht um sie zu ertränken, sondern um sie schwimmen zu lehren." Das beste sei: „Freiheit und eine mit gleichem Maſs für alle messende, weise und gemäſsigt schützende Regierung."

Schärfer für die Protektion trat Dufournel (link. Centrum, Gruppe Feray) ein. Die kleinen Mittel, welche Tirard der Landwirtschaft verspreche, wären zu gering. Man solle die Arbeit heben, aber nicht die der Luxusindustrieen allein, sondern der Landwirtschaft. Das Hereinströmen fremder Reichtümer ins Land nütze gar nichts. Er erinnere an Spanien, das trotz der Überschwemmung mit Gold zu Grunde gegangen sei, weil es die Arbeit vernachlässigt habe. Die ganze produzierende Klasse hoffe auf die Protektion der Arbeit durch die Stimme des Senats!

Im Gegensatz zu Dufournel verteidigte ein Mitglied der Minderheit der Kommission, der Senator Gaston Bazille (Linke), den Regierungsentwurf. Er war ein Agrarier aus dem Süden Frankreichs und mehr dem Freihandel geneigt.

Bazille begann mit einer Kritik der Handelsbilanzlehre. Für die Einfuhr zahle man dem Ausland keineswegs einen Tribut. Bei jedem Handel empfange und leiste man stets nur den Gegenwert. — Dann ging er auf die Lage der Landwirtschaft ein. Diese müsse immer auf der wissenschaftlichen Höhe der Produktionsmethoden bleiben. Das sei ein besserer Schutz, als das Palliativmittel der Zölle. Ein Kompromiſs mit der Industrie sei höchst schädlich. Der Landwirt brauche billige und gute Geräte, Maschinen und dergleichen. Für ein Linsengericht gäben die Agrarier den Vorteil, den sie von billigen Industrieprodukten hätten, hin.

Auch der folgende Redner, Claude (linkes Centrum) aus dem Departement der Vogesen, besprach die Handelsbilanz. Die Meinung, daſs eine Nation um so reicher sei, je mehr die Importe die Exporte übersteigen, sei ein bedauerlicher Irrtum. England hätte als Ersatz seine riesige Handelsmarine, deren Fracht die geringere Ausfuhr ausgleiche, und die Zinsen der im Ausland angelegten Kapitalien. Claude warf dann einen Blick auf die theoretische Seite der Frage und verteidigte gegenüber Freihandel und Schutzzoll die Theorie von der Kompensation. Leider sei der Urheber dieser Lehre, welcher auch den Namen Kompensation geprägt habe, Léonce de Lavergne, nicht mehr am Leben. Der Redner suchte die Linke dadurch für die Kommissionsvorschläge zu gewinnen, daſs er ihnen die Zwecklosigkeit ihrer Bemühungen vor Augen führte, weil der Generaltarif, da er wegen der Verträge überhaupt praktisch nicht angewendet würde, ungefährlich sei. „Ich glaube, daſs niemand den Gedanken hat, daſs der Tarif, welcher uns vorliegt, angewendet werden soll. Wenn dies geschehen sollte, so würde ich selbst sagen, daſs er zu hoch ist. Ich verlange nicht soviel; alle Welt fühlt es, die Regierung weiſs es, wir wissen es alle, daſs der Generaltarif niemals angewendet wird. Es scheint also, daſs es im Grunde gar kein so groſses Interesse giebt, Reduktionen oder Erhöhungen des Tarifs zu erlangen."

Einzelne Erhöhungen zum Schutz der Industrie seien aber doch nötig. Ihr Wohlergehen sei zugleich das der Landwirtschaft, deren Hauptabnehmerin sie, und nicht das Ausland, wäre.

Im Sinne Gaston Bazilles antwortete der bekannte Freihändler Joseph Garnier (Linke), der Chefredakteur des Journal des Economistes.

Er zog in witziger und die Aufmerksamkeit fesselnder Weise mit denselben Gründen und ähnlichen Beispielen, wie Rouvier in der Deputiertenkammer, gegen die Theorie der Handelsbilanz zu Felde. Kompensation wäre nur ein anderes Wort für Protektion. Der Zoll sei die schlechteste aller Steuern.

Garnier erwiderte kurz der Senator Tolain (republ. Union). Die Theorie des laissez faire passe nicht für das praktische Leben. Der Zoll könne erst im Zeitalter der allgemeinen Civilisation und des Weltfriedens verschwinden.

Die Regierung hatte bisher geschwiegen. Der anwesende Minister Tirard wartete die Rede des Generalberichterstatters Pouyer-Quertier ab, um, wie er nachher eingestand, die Arbeit der Kommission nach ihrer Verteidigung durch das Haupt der Schutzzöllner um so wirksamer angreifen zu können. In der That bestand ein Widerspruch zwischen den Reden der Protektionisten und ihren Thaten. Pouyer-Quertier hatte in seinem Bericht zahlreiche Verbeugungen vor der Landwirtschaft gemacht und ihre Notlage hervorgehoben; ihren Tarifforderungen aber hatte er nur in sehr dürftiger Weise Rechnung getragen. Es war nun ein taktisch durchaus geschickter Zug von Tirard, bei der Zusammensetzung des Senates eine Spaltung der protektionistischen Mehrheit durch Trennung der Agrarier von den Industriellen herbeiführen zu wollen. Nur dadurch konnte überhaupt Tirard die Durchsetzung seiner Grundsätze erreicht sehen.

Pouyer-Quertier hatte seinerseits auch die Rede des Ministers abgewartet, um deren Angriffe im einzelnen zurückweisen und ihre Schwächen ausnutzen zu können. Als aber Tirard erklärte, er würde erst nach ihm sprechen, weil er vorher eine Begründung der widerspruchsvollen Kommissionsvorlage erwarte, sah sich Pouyer-Quertier gezwungen, zuerst in die Schranken zu treten.

Die Handelsverträge wolle er principiell nicht angreifen. Die Politik von 1860 aber hätte eine ungünstige Wirkung gehabt. Ihr Zweck, neue Märkte der Industrie und Landwirtschaft zu eröffnen, sei nicht erreicht. Seidenwaren und Wein sollten die Welt überschwemmen. Statt dessen werde nun Frankreich von den Fabrikaten des Auslands überschwemmt. Die Weinausfuhr hätte sich allerdings auch durch die Phylloxera vermindert. Aber noch vor dem Auftreten der Reblaus wäre die Ausfuhr nicht in dem erwarteten Maſse gestiegen. Namentlich nach England sei sie schwach geblieben, weil dort der Thee den Wein verdrängt hätte. Frankreich allein sei der Hauptabnehmer seiner Weine.

Der Export der Seidenwaren sei von 500 Mill. fr. im Jahre 1859 auf 188 Mill. fr. 20 Jahre später gefallen.

Und für die erhoffte und nicht eingetretene Steigerung der Ausfuhr hätte man den Ruin der Handelsmarine in Kauf nehmen müssen. Erst das neue Gesetz (vom 29. Januar 1881, auf das ich später genauer eingehen werde) mit seinen Prämien hätte hier wieder Wandel geschaffen.

Die Einfuhr wachse zur selben Zeit zusehends. Dabei schlössen die anderen Staaten ihre Thore. Amerika, dessen gewaltige Produktion über Europa hereinbreche, und welches die französischen Waren, namentlich Weine, besonders hoch belaste, gedeihe prächtig bei dem Schutzzollsystem. Die französischen Landwirte könnten das hl Getreide nicht unter 20 bis 22 fr. abgeben, Amerika aber teilweise schon für 14 fr. Die Hoffnung auf eine Erschöpfung des dortigen Bodens sei ausgeschlossen.

Was für Abwehrmittel gäbe es nun? Der Freihandel habe in England die Landwirtschaft ruiniert. Die Vieheinfuhr könne dort nur durch Maſsregeln der Gesundheitspolizei beschränkt werden. Auch sonst habe der Freihandel abgewirtschaftet. Ruſsland, Italien, Österreich, Deutschland, Spanien, Portugal und Kanada hätten ihre Tarife erhöht. Das müsse Frankreich befolgen.

Der Landwirtschaft könne man allerdings nicht mehr, als die Kommission biete, augenblicklich gewähren, namentlich nicht einen Zoll auf die Rohstoffe der Industrie.

Gleichheit vor der Steuer sei auch sein Grundsatz. Die Produzenten zahlten aber zu viel Abgaben; man müsse also den Fabrikanten entweder diese Steuern zurückgeben oder zur Kompensation die fremde Einfuhr belasten. Der Auſsenhandel werde überschätzt; der innere Markt müsse entwickelt werden. Ohne Schutz sähe die Industrie sich gezwungen, die Löhne zu reduzieren; das sei eine politische und sociale Gefahr.

Die Lehre von der Handelsbilanz sei vollständig richtig. Auch die engliche Industrie habe unter der Freiheit schwer zu leiden. Frankreich sei aber in ungünstigerer Lage, weil es nicht, wie England, Kolonieen für den Export besitze.

Die Textilindustrie lebe im ärgsten Notstande, viele Spinnereien müſsten geschlossen werden. Nur die Kammwollgarne in Reims, Fournies und Roubaix prosperierten, weil sie am besten geschützt wären. Kardierte Wolle aber unterliege der Konkurrenz. Die Lyoneser Seidenhändler seien freilich zufrieden, weil sie nicht Fabrikanten, sondern nur Spekulanten seien, die die Heimarbeiter Lyons je nach der Geschäftslage beschäftigten. In Hanf und Flachs wäre die Zahl der Spindeln von 750000 auf 50000 gesunken. Der Minister solle doch einmal die grofsen Industrieen, welche von der Zollreform von 1860 Vorteil gehabt hätten, aufzählen.

Pouyer-Quertier schlofs mit einer beweglichen Klage über die notleidende Landwirtschaft: „Die Produktion von Weizen ist ebenso unerläfslich, wie ein gutes Heer.“ Der Ackerbau brauche eine unmittelbare Hilfe, nicht Versprechungen.

Der Handels- und Landwirtschaftsminister Tirard antwortete sofort. Der Bericht der Kommission und ihre Vorschläge ständen in Widerspruch. Pouyer-Quertier klage über die Landwirtschaft, hätte aber keinen einzigen Zoll auf Cerealien vorgeschlagen.

Wie stände es überhaupt mit der Volkswirtschaft? Pouyer-Quertier behaupte, von 1849 bis 1859 wäre ein Fortschritt zu verzeichnen gewesen und die Ausfuhr gestiegen. Das gab Tirard zu, doch bestritt er den Einflufs der damaligen Schutzzollgesetzgebung und hob als Hauptgrund dieser Entwicklung die englischen Zollreformen von 1842—60 hervor. Mit der Öffnung des britischen Marktes mufste sich der französische Export naturgemäfs vergröfsern. Für England sei dies kein Nachteil, sondern ein grofser Segen gewesen. Auch die französischen Regierungen hätten dies damals eingesehen und wollten gleichfalls zur Handelsfreiheit übergehen. Aber bis 1860 wären alle Pläne an der mächtigen Koalition der industriellen Oligarchen gescheitert.

Im übrigen sei auch später die Ausfuhr gestiegen. Trotz der schlechten Ernten hätte sie von 1876 bis 1880 im Mittel 3365 Mill. fr. erreicht, während sie 1850 bis 1854 nur 1296 Mill. fr. betrug. Die Einfuhr wäre auch gewachsen. Aber das sei kein Unglück, weil ihr Gegenstand Stoffe wären, die der französische Boden zu wenig oder gar nicht erzeugte: Wolle, Seide, Bauholz, Kohle, Petroleum und Baumwolle, Jute, exotische Hölzer. Sogar Wein müsse Frankreich jetzt importieren. Aber gegen die Reblaus und ebenso gegen die Krankheit des Seidenwurms helfe kein Zolltarif. Könne denn ferner die Getreideeinfuhr aus Amerika als ein Unglück betrachtet werden, da sie doch Frankreich vor einer Hungersnot bewahrt habe? Eine fortdauernde, vernichtende Einfuhr von dorther sei undenkbar. Jenseits des Oceans gäbe es auch ein beständiges Schwanken der Produktion und der Preise. Das Gleiche gelte von Rufsland und Ungarn. Rufsland zumal sei sogar häufig auf eine Einfuhr angewiesen.

Was nun die Industrie anbetreffe, so sei die Fabrikatausfuhr beständig gestiegen, wenn auch die Preise gefallen wären. Die vermehrte Einfuhr ginge auf Rechnung der Rohstoffe, die die Industrie doch nicht entbehren könne.

Der Preis der Nahrung aber für die grofse Bevölkerung könne nicht erhöht werden. Niemals sei Fleisch und Getreide so teuer gewesen, wie heute. Die Armenverwaltung hätte deshalb bereits eine Krediterhöhung beantragt. Aufserdem ginge die Regierung vielleicht schon zu weit. Ihre Mafsregeln gegen gesalzenes Fleisch, ein billiges Volksnahrungsmittel, wegen der Trichinengefahr seien ja dringend nötig, aber nun dürfe man doch nicht auch die Kosten des frischen Fleisches erhöhen.

Man fordere immer Steuerermäfsigungen. Hätte die Gesetzgebung nicht bereits die Abgaben von Zucker und Wein herabgesetzt? Was nun die Gleichheit der französischen und fremden Produkte vor der Steuer anbelange, glaube man denn, das Ausland bezahle den Zoll? In Wirklichkeit entrichte ihn nur der französische Konsument. Man hätte Frankreich mit Steuern überlastet gefunden: als Heilmittel schlüge man nun eine neue Belastung, die Erhöhung der Tarife, vor.

Wie könne man blofs Frankreich als durch die liberale Handelspolitik ruiniert schildern, wenn vor aller Augen die deutlichsten Zeichen des Wohlstandes sich kund gäben? Das zeige sich schon am Stande der Sparkassen:

1859 hätte es 599 Sparkassen mit 336 Mill. fr. Einlagen,
1879 aber 1362 " " 1149 " " "

gegeben. Die Rolle der Regierung sei nicht leicht. Der eine rufe nach Schutz, das verstofse wieder gegen die Interessen des anderen. Der Augenblick, einen Schritt auf dem Wege des Freihandels weiter zu gehen, sei allerdings schlecht gewählt. Aber ein Rückschritt sei wenigstens nicht nötig.

Am folgenden Tage, dem 18. Februar 1881 nahm Pouyer-Quertier noch einmal das Wort zur Erwiderung, und auch Tirard sah sich zu einer Entgegnung genötigt. Beide präcisierten ihren Standpunkt; keiner gab nach. Dann wurde die Generaldiskussion geschlossen.

3. Diskussion der Artikel.

Vom 18. Februar bis zum 24. März beriet man die Artikel. Zuerst zeigte sich die Allianz der Industriellen und der Agrarier trotz der energischen Opposition des Handelsministers durchaus fest. Mit 155 gegen 121 Stimmen erhöhte der Senat den Zoll für Rinder von 6 fr. auf 30 fr. pro Kopf. Ebenso steigerte man die Abgaben von Pökelfleisch und Schweineschmalz; ferner schuf man für Roggen, Mais und Hafer, Cerealien, welche die Kammer frei gelassen hatte, einen Zoll von 60 cents. auf den metrischen Centner mit Verdoppelung des Zolles für Mehl aus diesen Produkten. Erhöhungen erfuhren noch die Zölle von Wein, Orangen und Citronen, Rosinen, Terpentinessenzen. Weiter ging man aber nicht für die Landwirtschaft. Der höhere Weizenzoll wurde verworfen. Ebenso blieb es bei der Zollfreiheit der ölhaltigen Samen und Früchte, der Zollfreiheit von rohen Fellen, Wolle, Flachs, Hanf, Seide in Cocons, roh oder gezwirnt, und Holz.

Der Minister Tirard, unterstützt von den Senatoren Gaston Bazille (Linke) und Barne (republ. Union) erreichte also gegenüber den Anstrengungen von Fresneau (Legitimist), Pouyer-Quertier (Monarchist), Paris (Monarchist) und Ancel (rechtes Centrum) wenigstens, dafs die wichtigeren Agrarprodukte nach dem status quo behandelt wurden.

Die Agrarier konnten bei dieser Sachlage unmöglich geneigt sein, sich die Industriefabrikate verteuern zu lassen. Schon die Regierungstarife mit den 24 % Erhöhung gingen ihnen zu weit, wenn etwa die Vertragsverhandlungen scheitern sollten. Andrerseits hatten auch die durch die Deputiertenkammer festgesetzten specifischen Zölle erhöhende Wirkung. Die Koalition der Protektionisten war gesprengt. Die Forderungen für Stahlräder, für Baumwollgarne und alle wichtigen Industrieerzeugnisse wurden abgelehnt und nur einige wenige Artikel, meist im Einklang mit der Regierung, erhöht.

VII. Kapitel.

Der neue Generaltarif.

Die Senatsbeschlüsse machten eine Rücksendung des Tarifs zum Palais-Bourbon nötig. Die Kammerkommission trat wieder zusammen. Jetzt wollte sie alle Nahrungsmittelzölle en bloc ablehnen. Der Minister Tirard war im Grunde dafür. Aber er wünschte einen Konflikt mit dem Senate zu vermeiden, um endlich die grofse Arbeit zu Ende zu führen. Der Generaltarif war bei aller Anerkennung der Vorarbeiten anderer sein eigenes Werk. Er hatte mit Daransetzung seiner ganzen Engerie die Vorlage in seinem Sinne durchzubringen gewufst und wollte bei der Kurzlebigkeit der französischen Ministerien — seit dem Sturze von Thiers, also in 8 Jahren, hatten sich 12 Ministerien abgelöst — auch die Ehre haben, dem Tarife Gesetzeskraft zu verschaffen. Er bestimmte deshalb die Kommission zu einem Übergang. Die Kammer billigte auch alle Beschlüsse der Kommission am 2. April 1881. Von den 76 Veränderungen des Senats nahm sie 49 an, darunter die Forderungen für Kolonialwaren, Medikamente, Fasern, Stengel und Früchte zur Bearbeitung, chemische Produkte, Farben,

Parfümerien, Topfwaren, Textilien, Metallwaren, Sparterie, Korbmacherwaren und verschiedenes. 27 Artikel veränderte die Kammer nach ihren alten Beschlüssen. Für Rinder empfahl sie nur die Hälfte des vom Senat vorgeschlagenen Zolls.

Der Senat hörte am 7. April den Zusatzbericht Ferays, welcher die Vorlage in dieser Form empfahl. Nur wollte man durchaus den Zoll für Roggen, Mais und Hafer und für Reis beibehalten. Aber trotz neuer Anträge der Agrarier und der heftigsten Ausfälle von Pouyer-Quertier und Paris auf den Minister Tirard wurden am 8. April die Kammerbeschlüsse zum Gesetz erhoben.

Am 7. Mai 1881 wurde das neue Gesetz amtlich verkündet. Unterzeichnet war es von dem Präsidenten der Republik Jules Grévy und dem Minister Tirard.

Zur genaueren Schilderung dieses Tarifs müſste ich an dieser Stelle eine Zusammenstellung seiner wichtigeren Bestimmungen bringen. Ich will das hier unterlassen, weil ich später, bei der Darlegung des neuen Konventionalregimes, gezwungen bin, auf die Zahlen des Generaltarifs zurückzugreifen und dann noch einmal einen Abriſs davon geben müſste.

Der neue französische Generaltarif war ein Kompromiſs zwischen den verschiedenen Wirtschaftsanschauungen. Die Zollerhöhung von 24 % bedeutete ein Entgegenkommen der im ganzen siegreichen liberalen Auffassung gegenüber den Wünschen der Schutzzöllner. Frankreich lieſs sich aber trotz der Industriekrisis und der schlechten Ernten von 1878/79 doch nicht von der Strömung der Zeit, die in den anderen Staaten zu einem Wechsel in der Handelspolitik führte, fortreiſsen und blieb dem kaiserlichen Zollsystem treu. Man darf sich aber nicht der Täuschung hingeben, daſs man den französischen Tarif, auch nicht den Konventionaltarif Napoleons, für freihändlerisch hält. Er war nur verhältnismäſsig liberal gegenüber dem alten Generaltarif von 1816 und den Forderungen der Groſsindustriellen und Landwirte.

Deutschland hatte zu jener Zeit den Sprung aus einer bedeutend freihändlerischeren Ära zur Schutzzollpolitik mit einem autonomen Tarif gemacht. Frankreich war immer mäſsig schutzzöllnerisch gewesen und blieb im Interesse der Stetigkeit seiner Handelsbeziehungen bei seinem Zollsystem.

Übrigens hatte sich die Sachlage schon 1880 insofern geändert, als der allgemeine Druck, welcher auf der Industrie lastete, verschwand; der französische Auſsenhandel war wieder im Aufschwung begriffen. Auch die Ernteerträge der Landwirtschaft stiegen, während sich die mittleren Preise für den hl. Weizen auf 23 oder 24 fr. hielten. Vor 1853 waren sie nur 19 fr. gewesen. Amerikanische Lieferungen zu 14 fr.

hält Amé für aus der Luft gegriffen [1]. Nach der officiellen Statistik und unter Abzug Elsaſs-Lothringens betrugen die Ernteerträge im Mittel:

1850—59	82 215 000	hl
1860—69	95 747 000	„
1870—79	96 405 000	„
1880	99 471 000	„

Gegen die Krankheit des Seidenwurms und die Reblaus konnte natürlich der Generaltarif nicht helfen. Für den Weinbau schritt die Gesetzgebung in anderer Weise ein. Ein Gesetz vom 15. Juli 1878 gab dem Präsidenten der Republik die Vollmacht, die Einfuhr von Wein, auch von Blättern, Abgängen, Weinpfählen, Humus aus verseuchten Gegenden des Auslands und auch die Übertragung aus französischen Departements in andere zu verbieten.

Auch den Koloradokäfer (Doryphora), welcher dem Kartoffelbau gefährlich war, trafen ähnliche Maſsregeln der Regierung.

Schlieſslich wurde noch eine internationale Reblauskonvention [2] angeregt, die am 17. Dezember 1878 ein gemeinsames Vorgehen gegen die Phylloxera beschloſs. Der Übereinkunft schlossen sich zuerst das Deutsche Reich, Österreich-Ungarn, Frankreich, Portugal, die Schweiz, Belgien und Luxemburg [3] an, später die anderen Staaten.

Der Landwirtschaft kamen, wie ich kurz erwähnen will, noch verschiedene andere, im Interesse der Volksgesundheit erfolgende Regierungserlasse zu Hilfe, allerdings nicht mit dem ausgesprochenen Zwecke, der Viehzucht im besonderen zu nützen. So verbot die Regierung des öfteren die Vieh- und Fleischeinfuhr von Deutschland und namentlich von Österreich-Ungarn und Ruſsland. Mehr Aufsehen und grimmige Angriffe der Freihandelspresse verursachte das Vorgehen Tirards gegen Amerika. In der Stadt Crépy-en-Valois starb ein Einwohner nachweislich an Trichinose. Der Handelsminister verbot infolgedessen die Einfuhr von gesalzenem Schweinefleisch aus den Vereinigten Staaten durch ein Dekret vom 18. Februar 1881. Im Jahre 1882 wurde sogar ein Gesetz im Parlament eingebracht und beschlossen, welches Sonderuntersuchungen über die amerikanischen Schweine einführte. Die amerikanische Regierung drohte mit Repressalien, konnte aber die gesetzgebenden Gewalten Frankreichs von ihren durchaus gerechtfertigen Maſsregeln nicht abbringen.

---

[1] Journal des Écon. Mai 1881. S. 171—189.
[2] H. A. 1880. I a 249.
[3] H. A. 1882. I 643.

VIII. Kapitel.

Das Marinegesetz.

1. Die ersten Entwürfe.

Die französische Handelspolitik bewegte sich also in fester Bahn. Der neue Tarif war beschlossen, und alle Klagen, die jetzt noch angestimmt wurden, hatten nur die Bedeutung der Agitation für eine weitere Zukunft. Dabei hatte aber die Regierung ein Interesse nicht vergessen, das zu Beginn des Jahrzehnts am meisten die Augen der Mitglieder des Parlaments auf sich gezogen hatte, das Interesse der Handelsmarine. Bekanntlich waren alle gesetzgeberischen Schritte an der Macht der Verträge gescheitert. Aber aus der öffentlichen Meinung verschwand die Diskussion über die französische Schiffahrtspolitik nicht, und die gesetzgebenden Faktoren beschäftigten sich eindringlich mit dieser Frage, bis sie noch vor Beendigung der Beratungen des Generaltarifs durch das Handelsmarinegesetz vom 29. Januar 1881 ihre Lösung fand.

Die Ursprünge dieses Gesetzes reichen auf den Beschlufs der Nationalversammlung vom 28. Juli 1873 zurück, worin die Regierung aufgefordert wurde, durch eine von ihr ernannte Kommission „die wirksamsten Mittel zu prüfen, um der Handelsmarine zu helfen und ihr Wohlergehen zu sichern“. Die Regierung befolgte diesen Wunsch und unternahm eine Enquete über die Lage der Schiffsbauindustrie und der Reederei, welche am 15. Juli 1874 zu Ende ging. Aber der Bericht, welchen Dupuy de Lôme darüber abstattete, blieb lange Zeit im Ministerium vergraben. Die Handelsmarine forderte darin einen Schutz aller beteiligten Industrieen auf mittlerer Grundlage.

Endlich machte am 22. Mai 1876 der Senator Vandier (rechtes Centrum) auf Grund der Enquetebeschlüsse im Senat einen Gesetzesvorschlag.

Der Artikel I des Gesetzes von 1866, welcher die freie Zulassung der Rohstoffe für den Schiffsbau gewährte, war danach abzuschaffen. Als Kompensation sollten die Schiffsbauwerften Prämien erhalten, und zwar 60 fr. auf die Mefstonne bei Schiffen aus Eisen oder Stahl, ohne Abzug für den Maschinenraum; 20 fr. bei Holzschiffen mit einem Tonnengehalt von 200 Tonnen und darüber, 10 fr. für kleinere Schiffe. Aufserdem sollten für die Schiffsmaschinen noch 12 fr. auf 100 kg netto gewährt werden.

Die Reeder erhielten eine Unterstützung von 1 fr. täglich für die Fahrt und für jeden Mann, welcher der staatlichen Inskription unterlag.

Der Senator Ancel (rechtes Centrum) erstattete über diesen Antrag am 3. Juli 1878 einen empfehlenden Bericht, dem am

11. Juli die grundsätzliche Annahme des Vorschlags im Senat folgte; es kam aber nicht zu einem Gesetz, weil bereits von anderer Seite die Vorarbeiten dazu in die Hand genommen waren. —

Zu derselben Zeit nämlich beschäftigte diese Frage auch die Deputiertenkammer. Schon am 1. April 1876 hatten die Deputierten Trystam (gemäfs.Republ.), Chiris (gem. Republ.) und Genossen einen Antrag eingebracht, eine Kommission zum Studium der Lage der Handelsmarine einzusetzen.

Mit bestimmten Vorschlägen traten bald darauf Jules Le Cesne (Linke) aus Le Havre und La Chambre (recht. Centrum) aus Saint-Malo hervor. Beide Anträge wurden der Initiativkommission der Kammer überwiesen. Le Cesne blieb auf dem Boden der liberalen Schiffahrtspolitik von 1866 stehen. Die Flaggenzuschläge für fremde Schiffe hielt er für unzulässig. Aber Entrepotzuschläge schienen ihm weniger lästig. Vor allem wollte er die Reeder von der Bevormundung durch die zahlreichen Reglements befreien. Das Lotsen war bisher für alle Schiffe mit einem Gehalt von über 80 Tonnen obligatorisch. Er wollte die Pflichtgrenze auf 150 Tonnen hinaufrücken. Die Visitationsabgaben alle sechs Monate einmal zu entrichten, hielt er für genügend. Die Besitzwechselabgaben (droits de mutation), welche 2,4 % des Werts betrugen, sollten auf 2 fr. für die Tonne ermäfsigt werden. Auch die Konzessionsgebühren (droits de patente) waren ihm zu hart. Er verlangte eine Reduktion auf 5 cents. für die Mefstonne. — Dies waren die Entlastungen für die Reeder.

Für den Schiffsbau, dem die freie Zulassung des Baumaterials genommen werden sollte, forderte Le Cesne Prämien im Betrage von 2 Mill. fr., aber nur für Schiffe von mehr als 100 Tonnen und vorübergehend, auf 10 Jahre.

Die Reeder sollten für die gleiche Zeit 8 Mill. fr. empfangen. Die Prämien waren nach der Dauer der Fahrt und dem Tonnengehalt berechnet. Neue Schiffe hatten einen Anspruch auf einen höheren Satz, als ältere. Die Prämie auf den Kopf der Besatzung verwarf Le Cesne, weil damit die alten, überlebten Segelschiffe, welche eine gröfsere Besatzung brauchten, den Hauptschutz erhalten würden.

Er beantragte aufserdem noch die Errichtung einer Staatskreditbank mit einem Kapital von 50 Mill. fr. für die Zwecke der Reeder. Die Unterstützung der Handelsmarine sollte, das war sein Grundgedanke, aber nur zeitweilig, vorläufig auf 10 Jahre eingerichtet werden.

Der Antrag La Chambre war nicht so umfangreich, verlangte aber mehr. Er bedauerte das Fallenlassen der Flaggenabgaben und forderte eine Erhöhung der Exportzuschläge. Die Hauptsache war ihm aber die direkte Staatshilfe in Form einer Prämie oder Subvention. An Mafsregeln zur Förderung des Fortschritts im Schiffsbau dachte er dabei nicht, doch liefs er die Berechnung der Prämie nach der Zahl der Besatzung fallen und wollte sie nur nach dem Tonnengehalt festgesetzt wissen. Im Mittel sollte die Prämie auf 10 Jahre 1,68 fr. betragen, während Le Cesne etwa 1,26 fr. forderte. Le Cesne hatte die Prämien nach dem Alter der Schiffe abnehmen lassen. La Chambre stellte nur zwei Kategorieen von Schiffen auf, solche, welche weniger als 10 Jahre alt, und welche älter waren.

Die Initiativkommission nahm, wie der Bericht Duprat (gemäfs. Linke) vom 12. August 1876 hervorhob, beide Anträge sehr günstig auf. Frankreichs Handelsmarine war nach dem Bericht von den Vereinigten Staaten, England, Schweden-Norwegen, Deutschland und Italien überflügelt: „Während der Tonnengehalt anderer Marinen sich in gewaltigen Proportionen entwickelt, bleibt der unsrige stehen oder wächst nur in unmerklichen Proportionen. Wir besafsen ehemals die Hälfte der Nationalfracht: heute nennen mir nicht mehr als ein Drittel unser. Unsere Werften, ehemals so belebt, schlafen oder liegen unthätig: mehrere schliefsen sogar ihre Thore, wie wenn das Leben sich von uns zurückzöge. An jedem Tage wenden die fremden Marinen für ein neues Schiff statt des Segels den Dampf an, sie ersetzen das Holz durch das Eisen; und eine Art abergläubischer Verehrung kettet uns an das Gerät der Vergangenheit, welches unseren Vätern nützlich hat dienen können, welches uns aber mehr und mehr unnütz wird. Das ist der Verfall, ein vollständiger Verfall unserer Handelsmarine, d. h. eines der kostbarsten Bestandteile unserer Kriegs- und politischen Macht." —

Die Ursache des Verfalls liege nach La Chambre in der Gesetzgebung von 1866, nach dem weniger protektionistischen Le Cesne in der Inferiorität des Schiffsmaterials, in den Lasten welche auf der Marine liegen, in dem Fehlen des Kredits für Seeunternehmungen. Der Vorschlag der Initiativkommission, beide Anträge in Erwägung zu ziehen, wurde am 11. Januar 1877 ohne Debatte angenommen und alsbald eine Sonderkommission gewählt.

In dieser Kommission safsen hauptsächlich Abgeordnete der Seestädte und der Küstenbevölkerung. Le Cesne selbst übernahm das Amt des Berichterstatters. „Die notwendigen und dringenden Hilfsmittel" sah die Kommission „in der Mannigfaltigkeit der Mittel, die, unwirksam in ihrer Isolierung, alles vermögend durch ihre Vereinigung würden". Die Kommission hatte Le Cesne beauftragt, noch eine weitere Reihe von kleinen Mitteln ausfindig zu machen. Aus seinen Vorschlägen wurde ein Gesetz formuliert, das Le Cesne der Kammer am 16. Juni vorlegte. Aber bereits einen Monat vorher war, wie ich oben geschildert habe, eine Staatskrisis eingebrochen, die bald zur Auflösung der Kammer und zur Ungültigerklärung sämtlicher schwebender Gesetzentwürfe führte.

2. Generaldiskussion in der Kammer.

Nach den Neuwahlen, am 26. November 1877, beantragte der Deputierte Farcy (republ. Union), eine neue Handelsmarinekommission zu wählen. Le Cesne hatte für dieselbe bereits ein Projekt, welches von 114 Abgeordneten unterzeichnet war, ausgearbeitet. Die Verhältnisse lagen jetzt bedeutend günstiger. Aber der eifrige Vorkämpfer für die Gesundung der Handelsmarine sollte den Erfolg seiner Schritte nicht erleben. Er starb eines plötzlichen Todes. An seine Stelle trat der Alterspräsident der Kammer, Desseaux (Linke) aus Rouen, welcher am 17. Mai 1878 seinen Bericht erstattete. In der folgenden Session fehlte es indessen an Zeit zur Beratung; das Projekt wurde für den Januar 1879 zurückgestellt und kam endlich am 28. Februar auf die Tagesordnung. Die Generaldiskussion dauerte bis zum 8. März.

In seinem Bericht schilderte Desseaux zunächst die Vorarbeiten. Dann gab er ein Bild von der Lage der Handelsmarine. Der Anteil der französischen Schiffe am französischen Seehandel sei vor 1866 37—41 % gewesen, 1869 32—33 %, 1876 nur 20 %, bei Abzug der subventionierten Marine nur 18 ½ %. Frankreichs Marine sei von der zweiten auf die sechste Stelle gesunken. Die Reeder aus Nantes und Havre behaupteten, Frankreich verlöre jährlich 63 427 Tonnen. Im letzten Jahre wären auf heimischen Werften 9136 Tonnen gebaut worden, hingegen 12 000 Tonnen importiert. In 6 Jahren würde die Marine zu Grunde gerichtet sein. Der Minister des Handels, Teisserenc de Bort, bestreite das mit Unrecht. Auch seine Befürchtung, daſs die Handelsmarine gegen die vorgeschlagenen Zuschläge Repressalien zu erwarten habe, sei grundlos.

Die Ursachen des Notstandes waren nach Ansicht der Kommission die Gesetzgebung von 1866, die Mehrkosten von Holz und Eisen in Frankreich gegenüber den anderen Staaten, die Höhe der Steuern und die Beschränkungen des Personals durch die vielen Gesetzesbestimmungen (Inskription). Der Staat müsse helfen, weil die Marine im Kriegsfall ihm mit ihren Schiffen und Mannschaften diene. Drei Viertel der Mannschaft, sowie der Kapitän und die Offiziere müſsten Franzosen sein und würden in letzter Linie für den Staat ausgebildet. Das treffe besonders für die Hochseeschiffahrt zu, welche der Marineminister deshalb entwickelt wissen wollte. Sogar der Handelsminister hätte sich in der Kommission diesen ausschlaggebenden Gründen nicht verschlieſsen können.

Zum Schlufs brachte Desseaux die Kompensationstheorie zum Ausdruck: „Alle unsere Industrieen sind durch kompensatorische Tarife geschützt . . . . Allein die Handelsmarine sieht sich einer unbegrenzten Konkurrenz gegenübergestellt, welcher keine Industrie widerstehen könnte. Die Flaggenzuschlagsabgabe hat sie früher geschützt; diese ist abgeschafft. Eine Kompensation ist ihr versprochen worden. Man kann sie ihr nicht verweigern“.

Die Vorlage der Kommission befolgte fast wörtlich die Vorschläge Le Cesnes. Den weitergehenden Antrag auf Wiederherstellung der Flaggenzuschläge hatte sie abgelehnt, weil er die Konsumenten schädige und Repressalien seitens der Vertragsmächte hervorrufe. Die Entrepotzuschläge sollten nur die indirekte Einfuhr treffen.

In der Diskussion am 28. Februar 1879 legte Desseaux noch einmal die Gründe für das Gesetz als erster Redner dar. Die Schiffsindustrie rufe nach Staatshilfe wegen der Sonderlasten, die sie zu tragen habe, und wegen der Dienste, die sie dem Staate leiste. Nach der Aussage der Admirale brauche die Kriegsmarine Leute, welche auf der Hochseefahrt (long cours) ausgebildet seien; auf die Fischer allein könne sie nicht zurückgreifen. Leider stände die Vorlage ungünstig, weil sich der frühere Minister Teisserenc de Bort dagegen ausgesprochen habe. Aber Petitionen aus allen Häfen und Werften, aus den verwandten Industrieen (von Holz, Eisen, Kupfer, Segeltuchen) und von einer Menge von Arbeitslosen bewiesen die dringende Notwendigkeit des Gesetzes.

Das einzig zu bedenkende sei die Finanzfrage. Desseaux war aber überzeugt, dafs man die nötigen 14 Mill. fr. für die Prämien durch Einschränkung in den Ausgaben und vor allem durch lokale Abgaben, welche noch lange nicht in allen Häfen erhoben würden und in England bedeutend höher wären, als in Frankreich, aufbringen könne. Das Freihandelsprinzip sei damit noch nicht verlassen. —

In etwas umfangreicherer Weise, aber in demselben Sinne äufserte sich der Abgeordnete Allain-Targé (republ. Union). Der Niedergang der Marine und ihr Zurückgehen an die siebente Stelle sei erwiesen. Die grofsen Eisenbahnen dagegen mit ihren niedrigen Frachtsätzen erfreuten sich eines Monopols. Geschadet habe der Marine vor allem die Gesetzgebung. 1861 sei der Kolonialpakt, welcher zuvor die Kolonieen der französischen Flotte reservierte, aufgehoben. Seit 1866 würden die Kolonieen sogar als Ausland betrachtet. Damit raubte man der Flotte die Fracht. Schädlich sei auch die Aufhebung der Flaggenzuschläge und die Erniedrigung der Entrepotabgaben für die indirekte Schiffahrt gewesen.

Man hätte nun vermeintliche Schutzmafsregeln getroffen: 1. hätte man der Reederei erlaubt, durch Zahlung eines einfachen Bilanzzolles von 2 fr. auf die Tonne fremde Schiffe nationalisieren zu können. Die Folge davon sei der Untergang der Schiffsbauindustrie gewesen. Die französischen Werften hätten produziert:

1857	116 000	Tonnen
1867	81 000	"
1871	55 000	"
1872	60 000	"
1873	40 000	"
1877	26 000	" , davon 20 000 Tonnen

von Segelschiffen und nur 6000 von Dampfern. Der vorübergehende Aufschwung im Jahre 1872 sei durch die damals erfolgte, bald wieder aufgehobene Einführung der Flaggenzuschläge zu erklären.

2. Hätte man die Postdienstschiffe mit 23 $^{1}/_{2}$ Mill. fr. subventioniert. Dieses Mittel habe aber bewirkt, dafs die unterstützte Marine die übrige zu Grunde richtete.

Die der Marine auferlegten Lasten aber seien geblieben. Die Inskription schädige die Reeder. Von den französischen Seeleuten müfsten $^{3}/_{4}$ in den Staatslisten stehen. England dagegen nehme für seine Flotte Leute jeder Herkunft, und zu den geringsten Löhnen. Die französischen Schiffe seien aus Mangel an Matrosen oft am Auslaufen verhindert. England habe statt der Inskription eine Reserve von 18 000 Seeleuten, die nur nach London und in bestimmte Häfen gehen durften und dem Staate jährlich nur 6 Mill. fr. kosteten. Das sei für einen Kriegsfall besser als die Inskription, die kein Volk kenne. Schweden verlange nur einen einheimischen Kapitän.

Vor allem leide die Hochseeschiffahrt, der „lange Kurs“, welcher fast nur Dampfer beschäftige, während man doch immer behaupte, dafs der Rückgang durch das Abnehmen der Segelschiffahrt eingetreten sei.

Die Zahlen der Ein- und Ausfuhr zur See sind nach Allain Targé folgende:

1867	französische Schiffe	2 441	Mill. fr.
	fremde "	2 911	" "
1877	französische "	2 359	" "
	fremde "	3 594	" "

In Tonnen:

1867	französische Schiffe	4 146 000	Tonnen
	fremde "	6 346 000	"
1877	französische "	5 354 000	"
	fremde "	9 052 000	"

(Die Küstenschiffahrt und der Fischfang sind in diesen Zahlen mit berücksichtigt.) —

In zwanzig Jahren habe sich die Fracht verdoppelt, der französische Anteil daran aber nur um 8 %.

Allain Targé ging dann auf die Einzelvorschläge ein. Die Reeder hätten, um ihr Material umzugestalten, eine Prämie nötig, nicht für immer, aber doch zeitweilig.

Der Entrepotzuschlag nütze ihnen nicht, sondern nur dem Handel; doch wolle er ihn nicht ablehnen. Verwerflich aber sei die staatliche Einrichtung des Seekredits. Nur die Börsenleute würden davon profitieren. Das nötige Vertrauen in die Seeunternehmungen würde sich schon durch die Reederprämie einstellen. Dadurch sei das Seekreditinstitut entbehrlich.

Allain Targé erklärte sich selbst für einen Freihändler, er hätte stets gegen Zollerhöhungen gestimmt. Aber man dürfe nicht so weit gehen und sagen: „Die Handelsmarine möge zu Grunde gehen, wenn nur das Prinzip besteht“. Der Notwendigkeit müsse man weichen.

Subventionen des Staates gäbe es doch auf allen Gebieten, so für Theater, Schulen, auch schon für die Schiffahrt. Warum denn nun nicht für den Schiffsbau und die Reederei? Auch England subventioniere seine Postschiffe, die zudem in allen Weltteilen Rückfracht fänden. Ein warnendes Beispiel sei Belgien, das Entrepot für die ganze Welt. Seine Flotte sei durch den Mangel an jeglichem Schutz ruiniert. Antwerpen sei ein englisch-deutscher Hafen geworden. In Frankreich würde es bald ebenso kommen, wenn obendrein noch die Eisenbahnen englische Kohlen zu ermäfsigten Frachtsätzen transportierten, und damit indirekt die englische, diese Kohlen einführende Marine unterstützten. Allain Targé erklärte sich also im allgemeinen für das Projekt. Doch kündigte er an, gegen das Seekreditinstitut und gegen die Reederprämie stimmen zu wollen, letzteres aber nicht grundsätzlich, sondern nur, weil die zu Grunde gelegte Berechnung zu sehr das veraltete Material schütze. Der betreffende Artikel müsse an die Kommission zurückverwiesen werden. —

Gegen diese beiden Bestimmungen der Vorlage sprach sich auch der Abgeordnete Perin (äufserste Linke) aus. Die Krediteinrichtung würde nur die grofsen Gründergesellschaften fördern. Die Reederprämie würde die Umgestaltung des Materials, die Ersetzung des Holzes durch Eisen, verzögern. Ein Schutz für die Marine könne nur durch die Unterstützung der anderen Industrieen bewerkstelligt werden, damit der Marine in deren Erzeugnissen Fracht zur Verfügung stände. Die Prämie für den Schiffsbau wolle er indessen gutheifsen.

Man solle übrigens den Wert der Handelsflotte für den Staat nicht überschätzen. Die Kriegsmarine müsse ihre Leute ganz anders ausbilden, als früher zur Zeit der Segelschiffe.

Für den Kriegsfall seien alle Leute geeignet, auch die Fischer und Küstenfahrer.

Aufser der Schiffsbauprämie seien alle Vorschläge des Gesetzes unbrauchbar. —

Der Abgeordnete Gaudin (Bonapartist, appel au peuple) von der Loiremündung stellte sich auf den entgegengesetzten Standpunkt. Die Segelschiffe hätten sich noch lange nicht überlebt. Die Handelsmarine und ihre Mannschaft sei für den Krieg durchaus nötig. Daher müsse man die 150 000 Seeleute unterstützen. Sonst würde Frankreich seinen Seehandel unwiederbringlich verlieren. Jedenfalls widerspreche die Prämie nicht, wie der Minister des Auswärtigen geäufsert hätte, den Verträgen; denn sie belästige die fremden Flotten in keiner Weise. —

Ähnlich äufserte sich der Abgeordnete Hovius (Linke). —

Verschiedene Redner, wie Maurice Rouvier (republ. Union) von der Rhonemündung und Laisant (radikal) erklärten sich gegen einzelne Punkte des Gesetzes, besonders gegen die Reederprämie. —

Der Marineminister Admiral Jauréguiberry (recht. Centrum) und der Minister des Inneren, Lepère (republ. Union), hielten diese ebenfalls für unnötig, traten aber sonst für die Unterstützungen ein. Die Regierung verhehlte sich den Ernst der Lage nicht, hielt aber die Leiden der Handelsflotte nur für vorübergehend und für übertrieben. —

Am 6. März 1879 wurde die Generaldebatte geschlossen; am 8. März stellte es sich bei der Abstimmung heraus, dafs nur ein ganz unwichtiger Artikel, welcher noch dazu durch ein Amendement Peulevey (republ. Union) abgeändert war, angenommen wurde. Er beschränkte die gesetzlich festgesetzten Schiffsbesichtigungen. Alle übrigen Bestimmungen wurden abgelehnt oder an die Kommission zurückverwiesen.

3. Neuer Entwurf.

Die langjährige Arbeit war also ein Schlag ins Wasser gewesen, und die Kommission sah sich veranlafst, einen neuen Entwurf auszuarbeiten. Nach dem am 20. März 1880, also wieder erst nach Verlauf eines Jahres, der Kammer vorgelegten Zusatzbericht Desseaux' hatte sie mit der Regierung konferiert und Sachverständige der Reeder aus den Häfen Le Havre, Bordeaux, Nantes und Marseille befragt. Der neue Entwurf kam dem Wunsche der Kammer um Aufgabe der Seekreditunterstützung nach, behielt aber die Reederprämie bei, wenn sie sie auch für Holz- und Segelschiffe niedriger stellte. Der Flaggenzuschlag blieb abgeschafft; aber auch die Entrepotabgabe für die indirekte Schifffahrt sollte unterbleiben. Sonst enthielt der Entwurf noch eine Menge kleinerer Bestimmungen welche die Gebühren für die Lotsen, die Visitation, den Stempel für Eigentumswechsel und die Konzessionsgebühren herabsetzten.

Aber der Entwurf kam in der Kommissionsfassung gar nicht zur Beratung. Die Regierung hatte nämlich ihrerseits ein Marinegesetz ausarbeiten lassen, welches die Kammerkommission ohne weiteres an die Stelle ihrer eigenen Arbeit setzte.

Am 22. Mai 1880 beschlofs die Kammer, unmittelbar nach der Erledigung des Generaltarifs in die Beratung einzutreten. Am 21. Juni begann die Debatte. Den erkrankten Berichterstatter Desseaux vertrat Allain-Targé. Man begann sofort mit der Specialdiskussion der einzelnen Artikel, obwohl Rouher (Bonapartist) wegen des neuen Projektes eine neue Generaldebatte wünschte. Schliefslich kam eine Einigung dahin zu stande, dafs der Kammerpräsident bei dem Artikel 10, welcher von der Schiffahrtsprämie handelte, eine längere, allgemeine Erörterung stattfinden lassen wollte.

Die vorhergehenden Artikel wurden noch am 22. Juli ohne weitere Debatte genehmigt. Nur den Artikel 9, welcher die Zollabgaben für den Import von Flufsschiffen aus Holz und Eisen auf 10 und 40 fr. für die Bruttotonne festsetzte, liefs man auf Wunsch des Ministers Tirard fallen, weil der Generalzolltarif bereits die nämliche Bestimmung enthalten sollte. Für den Zolltarif bewilligte die Kammer auch bald darauf dieselbe Taxe. Für Seeschiffe liefs sie indessen die alte Franzisierungsabgabe von 2 fr. auf die Tonne bestehen (Artikel 542—545 des Generaltarifs).

Artikel 1 des Marinegesetzes bestimmte die Freiheit vom Lotsenzwang für alle Segelschiffe unter 80, alle Dampfer unter 100 Tonnen; doch mufsten nach einem Zusatzantrag des Admirals Jauréguiberry die Schiffsführer den Beweis erbringen, dafs sie mit der Fahrt, zumal in den Flufsmündungen, durchaus vertraut, also gewissermafsen selbst Lotsen waren.

Artikel 2 enthielt die schon früher beschlossene Erleichterung für die Visitation. Diese sollte für Hochseeschiffe künftig nur alle 6 Monate und nach Havarieen obligatorisch sein.

Artikel 3 setzte die im Jahre 1872 beschlossenen hohen Registrierungsabgaben für den Eigentumswechsel auf 3 fr. herunter. Die Kommission hatte ursprünglich 2 fr. beantragt, fügte sich aber dem Wunsche der Regierung.

Artikel 4 und 5 gaben dem Schiffsbau Prämien „als Kompensation der Lasten, die der Zolltarif den Erbauern von Seeschiffen auferlegt.“. Pro Tonne Bruttogehalt erhielten:

Schiffe in Eisen oder Stahl	. . . . . .	60 fr.
in Holz, von 200 und mehr Tonnen		20 fr.
von weniger Tonnen	. . .	10 fr.
gemischte	. . . .	40 fr.

Für Dampfmaschinen, Dampfpumpen, Hilfsmotoren, Ventilatoren, Kessel und Röhrenwerk waren aufserdem noch 12 fr. auf 100 kg. ausgesetzt.

Jede Umformung eines Schiffes, die den Tonnengehalt wachsen liefs, gab ein Anrecht auf die Prämie. Ebenso erhielten neue Maschinen die Unterstützung. Für neue Kessel, die aber nach dem Wunsche des Marineministers von französischem Bau sein mufsten, bekamen die Schiffseigner 8 fr. auf 100 kg.

Die Kommission hatte bedeutend höhere Prämien verlangt. Dafür wurden aber nach dem Regierungsantrag die Prämien auch auf die kleinsten Boote ausgedehnt und die Bestimmungen des Artikels 6, welche sie nur Schiffen mit einem Bruttogehalt von über 10 Tonnen gewähren wollten, gestrichen.

Der Artikel 7 hob die freie Zulassung der Rohstoffe für den Schiffsbau auf. Dieser Verlust für die Werften begründete eigentlich erst die Schiffsbauprämie. Für Schiffe, die bereits zur Zeit der Gesetzesvorbereitung auf der Werft befindlich waren, gab es die Prämie natürlich nur abzüglich des Zollbetrags der Rohstoffe, den sie vorher nicht hatten zu bezahlen brauchen. (Artikel 8).

Nach Annahme dieser Artikel wurde die zurückgestellte Generaldebatte eröffnet. Der Artikel 10 (jetzt 9 geworden) gab der Handelsmarine als Ausgleich für die ihr durch die Rekrutierung und den Staatsmarinedienst auferlegten Lasten auf 10 Jahre eine Schiffahrtsprämie, jedoch nur für die „lange Fahrt“. Für jede Tonne des Nettogehalts und für jede durchlaufene Meile sollte diese Prämie 1 fr. 50 cents. betragen und jährlich fallen:

für Holzschiffe um. . . 0 fr. 075 cents.
für gemischte Schiffe um 0 fr. 075 cents.
für Eisenschiffe um . . 0 fr. 05 cents.

Für Dampfschiffe, welche nach vorher vom Marinedepartement gut geheifsenen Plänen erbaut waren, erhöhte sich die Prämie um 15 %. Die Handelsflotte mufste sich dafür im Kriegsfalle dem Staate zur Verfügung stellen.

Keinen Anspruch auf die Prämie hatten die der Fischerei und Vergnügungsfahrten dienenden Schiffe und die subventionierten Linien.

Der letzte Artikel des Gesetzes, welcher später debattelos angenommen wurde, bestimmte, dafs die prämiierten Schiffe unentgeltlich Dienste für die Postverwaltung übernehmen mufsten.

Der Artikel 10 kostete indessen einen hartnäckigen und langwierigen Kampf in der Kammer.

Der erste Redner, Georges Perin (äufserste Linke) forderte die vollständige Ablehnung der Schiffahrtsprämie. Der Staat dürfe nicht eine Privatindustrie unterstützen und dadurch die

Steuerlast erhöhen. Die Handelsmarine bilde durchaus nicht mehr, wie es früher wohl der Fall war, kriegstüchtige Matrosen aus. Die Notlage hätten sich die Reeder selbst zuzuschreiben, weil sie ihr altes Schiffsmaterial nicht zeitgemäfs umgestaltet hätten, und weil sie einen bedauerlichen Mangel an Unternehmungsgeist zeigten. Gegen die Inskription hätte noch kein Reeder Einspruch erhoben. Dieses Rekrutierungssystem verteuere auch die Fahrtkosten nicht, weil die französischen Matrosen billiger als die fremden arbeiteten. Die Reeder hätten allerdings die Verpflichtung, die Matrosen wieder in ihre Heimat zurückzubringen. Das koste sie jährlich zwar 140 000 fr., aber doch nicht so viel, wie sie durch die ungeheure Prämiensumme erhalten sollten. Die jetzt vorgeschlagene Prämie sei ja besser berechnet, als die früher besprochenen, aber im Prinzip falsch, weil sie immer noch das veraltete Material schütze. Ein Schiff könne jährlich vier Reisen machen und würde sich daher die Prämie vom Staate viermal bezahlen lassen. Ein weiterer Grund, gegen die Einführung von Prämien zu stimmen, liege in der Befürchtung, dafs das Ausland zu Repressalien schreiten oder gleichfalls Prämien gewähren würde.

Der Abgeordnete Peulevey (republ. Union) bekämpfte diese Ausführungen Perins. Seit zehn Jahren rufe alle Welt nach diesem Gesetze. Alle anderen Gewerbe sollten nun durch den Generaltarif höheren Schutz empfangen. Zu Gunsten derselben seien auch die Privilegien der Marine, welche in der Zollfreiheit der Rohstoffe für den Schiffsbau bestanden, aufgehoben worden. Das erfordere eine Kompensation. Das alte Material würde dadurch beseitigt werden, dafs die Prämie je nach dem Alter der Schiffe eine geringere Höhe betrage.

Dem ehemaligen Seemann Eugène Farcy (republ. Union) war diese Unterstützung seiner früheren Chefs, der Reeder, nicht nach dem Sinne. Die Schiffsbauer und die Reeder schrieen immer nach dem Staat. Das dritte Element aber, die Seeleute, die niemals um ihre Meinung befragt worden wären, verlangten die Freiheit. Sie allein hätten die Last der Inskription zu tragen. Die Prämie würde der Marine nichts helfen. Man dürfte nicht die der Flotte entgegenstehenden Interessen, zumal die der Eisenbahnen unterstützen. Man sollte auch nicht die Postschiffe subventionieren und der Handelsmarine damit eine Konkurrenz schaffen! „Das einzige Mittel, ihr zu erlauben, mit gleichen Waffen gegen die ausländischen Flotten zu kämpfen, liegt darin, der Seeindustrie die volle Freiheit zu geben.“

Ein entschiedener Feind aller Protektionen war auch Laroche-Joubert (Rechte, appel au peuple).

Dem gegenüber betonte der Minister für Marine und Kolonieen, Admiral Jauréguiberry, die Wichtigkeit der

Handelsflotte für den Staat. Deshalb sei auch für Schiffe, welche nach den Plänen der Regierung erbaut seien, eine Erhöhung der Prämie um 15 % vorgesehen.

Georges Perin unterbrach den Minister. Dieser hätte früher genau das Gegenteil vertreten. Warum überliefse er denn nicht die Transporte für den Staat, welche 40 Staatsschiffe besorgten, der Handelsflotte, wie es in anderen Staaten geschähe?

Der Admiral antwortete, dafs er die Privatindustrie bereits sehr stark an den Staatstransporten beteilige. Aber die 40 Schiffe könne er nicht entbehren, er brauche sie als Kriegsreserve.

Den entschiedensten Vorstofs gegen das Gesetz unternahm der ehemalige Minister Napoleons III., Rouher, auch hier, wie bei der Lesung des Generaltarifs, die kaiserliche Volkswirthschaftspolitik verteidigend.

Die Prämie sei ungesetzmäfsig, unwirksam und führe zu Repressalien. Rouher warf zunächst einen Blick auf die geschichtliche Entwicklung der Marinegesetzgebung. Bis 1860 hätten das Monopol der französischen Flotte für die Kolonieen (der Kolonialpakt), die Prämien für den Fischfang, das Privilegium der Küstenfahrt und die Flaggen- und Entrepotabgaben bestanden. Heute wolle man den Flaggenzuschlag, allerdings verschleiert, wieder einführen. Vor 1860 hätte sich die Marine aber in 20 Jahren noch nicht einmal verdoppelt. Die heutige Entwicklung sei nur scheinbar noch etwas geringer. Denn jetzt herrsche das Dampfschiff mit seinen schnelleren und öfteren Fahrten. England habe viel früher begriffen, dafs die Umwandlung des Materials die Hauptsache sei. England wäre immer auf der Höhe der Technik geblieben und hätte seine führende Stellung darum behauptet.

Die Subventionen für Postschiffe und Eisenbahnen seien im Grunde ebenso verwerflich, wie die Prämien, sie gingen aber leider nicht aufzuheben, weil sie auf einem Vertrage beruhten; und einen solchen müsse man respektieren. Besser als die Prämie sei die Beibehaltung der Freiheit der Rohstoffe. Dadurch wäre Frankreich in der Lage gewesen, seine Schiffe zu demselben Preise, wie England, zu bauen.

Von dem Untergang der Schiffsindustrie zu sprechen, sei thöricht, wenn er auch die Notlage nicht bestreiten könne. Der Grund derselben sei einmal das Fehlen der Fracht. Nur die Zeit und der stärkere Betrieb der französischen Bergwerke könne hier helfen. Zweitens seien die Franzosen keine geborenen Seeleute; sie hingen zu sehr an ihrem Lande. Die meisten Matrosen in Frankreich seien Bretonen und Basken. Wenn es eine Ermutigung zu bewilligen gäbe, so müfste man Belohnungen für die Anstrengungen, die Kühnheit, die Energie geben. Die jetzige Vorlage aber sei nur der alte Flaggenzuschlag.

Nach diesen allgemeineren Ausführungen betrachtete Rouher die Vorlage nach drei Gesichtspunkten: 1) nach der Grundlage der Prämie, 2) nach der Schiffsfracht und dem Anteil Frankreichs an der Ausfuhr und 3) nach dem vertragspolitischen Gesichtspunkt.

Der Minister hätte die Prämie mit dem Dienst für die Kriegsmarine begründet. Sie sei in der That aber nur eine Kompensation für den aufgehobenen Flaggenzuschlag. Der Dienst zu Lande sei mindestens ebenso lästig, wie der zur See. Bis zu 40 Jahren bleibe der Soldat unter der Fahne und würde zu Übungen eingezogen. Der Seemann aber wäre nach 6 Dienstjahren, davon nur 3½ als aktiver Matrose, völlig frei und hätte aufserdem während dieser Zeit eine höhere Löhnung, als der Landsoldat empfangen. Er müsse sich freilich noch bis zum 50. Jahr zur Verfügung der Behörden halten. Aber man griffe doch nur im Kriegsfall auf die alten Leute zurück. Heute brauche man zudem weniger Mannschaften, als zur Zeit der Segelschiffe. Die Last sei also nur nominell vorhanden.

Man führe nun dreierlei Leistungen der Handelsmarine ins Feld. Drei Viertel ihrer Leute seien Franzosen und würden für den Staat ausgebildet und in der Übung erhalten; jeder Mann müsse in seine Heimat zurückgebracht und bis dahin ernährt werden; in den Häfen müssen die Schiffe einen Lotsen nehmen. Diese Dienste seien aber doch keine übergrofse Last. Die Inskription sei überhaupt eine Wohlthat für den Reeder, da sie ihnen gute Matrosen bringe. Die Pflicht der Zurücksendung in das Vaterland sei nur billig und auch in England vorgeschrieben. Die Pflicht, einen Lotsen zu nehmen, versichere die Marine gegen Unfälle.

Ein weiterer Grund zur Unterstützung lag für den Minister in der Notwendigkeit, die Umwandlung der Segel- in Dampfschiffe zu beschleunigen und teilweise diese Mafsregel erst zu ermöglichen. Rouher erkannte die Notwendigkeit dieses Fortschritts an, bestritt aber die Wirkung der Prämie. Die Segelschiffe nähmen ⅔ der Prämie für sich; das sei verkehrt.

Der Redner ging nun zu der Frage der Fracht über. Ein natürliches Gesetz regiere die Fracht: sie gehöre der Flotte des Erzeugungslandes. Nur in Ausnahmefällen übernehme sie die indirekte Schiffahrt, der tiers pavillon. Frankreich hätte nun aber nur eine dem Gewicht nach geringe Ausfuhrfracht, wenn der Wert derselben auch hoch sei. Trotzdem besorgte die französische Flotte 77% der Fracht von und nach Afrika, 47 % für Asien und Australien. In Nordamerika aufserhalb der Vereinigten Staaten herrsche England. Frankreich besorge dort nur 29% der Fracht. Der Handel mit den Vereinigten Staaten sei günstiger. Noch 1877 hätten die französischen Schiffe 34 % der Ein- und Ausfuhr übernommen. 1878 sei diese Fracht allerdings auf 21 % gesunken. Das rühre aber von den schlechten Ernten her, welche die Sendung von 500 000 Tonnen Getreide auf amerikanisch-britischen Schiffen und demgemäfs eine Rückfracht auf denselben Schiffen nötig machten. Für Südafrika sei Frankreichs Anteil am Seehandel 43 %, für Mittelamerika 67 %, für die Fahrt nach den französischen Kolonien trotz der Freigebung der Meere 84 %, nach Algier 86 %. In Europa allein stehe Frankreich hinter den fremden Flotten zurück. Aber es brauche durchaus die Massenfrachten der anderen Länder. Von diesen bringe namentlich England Kohle und Eisen auf eigenen Schiffen.

Zuletzt besprach Rouher die Schifffahrtsverträge. Die Subvention der eigenen Flagge entspreche nicht dem Grundsatz, die Flaggen der fremden Länder gleich der heimischen zu behandeln. Das würde Repressalien im Gefolge haben. Die direkte Staatsunterstützung führe aufserdem zum Socialismus.

Der Kommissionsredner Allain-Targé ging selbst daran, die Einwendungen Rouhers zu widerlegen.

Die Frage wäre durchaus nicht von principieller Bedeutung, wie Rouher meine; es handle sich nur darum, dafs die Handelsmarine vor der fremden Konkurrenz nicht bestehen könne. Von dem Flaggenzuschlag, also von einer Verletzung der Verträge, sei aufserdem gar nicht die Rede. Die Mächte könnten also in keinem Falle reklamieren.

Die Kosten der Prämie beliefen sich nur auf 3 Mill. fr., eine Summe, welche blofs die Lasten kompensiere. Die Erhaltung der Flotte sei aber von allgemeinem Interesse.

Der französische Seemann sei keineswegs so frei, wie Rouher schildere; wenn er in eine andere Marine einträte, gelte er als Deserteur. Die Freiheit, welche Farcy durch seinen beständigen Antrag auf die Abschaffung der Reglements fordere, würde die Gefahr für die lange Fahrt noch steigern.

Rouher verteidige naürlich sein Werk von 1860/66, aber er sei darin zu weit gegangen. Jetzt habe er selbst die Ursachen der Notlage angegeben, und doch kein Heilmittel vorgebracht.

Die Reeder hätten selbstverständlich Vorteil von den billigen Schiffskäufen gehabt. Aber im Interesse der ebensosehr notleidenden Schiffsbauindustrie müsse diese Erlaubnis aufhören und die Prämie an ihre Stelle treten. Nur die subventionierten Linien, die aus Mangel an Erzeugnissen der heimischen Werften ihre Schiffe im Ausland kaufen müfsten, könnten sich jetzt noch halten.

Die Zeit der Segelschiffe sei noch lange nicht vorüber. In England hätte sich ihre Zahl sogar noch in jüngster Zeit vermehrt. Rouher habe, wenn man es recht betrachte, überhaupt für das Aufgeben der langen Schiffahrt plaidiert, weil Frankreich die Fracht fehle. Aber Frankreich wolle und dürfe nicht verzichten, sondern müsse sich nach Heilmitteln umsehen.

Sogar die Lage der sogenannten „grofsen Küstenfahrt" (bis zur Nordsee und zum Schwarzen Meer) hätten einige für schutzbedürftig erklärt; aber diese könne sich wohl auch ohne Prämie halten. Er begreife allerdings, dafs man sich sträube, einer Privatindustrie etwas zu geben. Doch in der Not ginge es nicht anders, wie auch schon der Freihändler Le Cesne eingesehen hätte. Dieser habe aber die Prämie nicht erfunden, sondern die im Jahre 1873/74 eingesetzte Regierungskommission unter Dupuy de Lôme hätte sie zuerst in Vorschlag gebraeht. Selbst die Handelskammern von Bordeaux, Havre und Marseille riefen jetzt im Namen des grofsen nationalen Interesses nach der Prämie.

Die Berechnung der Prämie sei ausgezeichnet, weil sie nach dem Alter der Schiffe falle. Aufserdem sei die Prämie in Frankreich nichts Neues, sondern eine bewährte Einrichtung. Der Hochseefischfang sei längst prämiiert, und die Postlinien empfingen Unterstützungen. Ohne solche Subventionen sei überhaupt kein grofses Seeunternehmen möglich.

Allain-Targé griff dann das napoleonische System, dessen Vertreter Rouher sei, an. Es hätte nur für die Finanzoligarchie gesorgt. Damals wären zwei grofse Compagnien allein unterstützt worden, während man die übrige Marine ungnädig angesehen habe. Alle Länder hätten subventionierte Linien und unterstützten ihre Flotte auf diese oder jene Art. Welche Repressalien sollte man also zu fürchten haben? Dafs Frankreich durch die Verträge gebunden sei, wäre ein Irrtum von Rouher.

Für Rouhers Auffassung trat mit einer nochmaligen Rede Georges Perin ein. Der scheinbare Rückgang der Flotte sei durch das Verschwinden der Segelschiffe zu erklären. Und das sei als ein Glück für Frankreich anzusehen.

Die Ziffer von 3 Mill. fr. als Betrag der Prämie zu berechnen, könne niemand glauben. Er nehme eine Ausgabe von mindestens 7 oder 8 Mill. fr. an.

Der Obolus des armen Mannes würde den reichen Reedern geopfert; das sei antirepublikanische Politik.

Ihm erwiderte der Reeder Raynal (republ. Linke). Man könnte nur dann der Marine gröfsere Freiheit einräumen, wenn der Zolltarif niedriger wäre. Er verspräche sich sehr viel von der Prämie. Sie würde den Werften neuen Mut einflöfsen und frisches Leben entstehen lassen. Die Prämie sei auch keine Kompensation, sondern eine einfache Wiedergabe von Zöllen.

Hierauf wurde die Debatte geschlossen und der § 9 (früher § 10) mit 235 gegen 176 Stimmen angenommen. Es lagen nun noch einige Zusatzanträge vor, die am 1. Juli 1880 zur Abstimmung kamen.

Gaudin (Bonapartist) verlangte die Ausdehnung der Prämie auch auf die „grofse Küstenfahrt."

Der Marineminister bekämpfte den Antrag, weil die Küstenfahrt dem Staate nicht die wichtigen Dienste der Hochseeschifffahrt (long cours) leiste.

Für den Antrag traten noch Peulevey (republ. Union) und Laisant (radikal) ein. Der Minister Tirard betonte dem gegenüber, dafs der einmal gefafste Beschlufs, die Prämie nur für die lange Fahrt zu bewilligen, kein Amendement zulasse.

Gaudin zog sein Antrag infolgedessen zu Gunsten eines Zusatzes, den Riotteau (linkes Centrum) gestellt hatte, zurück.

Riotteau wollte die Prämie auch für die Meere Europas und das Mittelmeer gewährt wissen und nur die eigentliche Küstenfahrt in Frankreich und Algier davon ausschliefsen.

Tirard bekämpfte auch diese Fassung, die mit 250 gegen 170 Stimmen abgelehnt wurde.

Dagegen hatte ein Antrag Farcy (republ. Union), 20 % der Prämie unter die Bemannung der Schiffe zu verteilen, das Glück der Annahme.

Vergeblich trat La Vieille (Linke) dagegen auf. Die Leute erhielten dadurch einen doppelten Sold, einen festen, die Prämie, und einen je nach Angebot und Nachfrage schwankenden Lohn. Der Sold würde aber mit der fallenden Prämie von Jahr zu Jahr geringer.

Auch die Kommisson verwarf den Antrag. Laroche-Joubert (Rechte, appel au peuple) hielt die Verteilung aber doch für möglich. In seinen Fabriken liefse er sie täglich vornehmen. „Das ist die erste Gelegenheit, die Ihnen durch ein Mitglied der Linken geboten ist, einen Schritt auf dem Wege der Gewinnbeteiligung und der Mitwirkung der Angestellten zu thun; beeilen Sie sich, sie zu ergreifen, denn Sie werden sie vielleicht so bald nicht wieder finden!"

Das Ergebnis der Abstimmung mit 347 gegen 31 Stimmen rief ein lautes Bravo von seiten Laroche-Jouberts hervor, welches ihm eine Zurechtweisung durch den Präsidenten einbrachte, und das sich leider als zu früher Jubel herausstellen sollte.

Nach der Genehmigung des Gesetzes beschlofs man eine zweite Lesung, welche am 10. Juli erfolgte. Wieder brachte Riotteau seinen Antrag für die grofse Küstenfahrt ein, wiederum infolge des Widerspruchs des Handelsministers vergeblich.

Ein neues Amendement ging von Rouvier (republ. Union) aus. Es verlangte, dafs die 20 % der Prämie nicht direkt unter die Seeleute verteilt werden, sondern in die Marineinvalidenkasse wandern sollten, um die Pensionen zu verbessern.

Der Berichterstatter Desseaux und der Minister Tirard traten für diese Änderung ein, die auch trotz des Einspruchs von Farcy und Laroche-Joubert angenommen wurde.

Zuletzt verlangte noch der Marineminister, im Gesetz statt „Tonnen“ — „Tonnen im Nettogehalt“ zu setzen, um Unklarheiten zu beseitigen. Weiter sollte die Zahl der durchlaufenen Meilen nach der direkten Seelinie gemessen werden, um nicht durch Umwege die Prämien sich erhöhen zu lassen. Schliefslich mufsten die Schiffe, welche nach Regierungsangaben erbaut wurden und die Prämienerhöhung von 15 % genossen, „in Frankreich“ hergestellt werden.

Die Zusätze wurden sämmtlich beschlossen und das Gesetz dem Senat überwiesen.

4. Das Marinegesetz im Senat.

Die Senatskommission nahm nach dem Bericht des Senators Labiche (republ. Linke) vom 16. Dezember 1880 im Einverständnis mit der Regierung zwei Änderungen vor. Sie beantragte für den Artikel 9, die Schiffahrtsprämien bei im Ausland erbauten Schiffen auf die Hälfte herabzusetzen und die Bestimmung, 20 % der Prämie der Invalidenkasse zu überweisen, fallen zu lassen.

Am 27. Januar 1881 fand die Generaldiskussion statt. Der Senator Ancel (rechtes Centrum) empfahl das so geänderte Gesetz nach einem geschichtlichen Rückblick mit den schon aus der Kammerberatung bekannten Gründen. Er führte für den Niedergang der Flotte noch folgende Zahlen an: Im Jahre 1880 seien in französische Häfen eingelaufen:

französische Schiffe	10 208	mit	3 053 876	Tonnen	
fremde „	26 268	„	8 403 414	„	

Ausgelaufen seien:

französische Schiffe	7 983	mit	3 156 175	Tonnen	
fremde „	15 130	„	3 998 781	„	. —

Nun folgte eine glänzende Verteidigungsrede des Gesetzes durch den Senator Dupuy de Lôme (Bonapartist). Doch kann ich auf diese nicht so genau, wie ich es wünschte, eingehen, weil der Redner keine neuen Gesichtspunkte ins Treffen führte. Dupuy de Lômes Grundsatz für die Behandlung der Flotte war Gleichheit vor der Steuer in Bezug auf die fremden und die französischen Werften, und provisorische Hilfe für die Reeder.

Er betrachtete die Lage der Schiffsbauer und Reeder in besonderen Abschnitten und gab eine genaue Schilderung der französischen Marinegesetzgebung seit dem Anfang des Jahrhunderts, ja seit dem Ursprung der Inskription in den Jahren

1665 bis 1681. In enthusiastischer und poetisch anschaulicher Weise verweilte er bei der Aufzählung der anerkannten Vorzüge der französischen Schiffe, die in jedem Sturm und jeder Gefahr den Wellenbergen und Winden getrotzt hätten.

Für die stagnierende Entwicklung der Handelsmarine führte er die Zahlen des Schiffsbestandes in den Jahren 1860 und 1880 an. Danach gab es

im Jahre	Schiffe	mit Tonnen	und Menschen
1860	15 032	1 025 000	95 000
1880	15 033	932 000	93 000

Dabei habe sich die Menschenzahl für den Küstenfischfang, die in den 93 000 Mann mit eingeschlossen sei, seit 1860 um 11 000 vermehrt.

Dupuy de Lôme gab natürlich zu, dafs die Wirksamkeit eines Dampfschiffes im Durchschnitt dreimal so grofs, wie die eines Segelschiffes, wäre. Wenn man also die Zahl der Dampfschiffe mit drei multipliziere, so ergäbe sich eine Steigerung des Schiffsbestandes um 13 %. England sei aber in derselben Zeit um 46 % in Bezug auf den Tonnengehalt seiner Schiffe gewachsen, bezüglich der Wirksamkeit der Dampfschiffe allein um 63 %. Die Reihenfolge der konkurrierenden Staaten sei jetzt: England, Vereinigte Staaten, Norwegen, Deutschland, Italien, Frankreich. Fast $^2/_3$ der französischen Einfuhr würde durch das Ausland besorgt.

Die jetzige Prämie sei besser berechnet, als die von 1873 nach der Zahl der Bemannung. Die damalige Prämie hätte die Segelschiffahrt zu sehr unterstützt. Die Kosten berechne er auf 7 $^1/_2$ Mill. fr., also für die Zeit von 10 Jahren auf 75 Millionen; aber die Wirkung sei vielversprechend. —

Den Worten Dupuy de Lômes folgte brausender Beifall, welcher bewies, dafs die Annahme des Gesetzes im Senat gesichert war. Es sprach nur noch der Senator Lenoël (linkes Centrum; konserv. Republ.) in gleichem Sinne. Dann verlangte der Handelsminister Tirard die Dringlichkeit des Gesetzes, die sofort beschlossen wurde. Sämtliche Artikel fanden darauf ihre Annahme, und schliefslich wurde das ganze Gesetz mit 258 gegen 5 Stimmen (Joseph Garnier, Humbert, de Lafayette, Le Royer und Vissaguet) votiert. —

Am 29. Januar 1881 hatte die Deputiertenkammer sich noch einmal mit der Vorlage wegen der durch die Senatskommission in das Gesetz hineingebrachten Änderungen zu beschäftigen. Der Berichterstatter Desseaux empfahl die Senatsbeschlüsse dringend; ebenso der Minister Tirard. Die Forderung, den im Ausland erbauten Schiffen nur die Hälfte der Prämie zu gewähren, stiefs auch auf keinen Widerspruch.

Aber das Fallenlassen der 20 % von der Prämie für die Schiffsbesatzung verursachte eine heftige Erregung. Rouher tadelte diese Mafsregel, weil dadurch die schon zu hohe Prämie für die Reeder wieder um 20 % erhöht würde.

Desseaux rechtfertigte die Bestimmung damit, dafs bereits ein besonderes Gesetz die Pensionen der Inskribierten verbessert habe, die Forderung der 20 % also unnötig sei.

Ähnlich sprach Lorois (Rechte). Beide Änderungen wurden nacheinander angenommen.

Nun forderte Georges Perin die Kammer auf, wegen dieser Prämienerhöhung das ganze Gesetz abzulehnen. Sein Verlangen wurde jedoch nicht berücksichtigt.

Noch am 29. Januar 1881 wurde das Gesetz promulgiert und auf zunächst zehn Jahre in Kraft gesetzt. —

Eine weitere Unterstützung fand die Marine in den Bestimmungen des neuen französischen Generaltarifs, welcher, wie ich bereits hervorgehoben habe, die Entrepotzuschläge neu ordnete und die französische Flagge günstiger als die ausländische stellte.

Der Freihändler Joseph Garnier klagte freilich in seinem Journal des Économistes: „Das System der Subvention ist an die Stelle des Systems der Protektion getreten. Diese Mafsregel ist weniger schlecht, aber die Handelsmarine wird dadurch weder mehr noch weniger glücklich werden, und das Resultat wird 75 Millionen gekostet haben“ [1].

Thatsächlich befriedigte aber das Gesetz die Interessenten und ist auch später wieder verlängert worden.

IX. Kapitel.

Der neue Konventionaltarif.

1. Einleitendes.

Nun war der Zeitpunkt gekommen, in welchem die französische Regierung daran gehen konnte, die handelspolitischen Beziehungen Frankreichs zu den fremden Mächten zu regeln. Seit dem Erlafs jenes Rundschreibens des Handelsministers de Meaux im Jahre 1875, das zuerst die Frage der Handelsverträge der öffentlichen Meinung als der Lösung dringend bedürftig unterbreitete, waren bereits sechs Jahre verflossen, und nur notdürtige Vertragsverlängerungen und Übergangskonventionen mit den europäischen Staaten hielten das System der Verträge zu Gunsten der Stetigkeit der Handelsbeziehungen aufrecht. Jetzt endlich war der Grund zur Errichtung eines neuen Gebäudes gelegt: die französische Regierung hatte durch die Fertigstellung des Generaltarifs und das Marinegesetz den notwendigen Rückhalt bekommen, um den Ansprüchen des Auslands zu begegnen.

---

[1] Journal des Économ. Februar 1881. S. 349.

Aber dem Verlangen der Hochschutzzöllner, nun den neuen Generaltarif als Minimum hinzustellen, unter welches man in keinem Falle hinabgehen dürfe, kam die Regierung nicht nach. Der in der Wirtschaftspolitik führende Minister Tirard erklärte in der Kammer nach Schlufs der Generaldiskussion über die Zollreform, am 23. Februar 1880, ausdrücklich, dafs die Regierung fest dabei bestehen bleiben wolle, durch Verträge das Verhältnis mit dem Ausland auch weiterhin ungetrübt zu erhalten. Gegenüber einem Antrag Keller (klerikal), welcher den neuen Tarif zu einem autonomen machen wollte, sprach sich der Minister entschieden dahin aus, dafs der Antrag verfassungswidrig sei. Der Regierung stände allein das Recht zu, Verträge zu schliefsen; sie könne sich darin von der Kammer keine Vorschriften machen lassen. Das Recht des Parlaments, geschlossene Verträge nachher zu beraten und sie gegebenen Falls im ganzen abzulehnen, wolle er natürlich nicht bestreiten. Tirard spitzte seine Antwort dahin zu: „Die Frage, wie sie sich jetzt stellt, lautet folgendermafsen: ‚Bringt es Nutzen oder keinen Nutzen, Verträge zu schliefsen?‘ Darauf antworte ich: ‚Nach dem Wortlaut der Verfassung hat einzig und allein die Regierung darüber zu entscheiden.‘“

Das Amendement Keller wurde zurückgezogen, aber am 4. Juni 1880 durch Guichard (Linke) teilweise wieder aufgenommen. Guichard wollte wenigstens hinsichtlich der landwirtschaftlichen Produkte die Macht der Regierung, durch Verträge Zolländerungen herbeizuführen, begrenzen. Tirard verweigerte jetzt die Antwort auf die Frage, wie sich die Regierung dazu stelle, und der Präsident der Kammer, Gambetta, liefs das Amendement als verfassungswidrig nicht zur Abstimmung zu.

Die Regierung war also in keiner Weise durch einen Parlamentsbeschlufs gebunden. Der Handelsminister gab indessen freiwillig, weil er trotz seiner freihändlerischen Überzeugung der Zeitströmung Rechnung tragen mufste, die Zusicherung, dafs die den fremden Mächten einzuräumenden Konzessionen im Durchschnitt nicht unter die 24 %, um welche der neue Generaltarif gegenüber dem alten Vertragstarif erhöht war, hinabgehen sollten. Er versprach ferner, in keinem Falle dem Verlangen Englands, die Wertzölle beizubehalten, nachzukommen, und schliefslich auch, Cerealien und Vieh, wie früher, so auch künftig, nicht in die Vertragstarife aufzunehmen, für diese also einen autonomen Tarif zu belassen. Die Wünsche der Agrarier waren damit wenigstens materiell erfüllt.

Die Regierung nahm die Vertragsverhandlungen sofort auf, welche nach dem Wortlaut der Konventionen binnen sechs Monaten, d. h. am 8. November 1881 zum Ziele führen mufsten. Doch war es vorauszusehen, dafs diese Frist ein wenig zu kurz bemessen war. Das Ministerium Ferry-Tirard liefs sich infolgedessen am 20. Juli 1881 vom Parlament die Ermächtigung geben, die alten Verträge noch um drei weitere Monate zu verlängern. Sämtliche fremde Mächte gingen durch Deklarationen auf die Wünsche der französischen Regierung und schliefslich auch noch auf eine weitere Verlängerung des alten Konventionalregimes bis zum 15. Mai 1882 ein.

Die Verhandlungen wurden anfänglich von Tirard bis zum 14. November 1881 geführt. An diesem Tage stürzte das Kabinett Jules Ferry, und das „grofse" Ministerium Gambetta begann seine kurze Laufbahn[1]. Der neue Handelsminister Rouvier setzte das Werk seines Vorgängers bis zum 30. Januar 1882 fort. Aber erst Tirard, der dann wieder im Kabinett Freycinet-Ferry-Say die Abteilung des Handels übernahm, konnte es zu Ende führen.

2. Die Übereinkunft mit Grofsbritannien.

Ich gehe nun im einzelnen auf die Verträge ein und beginne mit England.

Die früher mit dem britischen Ministerium Beaconsfield eingeleiteten Verhandlungen waren, wie schon erwähnt, vertagt worden. Der wieder ans Ruder gekommene englische Ministerpräsident Gladstone stand Verträgen nicht eben freundlich gegenüber und hielt sie höchstens für ein politisches Band. Jedenfalls ging er nur sehr behutsam auf neue Verhandlungen ein. Der französische Gesandte in London, Léon Say, hatte infolgedessen einen schweren Stand. Er konnte schliefslich nur soviel erreichen, dafs man die Streitpunkte klar präcisierte und eine allgemeine Grundlage für die Verhandlungen schuf.

Eine Einigung kam allein in dem Kapitel der landwirtschaftlichen Produkte zu stande, und zwar insofern, als man diese von den Vertragsbestimmungen ausschlofs.

Schwierigkeiten machte die Weinfrage. Frankreich verlangte, wie schon früher, eine bedeutende Zollreduktion. Gladstone ging scheinbar darauf ein. Er versprach, die geringwertigeren französischen Weine in Fässern zu einer niedrigeren Abgabe ins Land zu lassen, machte dafür aber kurz darauf dem britischen Parlament den Vorschlag, den Zoll für Flaschenweine zu erhöhen. Das entsprach wiederum nicht den Wünschen des französischen Botschafters.

---

[1] Erwähnenswert ist aus dieser Zeit die Schaffung zweier neuer Ministerien durch Erlafs vom 14. November 1881. Die Ressorts der Landwirtschaft und der Kolonieen erhielten seitdem einen eigenen Leiter.

Ein weiterer Differenzpunkt war die Umwandlung der französischen Wertzölle in specifische. England erklärte sich nur bereit, Bestimmungen zu treffen, welche die bei Anwendung der Wertzölle nachgewiesenen Betrügereien verhindern sollten.

Es handelte sich schliefslich noch darum, Verbesserungen des Tarifs und der Handelsbeziehungen herzustellen. Aber was bedeutete das Wort ‚Verbesserungen'? England mit seinem Massenexport hielt Zollerniedrigungen für eine Verbesserung des status quo, Frankreich hingegen Zollerhöhungen, namentlich bei Baumwollenfabrikaten.

Kurz und gut, die am 26. Mai 1881 eingeleiteten Schritte endigten nach neun Monaten mit einem Mifserfolg, wenn man auch auf beiden Seiten in wichtigen Punkten nachzugeben suchte. England wollte zuletzt sogar die specifischen Zölle in Kauf nehmen, jedoch bei Geweben von Wolle und Baumwolle der Berechnung dieser Gewichtszölle den Wert der niedrigsten Qualitäten zu Grunde legen. Der Handelsminister Rouvier erklärte sich schliefslich auch hiermit einverstanden, aber nur unter der Bedingung, dafs der Weinzoll herabgesetzt werde. Doch an dieser für England in fiskalischer Hinsicht wichtigen Frage scheiterte das ganze Werk. Frankreich hatte darunter weniger zu leiden als England. Gladstone hätte sich sagen müssen, dafs er durch den Vertrag wenigstens einige Schritte weiter auf dem Wege des Freihandels gekommen wäre. So erreichte er nur die Vorteile, welche England aus der Meistbegünstigung und den Verträgen Frankreichs mit den anderen Ländern erwuchsen.

Denn dafs Frankreich Grofsbritannien anders als die konkurrierenden Staaten behandelte, war ein Ding der Unmöglichkeit. Tirard legte deshalb der Deputiertenkammer ein besonderes Gesetz über das gegen England zu beobachtende Zollverfahren am 23. Februar 1882 vor. In der Begründung dazu erwähnte der Handelsminister, dafs eigentlich vom 1. März 1882 an gegen England der Generaltarif in Kraft treten müsse, und erinnerte dann an die Gestaltung der Verhandlungen in der letzten Zeit. England verlangte darin schliefslich einen einfachen Reciprocitätsvertrag mit gegenseitiger Meistbegünstigung. Diesen Vorschlag wollte die französische Regierung nur dann annehmen, wenn England, das durch keinen Tarifvertrag gebunden war, sich verpflichtete, die Zollfreiheit, wie sie bisher bestanden habe, in allen Punkten beizubehalten. England verweigerte dies, weil es Herr seiner Tarife bleiben wollte.

Frankreich schlug dann eine Klausel vor, die ihm erlaubte, den Vertrag sofort zu lösen, sobald England Zölle einführte oder erhöhte. Die britischen Unterhändler erklärten sich gegen eine solche Klausel und boten einen einfachen

Meistbegünstigungsvertrag auf unbestimmte Zeit mit einjähriger Kündigungsfrist an. Frankreich sträubte sich dagegen, weil es nach der Kündigung immer noch ein Jahr gebunden blieb, während England auf der Stelle erhebliche Einfuhrerschwerungen einführen konnte. Auch die Herabsetzung der Kündigungsfrist auf sechs Monate wurde aus dem gleichen Grunde abgelehnt.

Die französische Regierung hielt es nun für das beste, sich ebenso frei wie England hinsichtlich der Tarife zu stellen. Tirard verlangte deshalb von den Kammern, dem britischen Reiche nicht durch einen Vertrag, sondern durch ein Gesetz die Meistbegünstigung zu gewähren. Dieses Gesetz konnte bei Zollerhöhungen auf englischer Seite, die allerdings wenig wahrscheinlich waren, sofort aufgehoben werden.

Deputiertenkammer und Senat schlossen sich Tirards Ausführungen an und beschlossen das Gesetz am 25. und 26. Februar 1882. Am 27. Februar wurde es bereits in Kraft gesetzt.

Am folgenden Tage unterzeichneten de Freycinet und Lord Lyons indessen doch in Paris eine Übereinkunft, nach welcher sich England und Frankreich bis zum 1. Februar 1892 die Meistbegünstigung ohne Tarifbestimmungen gegenseitig gewährleisteten.

Wegen der Stabilität der Handelsbeziehungen zwischen beiden Ländern war dieses Vorgehen entschieden das beste.

Aber man kann sich nicht verhehlen, dafs durch die neue Konvention, welche noch an demselben Tage von der Kammer, am 11. Mai vom Senat genehmigt wurde und auch englischerseits ihre Billigung fand, das ursprünglich beschlossene Gesetz aufgehoben wurde und Frankreich gebunden blieb, während England die freie Verfügung über seine Tarife hatte. Nur die Erzeugnisse der britischen Kolonieen blieben dem Generaltarif unterworfen.

Den Grund für das Vorgehen der französischen Regierung kann man wohl darin finden, dafs sie mit einigem Recht befürchtete, das den Welthandel beherrschende Grofsbritannien könne Frankreich unfreundlich begegnen und mit allen ihm zu Gebote stehenden Mitteln den eigenen Handel lahm legen. Andererseits traute die dem Freihandel zuneigende Regierung auch nicht der Kammermehrheit, welche bei der gewaltigen Agitation der Schutzzöllner plötzlich einmal das Meistbegünstigungsgesetz aufheben konnte und kraft eines Majoritätsbeschlusses zum Schutzzoll übergehen konnte. Der Vertrag mit England verhinderte diesen Schritt wenigstens auf geraume Zeit[1].

---

[1] Siehe Amé, négociations commerciales avec l'Angleterre; Journal des Écon. 1882, April, S. 32.

3. Die Verträge mit den übrigen Staaten[1].

Der neue französische Konventionaltarif, den man nun auch gegen England anwandte, war die Folge der Verträge mit Belgien, Italien, Portugal, Spanien, Schweden-Norwegen und der Schweiz. —

a. Der Vertrag mit Belgien.

Vor den Konferenzen mit Frankreich machte das Kabinett Frère Orban in Brüssel einen eigenartigen Vorschlag. Es verlangte nichts weniger als eine Art europäischen Gerichtshofes einzusetzen, welcher das französische Zollsystem prüfen sollte. Die französische Regierung lehnte diese Zumutung von vornherein ab. Sonst waren die Verhandlungen mit Belgien durchaus freundschaftlich und führten schnell zu einem Ergebnis.

Durch seinen früheren Vertrag hatte Belgien in Frankreich eine Ausnahmestellung eingenommen hinsichtlich seiner Kohlen, seines Gufseisens und seiner Garne und Gewebe von Lein oder Hanf. Die Zeit für eine solche Ausnahmestellung war wegen der gewaltigen Entwicklung des Weltverkehrs seit der napoleonischen Ära vorüber. Die das Handelsvertragssystem beherrschende Meistbegünstigungsklausel verbot es Frankreich, sich darauf einzulassen. Denn es hätte durch eine solche Bestimmung den Erzeugnissen Englands und der übrigen Länder in der belgischen Pforte ein leicht passierbares Einfallsthor geöffnet. Dafür bequemte es sich zu anderen Zugeständnissen.

Die Übereinkunft vom 31. Oktober 1881 besteht aus einem Handels- und einem Schiffahrtsvertrag.

Der Vertrag legte beide Länder hinsichtlich etwa zu gewährender Zollrückgaben oder Prämien fest. Diese Ausfuhrvergütungen durften künftig nur genau den Betrag der Accise- und Verbrauchsabgaben ersetzen, aber keinesfalls eine Wiedererstattung des Zolles bilden. Für die Einfuhrtarife galt im Zusammenhang damit der Grundsatz, dafs Zollzuschläge nur bei gleichzeitiger und gleichmäfsiger Erhöhung der inneren Abgaben eintreten durften.

Frankreich verpflichtete sich weiter, folgende, aus Belgien stammende Artikel nicht mit erhöhten Zuschlägen, aufser dem eigentlichen Zoll, zu belegen: Kunsttischlerholz, Farbholz, rohe Baumwolle, Wolle in Masse, rohe Häute, Reis, Pottasche, Guano, exotische Harze, Salpeter, Thee, Ölsämereien, Fette und Öle. Damit war der im französischen Generaltarif vorgesehene Entrepotzuschlag für die indirekte Einfuhr zu einem guten Teil aufgehoben.

---

[1] Siehe Amé, négociations commerciales, Journal des Écon. 1882, Juni, S. 243.

Kaffee erhielt einen Entrepotzuschlag von 5 fr. (statt 10 fr.), Kakao von 10 fr. (statt 20 fr.). Für die außerdem noch bestehenden Entrepotabgaben erhielt Belgien das Recht, die gleichen Gebühren an seinen Grenzen einzuführen.

Gegenseitige Verpflichtungen betrafen ferner den Grenzverkehr: landwirtschaftliche Erzeugnisse waren 10 km von beiden Seiten der Grenze zollfrei.

Jeder Durchgangszoll blieb verboten.

Handelsreisende sollten einen einfachen Gewerbeschein (Patent) für 20 fr. lösen.

Zollerhöhungen oder Einfuhrverbote durften während der Vertragsdauer überhaupt nur im Falle eines Krieges oder aus gesundheitspolizeilichen Gründen eingeführt werden.

Eine Sonderbestimmung traf den Kohlenzoll. Frankreich konnte danach seine Abgaben von Steinkohlen und ähnlichen Brennstoffen überhaupt nicht erhöhen, Belgien einen Zoll von höchstens 1 fr. auf 1000 kg. annehmen.

Sonst gewährte man sich gegenseitig die Meistbegünstigung für die Einfuhr. Frankreich ermäßigte dabei seine Zölle gegenüber den Angaben des Generaltarifs in folgenden Tarifpositionen, denen ich zur Vergleichung auch die Daten des alten Generaltarifs und des alten Vertragstarifs beifüge.

(In fr. und auf 100 kg).

Gegenstand	Alter Generaltarif	Alter Vertragstarif	Neuer Generaltarif	Neuer Vertragstarif
Spanferkel, leichter als 8 kg	0,12	0,12	0,50	frei
Geflügel	frei	frei	20,00	5,—
Wachs	1,04	1,00	10,00	frei
Eier	frei	frei	10,00	"
Butter	"	"	13,00	"
Butter, gesalzen . .	2,60	2,50	15,00	2,00
Süßwasserfische . .	frei	frei	5,00	frei
Hopfen	56,14	12,50	15,00	12,50
Marmor	1,56 und 49,92	1,50 frei	2,50 10 fr., 15 fr. und 6 fr.	1,50 frei, 4 fr. u. 1,50
Ecossinne (flandrischer Granit . .	"	"	frei, 1,25, 10 fr. u. 4 fr.	frei u. 0,50
Dachschiefer (das Tausend)	4,16	4,00	4,00	2,00
Fliesen und Ziegel	4,99—31,20	frei	1,00	frei
Gußeisen	4,99—8,74 od. verboten	2,00	2,00	1,50
Stabeisen, Schienen	12,48—17,47	6,00	6,00	5,00
Eisenbleche	24,96	7,50—13,00	7,50—13,00	7,00—12,00
Stahl in Barren (Schienen)	37,44	9,00	9,00	6,00
Soda	33,07 u. verboten	1,90—14,00	2,30—17,50	1,90—14,00

(fr. auf 100 kg)

Gegenstand	Alter Generaltarif	Alter Vertragstarif	Neuer Generaltarif	Neuer Vertragstarif
Parfümerieseife	204,67	6,00	12,00	8,00
Cichorie	57,20	5,00	5,00	4,00
Kraftmehl, Stärke	26,21 u. 1,25	1,50 u. 1,20	6,00	4,00
Kerzen	10,40 %	10 %	19,00	16,00
Fayence und Porzellan	61,15—408,10 od. verboten	frei oder 10—15 %	10,00—25,00	7,00—20,00
Spiegelglas	12,48—82,37 pro qm	1,50—20,00 pro qm	25,00 od. pro qm 1,20—5,00	20,00 1,00—3,00
Glas	verboten	10 %	4,25—31,00	3,50—25,00
Flachs- und Hanfgarne	47,42—205,92	15,00—100,00	16,00—200,00	13,00—100,00
Jutegarne	74,88—101,09	5,00—14,00	6,25—17,50	5,00—14,00
Baumwollgarne	verboten	15,00—300,00	18,50—372,00	15,00—300,00
Wollgarne, Kamm-	"	10,00—100,00	31,00—124,00	20,00—80,00
" Streich-	"	"	18,50—56,00	12,00—36,00
Garn aus Ziegenhaar	24,96	24,00	30,00	24,00

Entsprechende Zollerniedrigungen im neuen Vertragstarif zeigen alle Garnabgaben für gebleichte, gefärbte und gezwirnte Ware.

Gewebe:				
aus Flachs und Hanf	74,88—582,82	5,00—300,00	28,00—460,00	22,00—300,00
aus Jute	96,10	10,00—24,00	16,00—30,00	11,00—24,00
aus Baumwolle	verboten	50,00—300,00 oder 15 %	62,00—670,00	50,00—540,00
aus Wolle	"	10 %	75,00—650,00	50,00—524,00
aus Seide	254,59—2121,60	frei oder 200,00—1200,00	frei oder 186,00—1488,00	frei oder 150,00—1200,00

Die mannigfachen Nuancen der einzelnen Textilfabrikate sind durchweg gegenüber dem neuen Generaltarif entsprechend im Vertragstarif ermäfsigt worden. Die Zollbeträge sind zumeist dieselben, wie im alten Vertragstarif, nur dafs die hier befindlichen Wertzölle durch Gewichtsabgaben ersetzt sind.

Papier	99,84—187,20	8,00	11,00—25,00	8,00—15,00
Häute	verboten	10,00—60,00	10,00—74,00	10,00—60,00

Waren aus Leder sind ganz entsprechend im Tarif behandelt.

Lokomotiven und Lokomobilen	49,92	10,00	10,00	9,00 und 6,00
Tender	37,47 u. 74,88	8,00	8,00	7,00
Spinn-, Webe- und landwirtschaftl. Maschinen	49,92 u. 18,72	10,00 u. 6,00	10,00 u. 6,00	5,00
Werkzeug aus verstählt. Schmiedeeisen	156,00	15,00	15,00	13,50
Waren aus Gufseisen (roh)	verboten	3,00—4,50	3,00—4,50	2,50—4,00

Frankreich liefs sich noch zu einer ganzen Reihe von Tarifermäfsigungen bewegen, von denen ich folgende Positionen nenne: Salpeter- und Ölsäure, Stearinsäure, Natron, Alaun, schwefelsaure Thonerde, Bleiweifs, Chlorkalk, Ultramarin, Ölfirnis, Schweinfurter Grün und dergl., Preufsisch Blau, Pfefferkuchen, Nähnadeln, Schrauben, schmiedeeiserne Röhren, Gewehre (Hinterlader), Holzwaren, Sparterie, Strohhüte, Tauwerk, Kautschuckgewebe, Kämme, Filzhüte, Kunstschreinerwaren (aufser in Elfenbein) und Bürsten.

Belgien hatte noch die Aufhebung der zeitweiligen freien Zulassung für den Getreide- und Mehlhandel beantragt. Der Minister Tirard liefs sich aber nicht darauf ein. Er erklärte, dafs die Handhabung dieser Einrichtung nach dem Erlafs vom 18. Oktober 1873, welcher die Identität des einzuführenden Korns und des auszuführenden Mehls vorschreibt, den belgischen Wünschen genügend Rechnung trage.

Die französischen Gegenwünsche waren verhältnismäfsig gering, weil der belgische Tarif bedeutend mäfsiger, als der französische war und im Maximum 10 % betrug. Die Zollfreiheit, welche in Belgien für sehr viele Produkte eingeführt war, wurde jetzt noch auf Uhren, Gold- und Silberwaren und anderes ausgedehnt. Reduziert wurden die Abgaben von Topf- und Glaswaren, von zwei Klassen Baumwollgeweben und von einer Reihe unwichtigerer Punkte. Belgien verzichtete auch auf seinen Zollzuschlag von 1 fr. auf das hl. für Weine in Flaschen. Der Weinzoll war demnach von jetzt an in Belgien aufgehoben. Aber die Accise, ein verschleierter Weinzoll — weil Belgien diesen Artikel nicht produziert —, betrug noch 23 fr. auf das hl.; Weine mit mehr als 18 % Alkoholgehalt zahlten für den Überschufs aufserdem die Alkoholsteuer, deren Umwandlung sich Belgien übrigens vorbehielt. Belgien ist nächst England der Hauptmarkt für französische Weine. Frankreich hatte deshalb auf eine Herabsetzung der Accise gehofft. — Eine besondere Bestimmung betraf noch den Salzhandel, für den in Belgien die inneren Abgaben zur Zeit aufgehoben waren. Bei einer etwa eintretenden Wiedereinführung der Salzsteuer sollte Belgien französischem rohen Seesalz eine Vergütung von 10 % geben.

Der sich an den Handelsvertrag schliefsende Schiffahrtsvertrag bestimmte die gegenseitige Meistbegünstigung und die Gleichstellung mit der heimischen Handelsflotte. Die Küstenfahrt und die Fischerei blieben den Gesetzen der Einzelländer unterworfen.

Beide Verträge wurden von der französischen Kammer und dem Senat ohne grofse Erörterung mit stattlicher Mehrheit angenommen. Aus der Debatte ist nur erwähnenswert, dafs der Deputierte Méline den Umfang der französischen Ausfuhr nach Belgien nicht anerkennen wollte, sondern mit einigem

Recht behauptete, ein Teil dieser Waren ginge nach Deutschland, England und in das übrige Ausland.

b. Der Vertrag mit Italien.

Italien hatte sich nach Ablehnung des französisch-italienischen Vertrages durch die französische Kammer im Jahre 1878 nur schwer dazu verstanden, in eine Weiterverlängerung des alten, für es sehr vorteilhaften, Vertrages einzuwilligen. Die Vorzüge dieses Vertrages für Italien deuten folgende Zahlen an: Es betrug die Ausfuhr:

	1863	1880
von Italien nach Frankreich	140 Mill. fr.	398 Mill. fr.
von Frankreich nach Italien	190 „ „	181 „ „

Die Minister des Königs Humbert konnten sich der Thatsache nicht entziehen, dafs das Übereinkommen mit Frankreich den Aufsenhandel günstig beeinflufst hatte, und hatten sich deshalb trotz ihrer protektionistischen Anschauungen und trotz anfänglicher Weigerungen seither stets mit den französischen Forderungen einverstanden erklärt. Auch jetzt gingen sie auf den neuen Vertrag vom 3. November 1881 ein, wenngleich ihnen die industrielle Opposition grofse Schwierigkeiten bereitete, und teilweise auch agrarische Bedenken zu zerstreuen waren.

So war die französische Reserve hinsichtlich des Viehs dem Vertrage gefährlich, weil der alte Zoll für Ochsen von 3,74 fr. in dem neuen Generaltarif auf 15 fr. pro Kopf gebracht worden war, und sich der Handelsminister dem Parlament gegenüber verpflichtet hatte, wie die übrigen landwirtschaftlichen Produkte, so auch Vieh nicht in die Verträge aufzunehmen. Vergebens betonte die italienische Regierung, sie müsse auf die Erregung der Viehzüchter in Piemont und in der Lombardei Rücksicht nehmen. Sie konnte nach Ablehnung ihres Wunsches nur erreichen, dafs sie statt dessen andere Zollherabsetzungen erhielt. Unter den für die Landwirtschaft wichtigen Erzeugnissen gestanden die französischen Unterhändler eine Ermäfsigung der fiskalischen Abgaben von Wild, Geflügel, Fischen, Bettfedern, Butter, Eiern, Teignudeln, Früchten, Olivenöl, Trüffeln und Wein zu. Aufser den bereits Belgien gewährten Reduktionen, unter denen besonders Marmor, Baumaterialien, Porzellan und Fayence für die italienische Ausfuhr von Bedeutung waren, erhielt Italien noch für folgende Fabrikate Zugeständnisse oder sogar völlige Zollfreiheit: Citronensäure, schwefelsaures Chinin, Farbholzextrakte, Ocker und andere Farben, Glasperlen, Garne aus Flockseide, Blasinstrumente, Strohhüte und Knöpfe. Wie bei dem belgischen Vertrage will ich auch hier eine vergleichende Zollzusammenstellung für die wichtigsten in Frage kommenden Artikel geben. Die Mafseinheit ist 1 fr. auf 100 kg.

Gegenstand	Alter Generaltarif	Alter Vertragstarif	Neuer Generaltarif	Neuer Vertragstarif
Wild	frei	frei	20,00	5,00
Bettfedern	52,00	3,50	20,00	15,00
Teignudeln	6,24	3,00	6,00	3,00
Tafelfrüchte	frei oder 0,31—19,97	frei oder 0,30—8,00	frei oder 0,30—8,00	frei oder 2,00 u. 6,00
Olivenöl	3,12	3,00	4,50	3,00
Wein	5,20	3,50	4,50	3,00
Trüffeln	frei	frei	200,00	10,00
Ocker	"	"	0,25	frei
Glasperlen	124,00-748,80	20,00	25,00	12,00
Garne aus Flockseide	78,00—124,80	75,00—120,00	93,00—149,00	75,00—120,00
Blasinstrumente (pro Stück)	3,74	10 %	0,80	0,40
Strohhüte	10,40	10,00	50,00—300,00	10,00

Frankreich exportiert von allen diesen Dingen viel, konnte also die betreffenden Zölle ohne grofses Opfer herabsetzen. Im Parlament, zumal im Senat, machten auch nur die Agrarprodukte die Opposition lebendig. Aber ein Antrag Feray, die Regierung aufzufordern, neue Vereinbarungen mit dem italienischen Ministerium Depretis zu treffen, fand nur eine Minderheit.

Italien seinerseits blieb auf einem gröfseren Gebiete dem Schutzzoll treu. Die Regierung dieses Landes mufste sich nach der Parlamentsmehrheit richten und konnte den der Industrie Toskanas und der Lombardei durch den Generaltarif von 1878 gewährten Schutz nicht ohne Gefahr aufgeben. Der alte sardinische Generaltarif von 1863, welchem auch die neuen Provinzen des Königreiches vordem unterstellt waren, war der französischen Einfuhr allerdings viel günstiger gewesen.

Tirard begnügte sich jetzt mit geringeren Zugeständnissen, um einen Bruch mit dem Nachbarlande zu vermeiden. Für Wollwaren gingen Italiens Zölle im Mittel nicht über 12 % hinaus. Die vorgenommenen Ermäfsigungen des Seidenzolls waren Frankreichs grofser Exportindustrie nützlich, aber sie wurden durch Erhöhung der Abgaben von mit Seide gemischten Geweben so gut wie ausgeglichen. Sonst bewilligte Italien etwa 60 Artikel, die es bereits Österreich zugestanden hatte, darunter Alkohol, Branntwein und Liköre, gewisse Leinstoffe, Werkzeuge, Dampfmaschinen, Porzellan, Spiegel. Es gestand volle Reciprocität für alle Naturprodukte aufser Wein zu; ferner Verminderungen auf Möbel, Tapeten, Handschuhe, Goldschmiedewaren, Bijouterieen, Fayencen, appretierte Schmuckfedern, künstliche Blumen, feine Kurz- und Bandwaren, Parfümerien und Pianos, also hauptsächlich für die für Frankreich so wichtige Luxusindustrie. Allzuviel für die französische Gesamtausfuhr bedeuteten diese Artikel aber nicht.

Italien behielt sonderbarer Weise seine Ausfuhrzölle, die besonders Schwefel und rohe oder gezwirnte Seide trafen, auch jetzt noch bei. Ebenso sträubte es sich, wie schon erwähnt, Frankreich für Wein den gleichen Zoll zu gewähren, wie dieses den italienischen Importen, weil die französischen Weine höheren Wert besäfsen. Wenn man aber die Ausfuhr der beiden Länder miteinander vergleicht, so hätte Italien ohne weiteres nachgeben können. Im Jahre 1880 lieferte

Italien an Frankreich:	1 604 302	hl Wein
Frankreich an Italien:	15 870	„ „

Natürlich ist ein guter Teil der verminderten französischeu Ausfuhr auf die Rechnung der Phylloxera und ihrer Verheerungen zu setzen. Aber auch vordem war das Verhältnis für Italien günstiger. Italien liefs sich dennoch nur auf einen Zoll von 4 fr. ein, während Frankreich 3 fr. zugestehen mufste. (Bald wurde dieser Zoll durch den spanischen Vertrag sogar auf 2 fr. reduziert).

Der Grenzverkehr wurde, wie es schon im Vertrage mit Belgien und später in den anderen Verträgen mit den Nachbarstaaten vereinbart wurde, für Getreide, Heu, Stroh und Grünfutter frei gegeben.

Die Dauer des Vertrages lief bis zum 1. Februar 1892. Ein Zusatzartikel verlängerte die alte Schiffahrtskonvention von 1862 mit gegenseitiger Meistbegünstigung auf ein Jahr; diese Konvention behielt aber durch gegenseitige Übereinkunft auch noch später ihre Gültigkeit.

c. Der Vertrag mit Portugal.

Der nächste zum Abschlufs gelangende Vertrag war der Handels- und Schiffahrtsvertrag mit Portugal vom 19. Dezember 1881. Portugal trat damit in das europäische Meistbegünstigungssystem ein. Es behielt jedoch das Recht, seinem Tochterlande Brasilien Sondervorteile einräumen zu dürfen, welche nicht der Meistbegünstigungklausel unterlagen. Die Küstenschiffahrt und die heimische Fischerei blieben vom Vertrage ausgeschlossen.

Algier wurde dem französischen Mutterlande gleichgestellt, ebenso die ‚adjacentes‘ genannten Inseln Madeira, Porto-Santo und die Azoren dem portugiesischen Staate.

Portugal blieb trotz einer geringen Anzahl von Zugeständnissen bei seinem hohen Schutzzolltarif. Das Land besitzt wenig indirekte Steuern. Daher waren die Zölle für Portugals Finanzen der wichtigste Einnahmezweig. Der neue Vertrag verbesserte von namhaften Einfuhrartikeln eigentlich nur die Zölle von Gufseisen, Schmiedeeisen und Stahl. Aber Frankreich hatte nur wenig Vorteil davon, weil es der englischen Konkurrenz in Portugal nicht gewachsen war.

Die Hauptartikel wurden mit folgenden hohen Abgaben belegt: Wollgewebe 6 fr.; 7 fr.; 20,70 fr.; 80,12 fr. auf 1 kg. — Stoffe von reiner Seide: 36 fr. — Konfektionen: 50 % Zuschlag zu den Gewebezöllen — Weine 50 reis pro Dekaliter, d. h. 43 fr. pro hl. Portugiesische Weine kamen dafür zu nur 2 fr. nach Frankreich.

Die französische Regierung ging auf diesen für ihr Land wenig günstigen Vertrag nur ein, weil Frankreich von dem portugiesischen Wettbewerb kaum etwas zu befürchten hatte, während seine eigene Ausfuhr immerhin einige Vorteile, jedenfalls mehr, als ohne Vertrag, zu erwarten hatte. Diese Ausfuhr nach Portugal war freilich gesunken, aber doch höher als die portugiesische Einfuhr. Die Handelsbewegung ist folgende:

Es betrug die Ausfuhr	1866	1880
Portugals nach Frankreich:	5,3 Mill. fr.	12 Mill. fr.
Frankreichs nach Portugal:	21,2 „ „	19,6 „ „

Besondere Zollreduktionen neben den bereits anderen Staaten zugestandenen Tarifermäſsigungen räumte Frankreich in folgenden, für eine Zollvergleichung unwichtigen, Artikeln ein: Honig, Palma-Christi-Öl, ausländische Harze, Korkware, Marmelade und Wolfszähne.

Eine Zusatzkonvention vom 6. Mai 1882 gestaltete das Verhältnis für Frankreich noch etwas günstiger. Portugal verstand sich in dieser Übereinkunft noch zu einigen weiteren Tarifherabsetzungen. Die Parlamente bereiteten den Verträgen keine Schwierigkeit.

d. Der Vertrag mit Spanien.

Spanien war bereits durch seine Konvention von 1877 in das Meistbegünstigungssystem eingetreten. Es hatte damals Frankreich in den Genuſs seines Minimaltarifs gestellt. Die neuen Verhandlungen führten nun zum definitiven Vertrage vom 8. Februar 1882. Die in Spanien ans Ruder gelangte liberale Partei[1] unter Sagasta zeigte sich zu Zugeständnissen bereit und ging bei 91 der wichtigsten Positionen noch unter den Minimaltarif hinab. Die Wünsche der katalonischen Industriellen nach höherem Zollschutz muſsten dabei allerdings immer im Auge behalten und nach Möglichkeit berücksichtigt werden. Danach sind die Ermächtigungen im Vergleich zum spanischen Maximaltarif teilweise bedeutend. Die Zölle von Baumwollgarnen wurden um 25—50 % erniedrigt. Wollwaren mit Baumwolle gemischt erfuhren eine Herabsetzung von 58 %, wenn sie auch immer noch 260 fr. auf 100 kg. erlegen muſsten, während Frankreich von dem gleichen Gewicht nur

[1] Siehe Verein f. Socialpol. Bd. 51, Gwinner, Spanische Handelspolitik S. 79.

35—140 fr. erhob. Die Zölle für Wollwaren betrugen in Spanien für gewöhnliche Gewebe 30—60%; der spanische Produzent konnte sich also trotz aller Nachgiebigkeit seiner Regierung kaum über mangelnden Zollschutz beklagen.

Die Reduktionen der anderen Tarifnummern waren gleichfalls bedeutend. Spanien unterdrückte ferner seinen Ausgangszoll von 10 fr. auf die Tonne von silberhaltigem Blei, Bleiglanz und Bleiglätte.

Frankreich bewilligte dagegen der Einfuhr spanischer Naturprodukte eine gröfsere Tarifermäfsigung, namentlich dem Wein, für den es den Zoll von 3 auf 2 fr. herabsetzte. Das bedeutete für Frankreich einen Budgetausfall von 10 Mill. fr., solange die Phylloxera herrschte. Spanien liefs freilich auch die französischen Weine zu 2 fr. ein, aber nur die nicht schäumenden. Schaumweine verzollte es mit 5 fr. auf das hl. Gerechtfertigter waren die anderen Ermäfsigungen, die Frankreich Spanien zugestand, nämlich aufser den Belgien, Italien und Portugal eingeräumten Artikeln noch Zollerniedrigungen oder Befreiungen für grünen Anis, Esparto und Flechten und Matten daraus, Schlacken von Erzen, Bleimennige, citronensauren Kalk, Glycerin, schwefelsaures Natron, Weinhefe, Essig, Liqueure.

Vergleichende Tabelle (fr. auf 100 kg).

Gegenstand	Alter Generaltarif	Alter Vertragstarif	Neuer Generaltarif	Neuer Vertragstarif
Grüner Anis	2,08	2,00	2,00	frei
Teppiche aus Esparto	7,20	10 %	25,00	10,00
Bleimennige	frei	5 %	2,00	frei
citronensaurer Kalk	1,25	frei	7,50	frei
Glycerin f. gewerbl. Zwecke	65,52	5 %	4,75	3,75
schwefelsaures Natron (unrein) . . .	1,82	1,75	2,20	1,75
Essig	2,08	2,00	4,50	2,00
Liqueure (das hl) .	36,40	15,00	40,00	30,00
Weine (das hl). . .	5,20	3,50	4,50	2,00

e. Der Vertrag mit Schweden-Norwegen.

Auch die skandinavischen Reiche hatten von dem Vertrage mit Frankreich im Jahre 1865 einen gröfseren Vorteil gehabt, als dieses von dem Norden. Im Jahre 1880 betrug die Einfuhr von Skandinavien nach Frankreich 122 Mill. fr.
von Frankreich nach Skandinavien 18—19 Mill. fr.

Aber die schwedischen Kommissare für einen neuen Vertrag, welchen diese Zahlen vorgeführt wurden, wollten dieselben nicht gelten lassen. Sie suchten den Nachweis zu bringen, dafs die französische Einfuhr in die nordischen Reiche bedeutend gröfser sei. Grofse Mengen französischer Waren nähmen den Weg über die Hansastädte und Dänemark und würden fälschlich als deutsche oder dänische Produkte gebucht.

Die meisten schwedisch-norwegischen Erzeugnisse waren bereits nach dem französischen Generaltarif als Rohstoffe zollfrei. Dazu gehören Holz, Papiermasse, Kupfererz und Kupfer in erster Bearbeitung. Die Holzeinfuhr nach Frankreich betrug im Jahre 1880 allein 92 Mill fr. Aber gegen diese Einfuhr konnte sich Frankreich nicht wehren, weil seine Industrie diesen Artikel ungemein nötig brauchte, und die heimischen Holzbestände nicht genügende Mengen liefern konnten. Umgekehrt war wenig Aussicht, den französischen Export mehr, als bisher, nach dem Norden zu lenken, weil Skandinavien nur wenig Luxusartikel konsumiert.

Unter den Fabrikaten Schwedens nimmt Eisen die erste Stelle ein. Noch vor 1870 war dieses teure, aber um so bessere schwedische Holzeisen der Schrecken der französischen Hütten. Aber die Einfuhr blieb doch beschränkt. Im Jahre 1880 schickte Schweden nur einen geringen Bruchteil im Verhältnis zu der französischen Produktion nach Frankreich, und zwar:

18755 Tonnen Roheisen,
2047 „ Eisen in Masseln
und 42 „ Stahl. Eine den nordischen Königreichen durch den neuen Vertrag vom 30. Dezember 1881 gewährte Zollverminderung war also ungefährlich. Durch den Vertrag mit Belgien hatten Stabeisen und Schienen schon eine Ermäfsigung von 6 auf 5 fr. erhalten. Diese jetzt aufs neue festgelegte Abgabe bedeutete aber für die schwedischen Feineisen ungleich mehr, als für die belgischen Coakseisen. Auch der Zoll von 4 fr. 50 cents für Eisen in Masseln oder Prismen wurde in diesem Vertrage wiederum vereinbart. Doch durfte das Eisen statt 6 % nur noch 4 % an Schlacken enthalten.

Frankreich gewährte aufserdem Sondervorteile: für Käse, Stock- oder Klippfisch (der durch den hohen Generaltarifzoll fast verboten war), Bauholz, Oxal- (Klee-) säure und Papiermaché. Von Wichtigkeit für Schweden war auch die schon anderen Staaten gewährte Herabsetzung des Zolls von 1 bis 12 fr. auf 0,50 bis 1,50 fr. von Brettern und Parquettäfelchen. Der alte Vertragstarif hatte diese übrigens rohem Holz gleichgestellt und daher gar nicht verzollt.

(Vergleichungstabelle siehe nächste Seite.)

Die Ermäfsigungen, welche Frankreich als Gegengaben von Schweden-Norwegen verlangte, stiefsen auf Schwierig-

Vergleichungstabelle (fr. auf 100 kg).

Gegenstand	Alter Generaltarif	Alter Vertragstarif	Neuer Generaltarif	Neuer Vertragstarif
Käse	7,49—18,72	3,00—4,00	6,00—8,00	3,00—4,00
Stock- oder Klippfisch	49,92	49,92	48,00	10,00
Oxalsäure	87,36	10,00	12,50	10,00
Papiermaché	249,60	10 %	11,00	8,00
Parquettafeln . . .	18,72 %	frei oder 10 %	1,00—2,00	0,50—1,50

keiten, weil die beiden nordischen Königreiche verschiedene Zolltarife besitzen. Frankreich wollte diese auf der Basis der niedrigsten Zölle vereinigt wissen, ein Unternehmen, das schon 1865 nicht gelungen war und bei dem Erstarken der autonomen Bestrebungen der Norweger auch jetzt nur für einige wenige Produkte erreicht wurde. Zu diesen gehört Wein, den infolgedessen ein Zoll von 23 fr. auf das hl. traf. Direkt zur See importierter französischer Traubenbranntwein und -Spiritus in Fässern unterlag einem Zoll von 11 Kronen (15,28 fr.) auf das hl. Alkohol zu 100 Graden. Jeder Grad weniger ermäfsigte den Zoll um 1 %. (Der Alkoholgehalt wurde nach dem Gay-Lussacschen Alkoholometer bei einer Temperatur von 15 ° gemessen.) Branntwein in Flaschen galt als reiner Alkohol. Liqueure jeder Art rechneten als Traubenbranntwein. Schweden und Norwegen gewährten ferner den niedrigsten Zoll für künstliche Blumen, Schmuckfedern, Tapeten, Handschuhe, Sardinen und Anchovis in Öl. Er wurden aufserdem die Abgaben für raffinierten Zucker, Seidengewebe, Leintücher und anderes herabgesetzt. Besonders für Seidengewebe war der Vertrag der französischen Ausfuhr entschieden günstig. Die skandinavischen Staaten setzten dafür den niedrigsten Zoll von allen Ländern überhaupt an, Schweden 3,26 fr., Norwegen 3,19 fr. pro kg.

Den Handelsvertrag vervollständigte ein Schiffahrtsvertrag vom gleichen Datum, der auf gegenseitige Meistbegünstigung, auch in den Kolonien, lautete.

f. Der Vertrag mit der Schweiz.

Das letzte der auf die Bildung des französischen Konventionaltarifs Einflufs habenden Handelsabkommen war der Vertrag mit der Schweiz vom 23. Februar 1882. Die Verhandlungen mit diesem Lande erfuhren Hindernisse durch Dinge, welche nicht zum Zolltarif gehörten, so durch die nur zögernd zum Abschlufs gekommenen Vereinbarungen über das Fremdenrecht, über den Schutz von Litteraturwerken und anderes. Aufserdem suchte die Schweiz im Jahre 1881 aus den Zolleinnahmen ihr Budget zu verbessern und wollte ihren schon 1878 fertiggestellten neuen Generaltarif auch gegen Frankreich anwenden.

Die Vertragsverhandlungen zogen sich weiterhin noch dadurch in die Länge, dafs, während bei den übrigen Verträgen sich nur Vertreter der betreffenden Staaten berieten, die schweizer Kommissare, zwei Fabrikanten, etwa 20 Delegierte ihrer Industrie nach und nach beriefen und nach ihren Sonderschmerzen befragten.

Im schweizer Tarif bildete der Weinzoll die Hauptfrage. Nach der Konvention von 1864 belegten die Bundeszollämter Wein in Fässern mit 1,50 fr., in Flaschen mit 3,50 fr. auf 100 kg. Der Generaltarif von 1878 hatte für Weine in Fässern den Zoll auf 6 fr. festgesetzt. Unter 4,50 fr. wollte die Schweiz in keinem Falle gehen und auch für diese Ermäfsigung Kompensationen haben.

Die französischen Unterhändler sahen ein, dafs sie der Schweiz, welche trotz aller vorgenommenen Erhöhungen den niedrigsten Tarif des Kontinents hatte, in vielen Punkten nachgeben konnten. Sie erreichten auch durch ihre Nachgiebigkeit, dafs der Weinzoll schliefslich auf 3,50 fr. festgesetzt wurde, d. h. auf das Minimum der zu dieser Zeit neben dem Zoll noch bestehenden kantonalen oder kommunalen Abgaben. In Kantonen, wo solche Sonderabgaben nicht bestanden, durften sie für französische Weine auch künftighin nicht eingeführt werden. — Frankreich liefs sich dafür eine Erhöhung des Alkoholzolles von 16 auf 20 fr. gefallen, ebenso eine Verstärkung der Zölle von Wollgarnen und -Geweben, Fellen und Lederarbeiten. Die Schweiz wurde ferner hinsichtlich aller Waren, die Frankreich ihr nur in geringen Mengen lieferte, von jeder Vertragsgebundenheit befreit. Sie konnte also nach Gutdünken, und ohne Frankreichs zu befragen, die Zölle für Gufseisen, Schmiedeeisen und Stahl und für fast alle Baumwollgewebe (aufser Piqués, Posamentierwaren, Bandwaren und ähnliches, und gewöhnliche Decken) festsetzen.

Sonst blieb zumeist der alte Tarif in Kraft. Der Grenzverkehr, welcher früher sehr vorteilhaft für die Grenzprovinz Gex eingerichtet war, da landwirtschaftliche Produkte, rohes Holz und Lumpen in diesem Lande zollfrei waren oder geringe Abgaben zu erlegen hatten, wurde auch für die Kantone Vaud und Genf in derselben Weise geregelt.

Der französische Tarif gewährte der Nachbarrepublik dafür alle die Zollherabsetzungen, die bereits den anderen Vertragsstaaten, namentlich Belgien und Schweden, geboten waren. Aufserdem verminderte Frankreich unter den landwirtschaftlichen Produkten die Abgaben von konzentrierter Milch, Kindermehl und Käse, unter den Fabrikaten: von Absinth, Holzmasse für die Papierfabrikation, dünn gewalztem Gold, Platin und Silber, Brucheisen, Ammoniak, Steinkohlen, Teerfarben, Wermutwein, von allen Baumwollenfabrikaten, die noch nicht durch den belgischen Vertrag herabgesetzt waren, von Rofshaargeweben, Leder für Holzschuhe, Uhren, Uhrwerken, Spieluhren, Maschinen für die Papierfabrikation und Messerwaren.

Beide Staaten verpflichteten sich schliefslich noch, in keinem Falle die Kohlenausfuhr zu verbieten oder mit einem Zolle zu belegen.

Der Vertrag wurde in Frankreich ohne viele Umstände genehmigt, während er in der Schweiz zuerst böses Blut erregte, dann aber auch hier seine Annahme fand.

Vergleichungstabelle (fr. auf 100 kg).

Gegenstand	Alter Generaltarif	Alter Vertragstarif	Neuer Generaltarif	Neuer Vertragstarif
Absinth (Wermut)	frei	—	3,00	1,00
Holzmasse für Papierfabrikation	—	—	—	frei
Dünngewalzte Edelmetalle	520,00	—	500,00	10,00
Brucheisen	4,99	2,00	2,00	1,50
Ammoniak	verboten	5 %	3,00	2,00
Steinkohlenteerfarben	frei	15 %	25,00—125,00	20,00—100,00
Baumwollen-Fabrikate:				
Damast	verboten	5 %	114,00	82,00
Möbelguipure	6,24 %	5 %	185,00	120,00
Spitzen	6,24 %	5 %	495,00	400,00
Stickereien	verboten	10 %	800,00	450,00
Rofshaargewebe	51,17—196,80	10 %	496,00	30,00—250,00
Leder f. Holzschuhe	verboten	10 %	62,00	50.00
Uhren	1,47—7,49	5 %	1,00—4,50	0,50—3,50
Spieluhren	654,00	5 %	60,00	40,00
Maschinen für Papierfabrikation	37,44	6,00	6,00	5,00
Messerwaren	verboten	15 %	125,00-600,00	100,00—480

g. Die Konvention mit Österreich-Ungarn.

Es blieb der französischen Regierung nun blofs noch übrig, die Handelsbeziehungen ihres Landes zu zwei europäischen Staaten, zu Österreich-Ungarn und zu den Niederlanden zu regeln. Die Verhandlungen mit Österreich ergaben keine Einigung in Tariffragen. Man schlofs deshalb eine provisorische Konvention am 7. November 1881 [1] ab, in der man sich, abgesehen von der Behandlung des Zuckers, gegenseitig die Meistbegünstigung bis zum 8. Februar 1883 zugestand. Diese

[1] Bei Devers, Verein für Socialpolitik steht fälschlich 7. November 1883 angegeben.

Konvention wurde, da ein endgültiger Vertrag nicht zu erreichen war, zuerst bis zum 15. Mai 1883, dann bis zum 29. Februar 1884 verlängert.

h. Die Beziehungen zu den Niederlanden.

Mit Holland suchte das französische Ministerium gleichfalls einen Tarifvertrag abzuschliefsen, zuerst am 26. Dezember 1881, dann am 24. März 1882. Beide Vertragsprojekte wurden aber von der zweiten Kammer der Generalstaaten abgelehnt.

Es ist indessen doch von Interesse, auf die Hauptbestimmungen dieses Vertrages einzugehen, weil dieselben ein Licht auf die Handelsbeziehungen Frankreichs zu den Niederlanden werfen. Der holländische Tarif war im allgemeinen sehr liberal. Garne, Maschinen, Geräte und manche andere, für den französischen Export wichtige, Artikel waren in dem hauptsächlich von der Landwirtschaft lebenden Lande sogar zollfrei. Nur Weine waren, wenn auch nicht nominell durch den Zoll, so doch durch die Accise, die in dem Wein nicht produzierenden Lande nur ein verschleierter Zoll ist, schlechter gestellt. Sie mufsten 20 Gulden oder 42,50 fr. pro hl. entrichten. Das traf die geringeren Sorten Frankreichs gleich einem Verbot. Die Holländer gaben aber den hierauf gerichteten Wünschen Frankreichs nicht nach, weil sie den Wein für ein Luxusgetränk erklärten, für welches sie die Steuer, zugleich mit einer Ermäfsigung der Alkoholabgabe, erst bei einem günstigeren Stande des Budgets herabsetzen könnten.

Frankreich erreichte also keine Änderung für seinen Export. Dagegen bot der französische Vertragstarif den Niederländern viele Vorteile, die das Haager Kabinett auch nur in wenigen Punkten zu vergröfsern bat. Frankreich sollte noch die Zölle von Stearin- und Oleïnsäure, Kerzen, Liqueuren, Käse, Stärke und Süfswasserfischen ermäfsigen. Die Pariser Regierung ging darauf ein, zumal dieselben Wünsche auch anderen Staaten gewährt wurden. Sie willigte ferner in die Änderung der Bestimmungen über die indirekte Einfuhr. Produkte der Grenznachbarn Hollands sollten, wie früher, bei der Durchfuhr durch die Niederlande oder nach einer Lagerung in den 5 Häfen Amsterdam, Rotterdam, Dortrecht, Vlissingen und Harlingen, die Meistbegünstigung geniefsen, also keinen Entrepotzuschlag zahlen.

Holland ging dafür eigentlich nur die einzige Verpflichtung ein, die Kohlenausfuhr niemals zu verbieten.

Aber gerade wegen dieser Verpflichtung lehnte die zweite niederländische Kammer den Vertrag ab. Dem mächtigen Nachbar gegenüber hielt sie es für unklug, sich auf eine solche Bestimmung einzulassen. Aufserdem verletzte ein Artikel (Art. 21) des Vertrages ihr patriotisches Gefühl. Nach diesem sollte Frankreich in den holländischen Kolonieen die Begünstigung erhalten, welche der meistbegünstigten europäischen Nation gewährt war. Die Kammer fand, dafs man den Artikel so auslegen könne, als wenn Frankreich in Niederländisch-Indien die gleichen Rechte, wie Holland selbst, erlangen wolle.

Die Regieruug änderte nun im Einverständnis mit Frankreich den Artikel dem Wunsche der Kammer gemäfs ab. Frankreich gab auch hinsichtlich der Kohle, die Holland gar nicht produzierte, nach.

Aber der neue Vertrag vom 24. März 1882 fand auch nicht Gnade vor den Augen der holländischen Abgeordneten. Jetzt waren ihnen Wachholderbranntwein und Stärke in Frankreich zu ungünstig gestellt. Wachholderbranntwein wurde im französischen Tarif als Alkohol behandelt, welcher, um der deutschen Einfuhr zu begegnen, mit 30 fr. statt der früheren 15 fr. pro hl. belastet war. Der Stärkezoll war auf 4 fr. erhöht worden, während der alte Vertragstarif nur 1,20 fr. auf 100 kg. verzeichnete.

Aber schliefslich waren alle diese Einwände nur Vorwände. Politische Fragen spielten mit. Der einzig durchschlagende Grund der Ablehnung war der, dafs die Kammer das ihnen verhafste Ministerium van Lynden stürzen wollte.

Damit verscherzten sich die Niederländer aber einen nicht zu verachtenden handelspolitischen Vorteil, die Behandlung der meistbegünstigten Nation in Frankreich. Der französische Generaltarif traf ihre Produkte durchschnittlich mit 24 % höher, als die Waren ihrer Konkurrenten, während Frankreich nur hinsichtlich seiner Weine von dem holländischen Regime zu leiden hatte. Das französische Parlament hätte dem Vertrage mit Holland ohne Frage seine Genehmigung gegeben und damit das handelspolitische System Frankreichs durch ein neues Band gefestigt.

Denn auch die übrigen Verträge waren nicht allzu grofsen Schwierigkeiten in Kammer und Senat begegnet. Méline und Pouyer-Quertier mufsten ihre Hoffnungen auf eine spätere Zeit zurückstellen.

Die Annahme der der Kammer gleichzeitig vorgelegten Verträge erfolgte am 25. und 31. März 1882 nach empfehlenden Berichten von Lebaudy (linkes Centrum), de la Porte (republ. Union), Drumel (linkes Centrum) und Reymond. Im Senat war der frühere Handelsminister Teisserenc de Bort mit der Aufgabe der Berichterstattung betraut worden. Am 1. April und 11. Mai 1882 gab auch der Senat seine Zustimmung.

Die Dauer der Verträge war im allgemeinen bis zum 1. Februar 1892 mit einjähriger Kündigungsfrist festgesetzt. Nur Italien durfte bereits am 1. Januar 1887 für das kommende Jahr kündigen, um eine Revision eintreten zu lassen.

Der neue Vertragstarif galt für 12 Staaten, und zwar für Belgien, Portugal, Spanien, Italien, die Schweiz, Schweden-Norwegen, Grofsbritannien und Österreich; dazu traten auf Grund des Frankfurter Friedens und ewiger Meistbegünstigung das Deutsche Reich, auf Grund früherer Verträge Rufsland, die Türkei und Rumänien.

Der Generaltarif wurde nur gegen drei europäische Völker angewendet, die Niederländer, die Dänen und die Griechen.

Zur weiteren Charakterisierung des neuen handelspolitischen Systems habe ich nur noch wenige wichtige Bestimmungen hinzuzufügen, die das Expertiseverfahren der Zollämter und die Kolonialpolitik betreffen[1].

1. Das Expertiseverfahren bei Streitigkeiten bezüglich des Ursprungs, der Gattung, der Beschaffenheit oder des Wertes der Waren wurde durch den Generaltarif von 1881 auf eine neue Grundlage gestellt. Die durch die Handelsverträge mit England, zuletzt noch am 24. Januar 1874 festgesetzten Vorschriften, wonach im Falle von Meinungsverschiedenheiten mit dem Zollamt die Importeure gewisse von der Regierung namhaft gemachte Sachverständige zur schiedsrichterlichen Entscheidung anrufen konnten, verschwanden vollständig. Sowohl für die specifischen Zölle als auch die noch in ganz geringem Umfange vorhandenen Wertabgaben sollte künftig allein der durch ein Gesetz vom 27. Juli 1822 bei dem Handelsministerium eingesetzte Ausschufs von Sachverständigen, also ein Kollegium staatlicher Beamten, entscheiden. Die Abschaffung der Wertzölle liefs natürlich die Streitigkeiten auf ein geringeres Mafs zurückgehen als sie vordem bestanden hatten. Das galt zumal für folgende wichtige Gegenstände des Aufsenhandels, bei denen sämtlich specifische Zölle statt der Verzollung ad valorem eingeführt waren: Flachs- und Hanfgewebe, Baumwollengewebe, Baumwollenspitzen und Strumpfwaren, Wollengewebe, zerschnittene Pappdeckel, Lederwaren, Messerschmiedewaren, Bürstenwaren, Möbel, Holzwaren, Korbwaren, Wagnerarbeit für Fuhrwerk und Eisenbahnen, Kunsttischlerwaren und Kurz- und Spielwaren. —

2. Die Tarifpolitik, welche gegenüber den Kolonieen der fremden Länder beobachtet wurde, deckte sich nicht mit dem Verfahren, dem die besitzenden Staaten unterlagen. Die aus den neuen Verträgen resultierenden Zölle fanden auf die Erzeugnisse der Kolonieen und entfernten Besitzungen der Vertragsmächte keine Anwendung. Die unzweideutige Festlegung dieser Bestimmung richtete sich namentlich gegen England, da die niederländischen Besitzungen infolge des Scheiterns der Konvention mit Holland schon an und für sich die Zölle des

[1] Siehe Rundschreiben der französischen Generalzolldirektion, Handelsarchiv 1882, I, S. 663 ff.

Generaltarifs zu entrichten hatten, während der Wettbewerb der übrigen Kolonialstaaten für Frankreich nicht bedrohlich war.

Ausgenommen von der Ausschliefsung von den Vorteilen des Konventionaltarifs waren allein: hinsichtlich Portugals die Erzeugnisse der benachbarten Insel Madeira, Porto-Santo und der Azoren; hinsichtlich Spaniens die Produkte der Kanarischen Inseln und der spanischen Besitzungen an der Küste von Marokko. Den europäischen Mutterländern gleichgestellt waren ferner das asiatische Rufsland und die asiatische und afrikanische Türkei, einschliefslich Egypten und Tripolis; doch trat in beiden Fällen der Entrepotzuschlag bei nicht direkter Einfuhr in Geltung.

Bei allen diesen Ausnahmen galt der Umweg über die besitzenden Länder, also über Portugal, Spanien, Rufsland und die Türkei als direkter Weg. —

Die Zolltarife in den französischen Kolonieen waren besonders geregelt; die handelspolitischen Bestimmungen daselbst bauten sich freilich auf dem französischen Generaltarif auf, zeigten aber entsprechend der Verschiedenartigkeit in den geographischen, klimatischen, wirtschaftlichen und politischen Verhältnissen der in einander ganz unähnlicher Entwicklung begriffenen Länder bedeutende Abweichungen und Sondermafsnahmen.

Algier galt für den Zolldienst und die Handels- und Schiffahrtspolitik als französisches Festland. Die übrigen französischen Besitzungen gewährten dem Mutterlande, welches ihre Häfen überhaupt erst vor nicht allzulanger Zeit dem Welthandel geöffnet hatte, gewisse, ihm allein zustehende Vorteile, vornehmlich im Tarifwesen. Die Staaten, welche mit Frankreich Verträge abgeschlossen hatten, genossen in den Kolonieen die Meistbegünstigung.

Schlufs.

Der Kampf war vorüber. Der Angriff aller protektionistischen Gruppen auf das handelspolitische System des dritten Napoleon, auf die liberale, durch Verträge mit dem Ausland gefestigte Zollpolitik war abgeschlagen. Aber der Sieg bereitete den Freihändlern keine reine Freude, wenn er auch versprach, die Handelsbeziehungen Frankreichs zu den anderen Mächten auf ein weiteres Jahrzehnt vor einer Trübung zu bewahren, und wenn er auch die drohende Wolke des Übergangs zum Schutzzoll und, in Verbindung damit, der Repressalien der auswärtigen Staaten, auf geraume Zeit verscheuchte.

Denn das war jedem Einsichtigen offenbar, dafs die Politik der Sammlung aller Produzenten, die Interessenkoalition des ancien régime, welche der Kaiser durchbrochen hatte, wieder begonnen hatte, im Volke Wurzel zu schlagen und sich auszubreiten. Tirard und seine Freunde wufsten genau, dafs sie mit rein freihändlerischen Grundsätzen in dem alten Lande des Schutzzolls nicht durchdringen konnten und dafs sie auch die Erhaltung des verhältnismäfsig liberalen, besser gesagt, gemäfsigt schutzzöllnerischen Regimes Napoleons weniger mit der Kraft ökonomischer Gründe, als mit geschickten politischen Schachzügen erreichen konnten. Tirard war es gelungen, die Agrarier von den industriellen Schutzzöllnern zu trennen, indem er ihnen bewies, wie stiefmütterlich sie von ihren protektionistischen Brüdern behandelt werden sollten, und welche Nachteile der Landwirtschaft durch die Verteuerung aller industriellen Erzeugnisse, namentlich der Maschinen, erwachsen würden.

Mit dieser Mehrheit von Agrariern und Freihändlern konnte noch einmal die Befestigung des status quo in Frankreich erreicht werden. Aber die Agrarier erhielten auch ihren Lohn, der darin bestand, dafs die Erzeugnisse ihres Ackers nicht in die Verträge aufgenommen wurden. Die Hoffnung also, den Generaltarif in kurzer Zeit in ihrem Sinne revidieren zu können, blieb ihnen ungenommen.

Darin lag der Keim des Verfalls für das in dem langen Feldzug von 1871 bis 1882 mühsam errichtete handelspolitische System. Die von mir behandelte Zeit charakterisiert sich damit als eine Übergangsperiode zwischen der kaiserlichen Ära und der darauf einsetzenden Zeit der Hochschutzzollpolitik. Eine solche Übergangszeit, die immerhin einen gefährlichen, allzu schroffen Wechsel, wie er in der Absicht Pouyer-Quertiers und Mélines lag, verhinderte, war für die Stetigkeit der Entwicklung des französischen Aufsenhandels gewifs ein Glück. Aber den Geschichtsforscher kann sie nicht recht befriedigen, weil sie keinen Höhepunkt darstellt und weil sie die Anzeichen des Vergehens zu deutlich an sich trägt. An dieser Zeit interessiert mehr das Werdende und sich im stillen Gestaltende, als der, wenn auch mit Erfolg geführte Verteidigungskampf des Alten. —

Noch hatten sich die protektionistischen Gruppen nicht völlig gefunden. Ein Einigungsversuch kurz vor der Entscheidung war mifsglückt, da nicht genügende Klarheit über die einzelnen Punkte der Koalition herrschte.

Aber die geschlagenen Industriellen wufsten die Zeit bis 1892 auszunutzen. Die Lücke im vertragspolitischen System bot ihnen eine treffliche Handhabe. Um die Mehrheit im Parlament zu gewinnen, mufsten die Vertreter der Landwirtschaft gewonnen werden. Das gelang um so leichter, als die Erzeugnisse der Landwirtschaft die einzigen waren, für die der Tarif noch vor Ablauf der Verträge erhöht werden konnte. Méline, als Landwirtschaftsminister, brachte das erste Gesetz ein, die Agrarprodukte mit stärkeren Zöllen zu belegen. Das Gesetz, welchem weitere Mafsnahmen desselben Sinnes folgten, half in Verbindung mit einer ungeheuren Agitation im Lande, die Vereinigung der Protektionisten herzustellen. Der mit Italien entbrennende Zollkrieg von 1888 machte das Bündnis um so fester. Die Neuwahlen für die Kammer wurden fast ganz und gar von der Volkswirtschaftspolitik beherrscht und brachten demzufolge eine Mehrheit von Schutzzöllnern, welcher der Ministerpräsident Tirard im Jahre 1890 weichen mufste.

Jetzt trat Méline offen mit seinen Plänen hervor. Als Haupt der neuen Kommission für die Tarifumarbeitung wufste er Kammer und Senat für den Übergang Frankreichs zum Hochschutzzoll und zu einer Politik des autonomen Tarifs ohne Vertragsbindung zu bestimmen. Der Aufsenhandel Frankreichs hat sicherlich unter dieser noch heute herrschenden und noch heute volkstümlich gebliebenen Absperrungspolitik zu leiden gehabt. Aber der Aufsenhandel und seine möglichst blühende Entwicklung gilt auch gar nicht als das Leitbild der französischen Schutzzöllner. Ihr Streben richtete sich auf die Entwicklung der nationalen Arbeit und die Schaffung eines Zustandes, nach welchem Frankreich in der Lage ist, in jeder Beziehung sich selbst zu genügen. Das bedeutet einen Verzicht auf den Mitbewerb um die Herrschaft auf dem Weltmarkt, wenn auch nicht der Gedanke zurückzuweisen ist, dafs in fernerer Zukunft, wenn sich in allen Teilen der Erde eigene und konkurrenzfähige Industrieen entwickelt haben, auch andere Staaten zu der Politik der Selbstgenügsamkeit und der Abwehr alles Fremden zu schreiten gezwungen werden.

Pierer'sche Hofbuchdruckerei Stephan Geibel & Co. in Altenburg.

FSC
www.fsc.org
MIX
Papier | Fördert
gute Waldnutzung
FSC® C083411

Kolibri 360 GmbH
Ferdinand-Jühlke-Straße 7
99095 Erfurt, Deutschland
produktsicherheit@kolibri360.de

Druck:
CPI Druckdienstleistungen GmbH
im Auftrag der
Kolibri 360 GmbH
Ferdinand-Jühlke-Str. 7
99095 Erfurt